工程经济与管理系列丛书　丛书主编◎尹贻林

地铁项目投资控制理论与实践

——基于天津地铁项目的经验

任亚玲　马文雄　刘宏伟◎主编

天津大学出版社
TIANJIN UNIVERSITY PRESS

图书在版编目(CIP)数据

地铁项目投资控制理论与实践：基于天津地铁项目的经验 / 任亚玲, 马文雄, 刘宏伟主编. -- 天津：天津大学出版社, 2023.8
（工程经济与管理系列丛书 / 尹贻林主编）
ISBN 978-7-5618-7591-9

Ⅰ. ①地… Ⅱ. ①任… ②马… ③刘… Ⅲ. ①地下铁道—铁路工程—投资项目—项目管理—天津 Ⅳ. ①U231

中国国家版本馆CIP数据核字(2023)第163933号

出版发行　天津大学出版社
地　　址　天津市卫津路92号天津大学内（邮编:300072）
电　　话　发行部:022-27403647
网　　址　www.tjupress.com.cn
印　　刷　北京虎彩文化传播有限公司
经　　销　全国各地新华书店
开　　本　787 mm×1092 mm　1/16
印　　张　14.75
字　　数　365千
版　　次　2023年8月第1版
印　　次　2023年8月第1次
定　　价　52.00元

前　言

我国经济的快速发展，需要与之相适应的发达、快捷的公共交通作为支撑。为缓解城市交通拥挤情况，20 世纪 90 年代起，我国许多城市相继开展了地铁的规划与建设。截至 2021 年 6 月，我国共有 47 个城市开通地铁线路，通车线路共 245 条，运营总里程达 7 957 千米。可见，无论在建设速度还是建设规模方面，我国的地铁建设正经历一个前所未有的发展阶段，中国已成为名副其实的世界最大地铁建设市场。

地铁项目是一项十分复杂庞大而又系统的工程，具有地质条件多变、施工工艺复杂、专业接口繁多、投资规模巨大、建设周期较长等特点。有效控制各种风险，克服众多困难，“多、快、好、省”地完成建设任务是地铁项目业主的核心目标。天津地铁集团在 20 多年的工程建设实践中，一直践行科学、规范的管理理念，推行精细化、标准化的管理，不断完善制度建设、规范管理流程，逐步形成了适应天津市地铁项目建设的管理体系。目前，天津市地铁项目建设，从前期准备、勘测设计到工程实施，至最后的竣工验收、结算，整个建设环节均建立成型、系统的操作细则和规范要求，确保了大规模、高强度的工程建设得以顺利实施。

本书是天津地铁集团地铁项目投资管理经验的结晶，立足于天津市地铁项目建设实践，集项目管理和技术管理内容于一体，对工程建设设计、招标、施工、竣工各阶段等各方面的投资控制进行了全面阐述，是一本专业性和操作性很强的地铁项目建设投资控制方面的著作。

本书总结和沉淀天津地铁集团在工程投资管理方面的成功经验，对工程建设的设计、招标、合同签订、阶段性结算管理等方面的工作程序和管理规范进行了全面阐述。全书共分七章，主要介绍投资控制总体经验，项目估算和概算管理，招标管理，合同签订阶段的管理，合同履行过程中的计量支付、合同变更、合同检查考核、台账管理，以及竣工阶段的结算管理。

本书可作为地铁项目建设管理人员的参考用书，也可供其他建设企业的管理人员参考和借鉴。

由于水平所限，书中的各种疏漏和不足在所难免，敬请广大读者和同行批评指正。

编者

2023 年 6 月

《地铁项目投资控制理论与实践——基于天津地铁项目的经验》编审委员会

丛书主编： 尹贻林

主　　编： 任亚玲　马文雄　刘宏伟

副 主 编： 王文学　张小红　赵　欣　周宏音

主编单位： 天津市地下铁道集团有限公司

天津理工大学公共项目与工程造价研究所

编审委员： 韩　轶　叶　静　温杰贤　曹震宇　贾　剑　刘　莹

刘晓月　张小彦　申　宇　薛浩然　李雅静　赖俊榕

杨子寒　苗璧昕　张　恒　卞继昌　李　芬　王子婧

韩文静　顾钧越　罗　宇

目　　录

第一章　地铁项目全过程投资控制概述

第一节　地铁项目概述

一、地铁的定义

地铁是一种通常位于城市地下空间的隧道中,部分位于地面之上或高架建筑之上,列车运行速度较快、运量较大,并以电力为动力的城市地下轨道交通设施。它是解决城市交通拥挤问题的主要途径。

二、地铁的技术特性

(一)效率高

与常规公共交通方式相比,地铁的运行效率高:列车有较高的运行速度、较高的启制动加速度;多数采用高站台,乘客上下车方便;列车停站时间短,缩短了乘客出行时间。

(二)运量大

地铁列车编组通常由较多车辆组成且行车速度高、编组运行间隔短,因而具有较大的人员运输能力。

(三)准时

地铁列车一般在专用的轨道上运行,几乎不会发生线路堵塞现象,并且不易受天气影响,因此地铁列车能按运行图运行,准时性好。

(四)安全

在通常情况下,地铁列车只在专用轨道上行驶,线路上不设平交道口,不会受到其他车辆的影响。此外,地铁具有先进的通信与信号系统,因此极少发生交通事故。

(五)舒适

地铁列车运行平稳,车辆、车站的设施条件较好,乘客有舒适的乘坐体验。

(六)节能

与其他城市公共交通方式相比,地铁列车的车轮与轨道间的摩擦系数较小,可以节约大量能源。

(七)节省土地

地铁主要利用地下空间和部分地面空间,基本不占用街道空间,可以有效缓解地面交通拥挤、交通堵塞等状况,提高了土地利用价值,并改善了城市景观。

(八)环保

地铁列车通常由电力或其他新能源驱动,运行过程中不产生废气污染。由于在线路和车辆上采用了各种降噪措施,地铁的噪声污染也能得到有效控制。

三、地铁项目的建设特点

地铁项目通常建设在城市地下空间中、地面之上或高架建筑之上。经过对地铁项目的分析和研究，本书发现地铁项目具有以下建设特点。

（一）建设规模大、建设周期长

由于受工程地质条件、水文条件、工程进度、资源配置等因素的影响，地铁项目的建设规模大、建设周期长。一般而言，地铁项目的建设周期为5~6年。

（二）地质条件变化大、建设困难

地铁项目属于城市地下工程，需要跨越城市的地下管线，此外城市建（构）筑物、绿化设施等都会增加地铁项目的施工难度。而且，城市的水文地质条件复杂多变，导致地铁项目受许多不确定因素的影响，建设难度和风险较大。

（三）单位多，难以协调

由于地铁项目的参与方众多，各参与方之间的关系错综复杂，影响范围广，需要经常进行多方协调，这在无形中增加了地铁项目的实施难度。

总之，地铁项目是一种综合、复杂的工程，存在建设规模大、建设周期长、施工难度大、涉及单位多、协调沟通难等特点。在地铁项目的建设过程中，项目实施者在资源配置、整合优化、投资控制、设备联调、质量安全、信息交流等方面，都面临着较大的压力。

四、地铁项目的发展困境

1）地铁项目的计价体系尚不健全，急需政府部门提供详细的规划管理办法予以支持。当前我国颁布和实施的地铁计价参考依据仅有《城市轨道交通线网规划编制标准》，尚未出台详细的规划、规定及完整的价格策划依据。该标准不足以支持建设单位有效开展投资控制工作，急需政府部门提供详细的价格策划依据。

2）传统菜单式造价咨询服务不能满足地铁项目全过程投资控制的需求，需要具有经验的专家团队提供全过程投资控制服务。传统菜单式造价咨询服务主要关注投资控制的阶段性目标，缺乏全过程、全生命周期的统筹考虑，而地铁项目投资大、施工复杂，需要具有经验的专家团队提供全过程造价咨询服务，通过科学的设计和方案优化，设法实现地铁项目投资效益最大化。

3）目前，我国地铁项目处于发展阶段，建设单位在开展地铁投资控制时依然缺乏丰富、可靠的标杆案例作为参考和借鉴，急需采用大数据、建筑信息模型（Building Information Modeling, BIM）等新技术，采集可靠的建造和运营相关数据，为地铁项目的建设单位提供决策支持。

4）地铁项目建设单位与施工单位间存在零和博弈、利益对立，需在实施阶段协助建设单位强化投资控制。地铁项目的施工技术复杂、投资规模大，施工过程中建设单位与施工单位间存在严重的信息不对称，容易产生零和博弈和利益对立的格局，急需有经验的企业协助建设单位强化投资控制。

第二节　地铁项目全过程投资控制现实背景

随着我国社会和经济的发展，城市化进程加快，城市人口急剧增加，城市交通面临着严峻的考验。我国许多城市都出现了道路面积扩展速度不及汽车保有量增长速度、交通堵塞情况严重的现象，改善城市的交通环境已然被视为当前城市发展必须突破的瓶颈之一。为此，寻求合理的交通方式已是大城市所面临的重要课题之一。城市地铁以其大运量、高效率和低污染等优势，已成为城市公共客运交通网络的骨干。城市地铁既可以有效缓解城市交通堵塞问题，又可以改善城市生态环境，增强城市功能，促进城市现代化进度和可持续发展。

自 1863 年英国伦敦建成世界上首条地铁以来，到目前为止，超过 50 个国家和地区的约 200 个城市已经建成了地下铁路工程。伴随着我国城市化和出行方式机动化进程的加速，城市经济建设快速发展，以地铁、城市快速铁路、高架轻轨为主的多元化发展趋势已经逐渐明朗。截至 2020 年底，全国已有 244 条城市轨道交通线路，线路全长 7 669.7 km，其中在运营的地铁线路长度为 6 280.8 km，占线路总长的 78.8%。2020 年度，相关线路的建设总投资高达 6 286 亿元，正在实施的工程的总投资为 45 289.3 亿元，在建线路全长 6 797.5 km。运营、建设、规划规模与投资规模的飞跃式发展，标志着我国轨道交通继续保持高速发展势头。

受经济条件的限制，大多数城市的地铁项目采用分段建设与经营模式，每次建设的规模在 10~20 km 不等。即便如此，国内近期通车的几条地铁项目投资水平也达到了相当高的程度。根据《上海近期地铁建设规划分析投资控制》测算，2017—2025 上海市地铁建设规划的总投资或将达到 2 138 亿元，平均每千米地铁线路的成本为 7.5 亿元。一条地铁线路的造价高达数十亿元，可见地铁项目是庞大的建设项目。因此地铁项目建设急需从技术和管理两方面来控制工程造价，以促进我国城市轨道交通的健康发展。

城市轨道交通项目的投资控制是贯穿项目决策、设计、建造施工、运维等各环节的关键环节。控制项目成本不仅是为了防止项目投资突破上限，更重要的是要促进建设单位、设计单位加强管理，使有限的人力、物力、财力资源得以最大限度地发挥，达到社会效益和经济效益最大化的目的。

在我国城市轨道交通项目中，项目决策、设计、建造施工、运维等各环节均需要进行成本控制。控制工程造价的目的不仅是防止项目投资超出限额，而且要促使建设单位、设计单位加强对工程的管理，使有限的人力、物力、财力资源得到充分的发挥，从而实现社会效益和经济效益最大化。

本书从我国城市轨道交通项目快速发展的大背景出发，结合我国城市轨道交通项目（主要是地铁项目）投资控制的需要，以科学、合理的管理理念与方法，对项目的投资控制问题进行探讨与研究。

一、地铁项目投资控制意义

由于地铁项目的投资巨大、建设周期长、施工技术复杂，所以在建设过程中进行有效的项目管理显得尤为重要。过去的经验反复证明，管理不善会导致更高的经济成本、更长的工期和更差的工程质量。但目前，国内相关项目管理控制的具体实施方法往往是从以往的管理控制方法中汲取经验,这样会造成项目与项目间不协调且缺少弹性。虽然我国的地铁项目建设已经取得了一定的成绩,但是在管理手段、运行方式等方面还有待完善与优化。相关研究对发展适应我国当前经济国情和我国城市轨道工程建设要求的工程管理技术,促进我国地铁建设事业快速健康发展意义非凡。通过对地铁项目的全过程投资控制实践,从投资控制的利弊入手,探讨地铁项目的特征和差别,以及如何在新的治理模式下实现科学的投资控制,对于实现我国地铁项目的全过程投资控制具有非常重大的意义,具体体现在以下几个方面。

(一)提高政府主体对项目的管理能力与水平

目前,我国地铁项目的主要资金来源是政府资助,但由于其管理水平和管理能力尚不能满足社会主义市场经济的需要,存在着管理队伍臃肿、管理效率低下等问题。所以,需要建立合理、高效、适应市场经济、适应我国现行的政府投资的建设项目管理模式(尤其是成本管理模式),提高政府对项目的管理水平和能力,确保国家资金的合理使用,使政府投资项目优质高效运行。

(二)增强建设单位投资控制方面的核心竞争力

近些年,随着我国城市轨道交通的迅猛发展,地铁项目的建设规模、数量越来越大,城市建设的投资额也越来越大,因此,建设单位要加大对投资的管理力度,从根本上解决资金成本的制约,进而建立起一套固定的投资控制制度和投资管理模式,为解决有关的投资问题提供科学依据,同时也可以进一步提升企业的经营水平和能力。

(三)建立健全地铁项目全过程投资控制机制

地铁项目的建设周期长、投入资金多、建设规模大、牵涉部门众多,招标、施工环节往往容易滋生腐败现象。所以,在工程施工中,要严格掌控工程造价的各环节,要形成专门的资金使用明细并由有关部门监督具体的资金流向。要制定适合我国国情的项目投资控制指标或实施细则,这有助于各项目经营主体明确职责和义务,指导项目实施科学有效的投资控制,将项目不同实施阶段、不同实施要素纳入统一的投资控制体系,从整体上对项目实施进行管理。

二、地铁项目投资控制目标设置

重大建设项目的投资控制是一个多层次、多主体交替影响、相互作用的系统工程。从控制论的角度来看,控制过程是设立目标与保证目标实现的统一,也就是说,投资控制不仅包含调节系统输出与标准值之间的偏差各过程,还包括确定重大建设项目的投资控制目标各环节。投资控制目标具有以下特征。

(一)投资控制目标的表现形式是不断变化的

由于地铁项目的施工周期较长,建设规模较大,在一定时期内,人们所掌握的经验和知识都是有限的,不仅受科学、技术等因素的制约,还受客观进程的发展和表现的影响,因此,无法在一开始就设定一个科学的、一成不变的控制目标,而只能设定一个大概的目标,这就是最初的投资估算。在工程实施过程中,通过实践—认识—再实践—再认识,可以逐步明确投资控制的目标,如工程概算、设计预算、总承包合同价格等。因此,在工程实施过程中,建设单位要按工程实际情况,逐步设定投资控制阶段性目标。投资评估的对象是设计方案选取和初步设计阶段的控制目标,工程预算的对象是项目实施阶段的投资控制目标,而总承包价格应该是实施阶段的建设与安装的控制目标。

(二)投资控制目标应兼顾质量、进度与安全

传统的投资控制虽在一定程度上实现了对项目成本的管控,但也应关注一味地节约成本所引发的一系列质量问题。一方面,传统投资控制忽略了承包方的行为因素,若发包方一味地控制项目成本,必然造成承包方收益受损,在委托代理关系下,双方信息存在不对称,承包方倾向于采取机会主义行为降低收益中的要素价格,从而折损项目绩效;另一方面,传统投资控制忽略了价值工程中成本与项目功能的关联特性,以及项目成本与项目质量、功能之间的制约关系,一味地控制成本会导致不利于项目质量、功能目标实现的“连锁效应”。

对于地铁项目来说,投资总额最小并非项目的投资控制目标,项目管理中的质量、进度和投资目标三者是相互制约的,对重大建设项目的投资控制不能以牺牲其他目标为代价,应在保证投资方向正确和建设项目的质量、工期的前提下,采用科学、合理、有效的方法和手段提高资金的使用效率,为国家节约资金,保证国家固定资产投资的良性发展。

(三)投资控制系统是目标实现的根本保障

投资控制系统是目标实现的根本保障,地铁项目的业主(又称所有者)应通过优化项目主要参与主体的权责利(权力、责任和利益)配置及保证项目实施的各种制度安排,实现投资控制目标。其中,责任配置是对工程总承包项目进行合理的风险分摊,使项目成本的风险要素在项目业主(发包方)和总承包方之间得到合理分摊,是实现投资控制的关键。权力配置是指项目业主与总承包双方的控制权分配,因为施工总承包工程中的各主体间的协作不可避免地存在着控制权分配问题,而合理、高效的权力配置是进行精确、合理的风险分摊的制度保证。利益是制定有关合同条款并用其控制合同价格和控制投资的关键,对其进行配置也是确认双方在合同执行中的权利和义务。

综上所述,将投资控制的目标界定为以合理价格在约定工期内给出符合质量标准的工程产品。地铁项目的建设单位应充分发挥和利用企业有经验的专家团队、丰富的造价控制案例、可靠的历史项目数据、大量的材价信息等,为地铁项目建设和投资控制保驾护航,实现预期的投资目标。

第三节　地铁项目全过程投资控制的理论基础

一、项目管理相关理论

(一)项目管理的发展历程

虽然人类已经从事了很长时间的项目建设,但是项目管理的发展却是在第二次世界大战之后才开始的。美国、德国和日本在第二次世界大战中都把项目管理用于武器系统的研制。在这些项目中,最有名的就是美国的曼哈顿计划,其结果是原子弹诞生。由于该项目的工程技术复杂、时间紧迫,美国军方必须开发出一种新的进度管理、预算管理、资源分配等方式。

第二次世界大战后,随着冷战的爆发,美国军方仍然在工程管理研究方面占主导地位。

在此期间,美国海军为北极星导弹潜艇计划开发了知名的工程管理技术。随后,美国国防部率先提出了一种用于大规模、复杂工程和武器系统开发的项目管理基本方法。20 世纪 50 年代,建筑业开始成为促进工程管理发展的重要力量。20 世纪 50 至 80 年代,项目管理被广泛地运用于军事与建筑领域。

目前,学术界普遍认为 20 世纪 80 年代之前的工程管理是传统的项目管理。传统的项目管理在需要对大型复杂任务进行有效控制的建筑业和国防工业体系中不断发展。大多数的项目管理工具都是在制造环境中产生的,尤其是在制造大规模产品的过程中产生的。但是,当项目管理的应用范围迅速扩大之后,项目管理才迎来真正的大发展。20 世纪 80 年代,项目管理的影响力已延伸至其他行业,如电信业、计算机业、软件业、制药业、金融业、投资银行业、能源产业等。像美国国际电话电报公司(AT&T)、国际商业机器公司(IBM)、摩托罗拉(Motorola)等世界知名企业,都开发了相关的应用程序用于项目管理。20 世纪 90 年代以后,随着知识经济的到来,高科技行业迅速发展并成为支柱行业,工程建设的特征也随之发生了很大的改变,"灵活"的生产形式越来越多。传统制造业更加注重生产的预见性和重复性,在生产管理上更注重生产流程的规范化和合理性。而在信息经济时代,产品(信息)主要的特征是特殊性,因为信息自身是动态且不断变化的。这导致生产的重复性不再是重点,而"灵活"已经成为一种新的规则,而在这个过程中,项目管理就更加重要。此时,项目管理的运行模式是充分利用内部和外部的资源,提高中层管理者的工作效率,这使工程管理成为一种被普遍采用的管理方法。与此同时,金融、医药、信息等产业的各类项目的建设,也使工程管理的内涵更加丰富。在知识经济时代,知识对项目的影响越来越大,而知识类项目的特征则完全有别于传统的建筑类项目。知识类项目的工作内容通常是模糊不清的,难以对具体工作内容进行准确的界定。而常规的项目管理手段也无法有效地解决该问题。对于一个最具代表性的信息经济时代项目——电脑软件开发,在过去的 20 多年里,软件工程师们已开发出一套与传统专案管理不同的新型管理模式。该新型管理模式与传统的项目管理理念并无太大关系。

(二)利益相关者理论

利益相关者理论是在 20 世纪 80 年代管理学领域开始成为焦点的一个热门理论。利益相关者理论虽然才发展了 30 多年,但其研究成果却十分丰富,它的应用范围并不限于企业经营,还涉及旅游业、建筑业、农业等领域。利益关系理论源于企业经营,由"股东为本"向"其他利益主体"的方向发展演变。西方学界对利益相关者界定的发展,大致可以分为"狭义—广度—多维细分—属性评分"等阶段。

20 世纪 60 年代是利益相关者理论的起步阶段,该阶段的研究主要集中在对"影响公司生存"的企业和个人的界定上。最具代表性的观点是斯坦福大学的研究者在 1963 年提出的,认为"利益相关方是与公司有着紧密联系的某些利益集团,如果没有这些利益集团的支持,公司将不能继续存在"。

20 世纪 80 年代至 90 年代,利益相关者理论开始快速发展,并上升为企业战略管理的重要工具。此阶段的标志性事件为美国研究者弗里曼(Freeman)的相关经典专著的发表,其对利益相关者进行了较为广泛的定义:利益相关者指任何可以影响企业目标的实现或者被企业目标实现所影响的个人或团体。该定义扩展了利益相关者的边界,使其范围十分广泛，包括股东、政府、债权人、雇员、供应商、自然环境、媒体等对企业活动有直接或间接影响的组织和个人。

20 世纪 90 年代后期，企业及研究人员普遍意识到企业的生存和发展离不开利益相关者的支持，而原有定义很难对解决实际问题起指导性作用。定量化的利益相关者界定研究的出现，使利益相关者理论具有很强的可操作性。在该阶段，利益相关者的内涵逐渐扩大，对利益相关者界定的相关研究也逐渐增多。研究者将关注重点放在专用性资金投入上，认为利益相关者主要指企业的投资者，专用性资产的规模和风险承担能力是利益相关者对企业影响的重要因素，这为利益相关者参与企业所有权分配提供了理论基础。

利益相关者和企业之间存在着互动关系：一方面，利益相关者通过自己的资源和资金的介入对企业的经营行为产生一定影响；另一方面，利益相关者的权益也会被企业的行为所影响。利益相关者在企业中扮演着举足轻重的角色，如果没有利益相关者的支持，企业将不能继续生存下去，因此，从利益相关者的角度来研究企业的发展和治理是非常必要的。

（三）建设项目的合同柔性

1. 合同柔性的概念

由于政治、社会、经济、技术等因素的不断改变，建设单位和项目业主在施工中时刻受到着各种不确定因素的影响。

在建设项目管理中，合同柔性属于迅速响应和战略选择的领域，它是一种非常有效的技术手段。研究表明，过分依赖预测技术并强调合同完备性、刚性会诱发合同双方彼此的信任缺失，致使彼此过分强调并增强用机会主义行为防范损失及维护自身利益的动机，降低合同的执行效率，影响项目管理绩效的持续改善；较低的合同柔性会导致调整机制下项目价值增值路径的丧失。

2. 合同柔性形成的前因要素分析

从理论角度来看，较高的声誉及信任度可以增强合同柔性，因为合同一方此时会减少对另一方机会主义行为的顾虑。研究者从交易成本经济学的视角分析了影响合同柔性的前因要素，研究结果表明：专用资产量与合同柔性不存在相关关系；企业的外部环境对合同柔性有很大的影响；合同方的信誉对合同柔性的直接作用不大；工期长度直接影响合同柔性，即随着工期的延长，合同柔性会随之增强。

近十年来，随着经济学、运筹学、管理学等领域研究的深入，人们对柔性这个新概念产生了浓厚的兴趣。然而，柔性在生物学、药学、基因学领域已被明确定义，即器官适应环境变化的特征。近年来，有关技术、经济和法律的研究都着重于赋予制度一定的灵活性以使其能够适应变革。普适性的所谓“对不确定性的适应机制”就是一种实体柔性（physical flexibility）。实体柔性指为解决工程施工中存在的不确定因素而设计的实体机制。实体柔性在建设项目管理与建设过程中的作用，在不同范围内存在显著的不同。

在探讨合同柔性之前，必须对柔性可达到的程度进行讨论。柔性可分为两种不同的类型：项目上的柔性（flexibility on projects）和项目中的柔性（flexibility in projects）。其中，前者指即使项目在施工过程中出现建设时间推迟等柔性变化，项目目标也不会发生改变，即项目目标不随柔性事件的发生而改变；后者指嵌入系统的内生柔性，如项目可能会因为技术系统和设计的改变而发生本质的变化。柔性可划分为 3 个层面：战略层、战术层与操作层。战略层柔性与对系统长期的结构性影响相关，这种柔性大多是不可逆的，即一旦执行则无法回到原始状态。具体在建设项目中，战略层柔性针对项目的本质改变，如为了今后在建筑中增加新的走道，必须留出足够的空间。战术层柔性针对项目的重要改变，指可以逆转但要花费大量资金进行处理。操作层柔性针对项目的非重要改变，相对而言成本较低，一般针对项目使用方式的改变。

建设项目可以被视为一种"合同结构化的项目"，因为合同条款已经执行了风险配置，确定了利益相关者的责任及项目的赢利能力。整合柔性的两个步骤：一是审查并整合内外生柔性，对内生变量进行分析；二是将相互依赖柔性通过合同柔性分析，加至合同各方之上。这些相互依赖柔性可以是合同协议中的未定权益（contingent claims）。设置未定权益的目的是确保风险最大方的基本收益。尽管如此，上述柔性的确定仅限于风险分配的调整之上，其实质是改变不确定性对项目利益相关者的影响，对整个社会经济的福利不会造成影响。

实际上，上述各类柔性在实际操作中已存在多时，核心理念是授予特许权获取者要求的补贴，以从经济上平衡特许权获取者的权利。将相互依赖柔性应用在代理人风险平衡中，使将过度风险从一方转移至另一方成为可能。例如，相互依赖柔性通过减少政府和社会资本合作（Public-Private Partnership，PPP）项目中特许权授予者的收益，提高私人投资方的收益。但应用相互依赖柔性的前提是所预期的总收益额为正，从而可以调整柔性的整合度，最终实现项目的社会效益的提高。事实上从公共政策的角度讲，一些人可能会认为总收益额仅指策略的经济价值。不管怎样，仍存在在增加私人投资者收益的同时，保持公共部门收益不变的方式。这些灵活的政策能够让公共工程在市场环境中发挥更大的作用，并且能够在动态过程中应对突发事件。

在价格柔性方面，由于不会因未来价格的变动而变更合同，因此，可以把具有柔性的合同看作一种完备合同。允许合同价格的调整，对买方和卖方都是有利的。首先，合同在签订之前，允许调整价格能够减少搜寻费用。由于将来的环境变化和发展导致物价发生变化是可以预见的，合同各方并不需要把所有的事情都写在合同中。这种情况常见于软件开发项目，在软件开发项目运行期间，卖家常常会提出新的需求，从而导致合同价格发生变动。其次，灵活定价能减少交易双方的投机行为。例如，如果项目业主在履行合同期间不同意调整付款数额，则承包方就会通过偷工减料等方式获取利益，从而对工程质量产生不良影响。更严重的是，如果合同履行过程中的利益损失超过了违约的代价，那么合同就会被终止履行。

对于合同中的再谈判条款，再谈判程序允许当事人对目前的情况进行更充分的分析。列明与再谈判相关的条款，对快速变化的互联网技术（IT）环境来说，好处是显而易见的。例如，有些合同就做出规定，在特定情况下各方可以进行重新协商。再谈判可以在固定的时间内进行，也可以在特定的事件发生后进行，还可以在特定的时间段内进行。虽然有些合同中没有列出具体的再谈判条款，但是在某些无法预料的事件发生时，合同各方仍必须重新讨论所面对的变数。重新协商或再谈判的缺点是会增加时间、成本和技术投入。重要的是，再谈判不单是重新协商价格，而且合同各方还可以同意和修正合同条款。

提高合同柔性的另一种方法是缩短合同期。短期合同的概念很难用精准的数量定义，但一般可以认为如果某合同的合同期与相关技术的生命周期相关，则其可认为是短期合同。例如，IT 技术的生命周期一般为 2 年或更短。合同期为 2 年左右的 IT 合同就可视为短期合同。当短期合同终止时,企业可以针对新合同进行谈判,且谈判的基础是建立在对当前贸易环境、内部业务结构和技术水平充分了解之上的。有研究者在调查研究 226 份合同后,发现合同期为 5 年或者更短的合同占比高达 95%。

合同的提前终止也反映了合同柔性,即在一定的情况下,当事人有权选择终止合同。有些法律专家对此表示支持。相关条款通常属于"双边协定"。如果合同中没有包含该条款,那么,如果双方中的任何一方提出提前解除合约,则其将会受到处罚。

关于激励合同与合同柔性的关系。激励合同是指将某些激励要素注入合同设计,这些激励要素可以促进合同各方向实现绩效、工期和预期成本的方向努力。一项文献回顾显示,激励合同通常基于定价机制,但是有些合约中的激励因素并非仅靠降低成本就能达到。激励合同有两种类型:一种是卖方可以享有买方收益的剩余部分,这部分收益可能来源于卖方的优质服务或基准水平以上的绩效,当然若最终绩效低于预期水平,卖方得到的收益也会相应地减少;另一种是全部收益或全部损失共享的合同,这是建立在组织的整体绩效之上的。

目前,已有的关于分析柔性组成部分的研究多以企业层次的生产柔性为目标,更多地针对产品制造过程的柔性。随着"柔性"思想的深入,人们对"柔性"的定义和分类越来越重视。该领域中关于柔性的划分是基于产品的柔性进行的。

二、项目治理理论

(一)项目治理的本质与定义

在《我们的全球伙伴关系》这份研究报告中,全球治理委员会给出了"治理"的定义:治理是各种公共的或私人的机构和个人管理其共同事务的诸多方法的总和,是使相互冲突的或不同的利益得以调和,并采取联合行动的持续过程。治理既包括有权迫使人们服从的正式制度和规则,也包括各种人们同意或符合其利益的非正式制度安排。治理的四大特点:治理不是一套规则条例,也不是一种活动,而是一个过程;治理过程的根本不在于控制,而在于协调;治理涵盖公共和私人两方面;治理并不意味着一种正式制度,而确实有赖于持续的相互作用。联合国亚洲及太平洋经济社会委员会(UN-ESCAP)指出治理的核心——决策和执行(或搁置),并把治理的重点放在制定和执行中的正式或非正式参与方上。上述定义可用于描述公司治理、国际治理、国家治理和项目治理①。

建设项目通常存在代理问题(agent problem)和不完备合同。代理问题表示利益相关者的利益存在冲突,而不完备合同意味着无法用合同来解决这些冲突。项目治理则是基于这样的需要而产生的。此外,公司治理问题的中心问题在于:"哪些人得益于公司的决定/高层管理者的行为""公司的决策/高层管理者的行为",以及"是什么"与"应如何"的矛盾,也就是利益相关者的利益冲突。从这一点可以看出,不管是项目治理,还是公司治理,治理都是以"协调各方利益,解决利益相关者的矛盾"为目的的一系列制度层面的行为,这是治理的实质。

研究者希望从公司治理的角度对公共项目治理理论进行理性的构建,并对其进行界定。近年来,国内外有关公司治理的研究成果颇多,但对"公司治理"的认识却并不统一,仅从不同的角度对其进行了阐述。在《公司治理学》一书中,我国公司治理的权威研究者李维安教授认

① 本书中,项目治理与项目管理是两种不同的概念。

为，现有的公司治理理论存在着两个缺陷：一是将公司治理目标视为相互制衡而忽略了科学决策，实际上相互制衡只是保证公司科学决策的方式和途径；二是多数公司仅注重对公司本身的治理，而忽略了治理机制。基于以上考量，李维安认为，公司治理是一种由内部或外部组成的一系列体系或机制，以确保公司决策的科学化，并最终保护公司各方的利益。本书认为，公司治理概念较为完整，较为科学地总结了其研究领域，具有一定的借鉴意义。

对项目治理的研究，不能简单地应用于普通管理理论，而是要把一般性的理论和工程组织的特殊性结合起来。项目（或称建设项目、工程）与企业一样，都是同一契约关系的集合体，其特点如下：项目是一个临时的契约组织，它对变化和不确定性的管理要求更高，这就要求管理者具备较高的职业素质和较好工作态度；在项目实施过程中，由于受组织不稳定性、信息不足等因素的影响，项目实施过程中存在较大的风险和机会主义倾向，易出现各类事故和机会主义行为。

综合以上分析结果和项目治理相关理论，本书认为，项目治理能够构建一套由正式、非正式、内外部三个系统或机制组成的制度体系，科学合理地调节项目主体间的权力、责任、风险、利益关系，从而在项目交易过程中形成一个有序的过程，并通过各种方式和手段保持这种秩序，使利益相关者之间的关系得到有效的协调和化解，如图 1-1 所示。总之，项目治理是一个过程，它通过一系列的制度体系维护一个项目的有序性，确定各主要的利益相关方的行为。必须着重指出，项目治理不仅要在一个契约组织形成的时候建立一种秩序，而且必须在项目建设管理的整个进程中一直贯彻执行。在宏观层面上，项目治理是在工程交易中形成制度环境；在微观层面上，项目治理是在工程交易中形成并维护一个良好的制度。

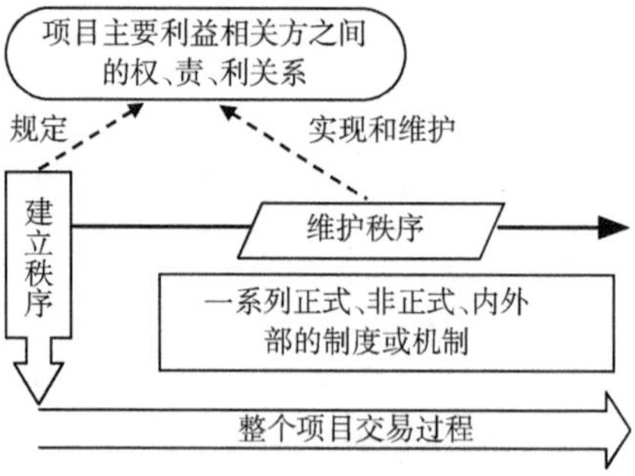

图 1-1 项目治理的解析

（二）公共项目治理理论的提出

由于工程管理理论和技术的发展，以及工程管理在实际工作中的应用日益普及，政府工程管理的绩效问题逐渐显露。显然，政府工程管理绩效不佳的根本原因并不在于管理技术，而体现在更深层的制度层面，属于经济领域。因此针对该问题，管理学范式的研究方法已束手无策，必须“对症下药”，即采用经济学范式的方法加以解决。在此背景下，由于工程和商业属于两个经济现象，而项目是交易引起的契约关系的集合。因此，本书将较为成熟的企业管理理论引入公共项目治理，并将代理理论、不完全契约理论、利益相关者理论等理论结合起来，对公共项目治理理论展开讨论。

当然，把“治理”的概念引入公共工程研究也是有前提的，它是建立在政府工程中的代理问题和不完备合同的基础上的，当存在代理问题且合同不完备时，治理就显得尤为重要。

1. 代理问题

20 世纪 30 年代，美国著名研究者伯利（Berle）和米恩斯（Means）提出了所有权和控制权相分离的理论，为代理理论奠定了基础。代理理论认为：当一个或多个人（委托人）为获取某种服务而雇用另一人或多人（代理人）代为决策和实施时，也就是说当一方将决策的权力和责任授权给另一方并对另一方提供相应报酬时，代理关系就产生了；委托人与代理人作为两个不同的利益主体，其目标和激励不可能完全一致，双方在追求目标上的偏离导致了代理问题，即代理人利用其信息、技术方面的优势，偏离委托人的目标去追求自己的利益。在现实的经济活动中，代理问题是普遍存在的，公共项目也不例外。公共项目的委托代理关系的特点：政府部门是委托人，其将公共项目的工程管理甚至运营管理委托给专业机构；专业机构为代理人，其为政府部门管理公共项目并获得相应报酬；政府部门与专业机构作为两个利益主体，其目标必然不可能完全一致，政府部门追求公共利益的最大化，而专业机构则追求个体效用的最大化，其个体效用包括报酬、声誉等；政府部门与专业机构在追求目标上的偏离导致了代理问题，也就是说公共项目的主要参与方之间产生了利益冲突。

2. 契约的不完全性

人们的经济活动从根本上说，都是借助契约进行协调和激励的。根据契约的完备程度，契约可分为完全契约和不完全契约。完全契约是一种理想契约，由于其需要过高的交易成本，在实践中并不可行。根据威廉姆森（Williamson）的观点，由于世界和未来事件的复杂性和不确定性，以及交易人的有限理性和机会主义行为之间的矛盾，现实世界中几乎所有的契约在某种程度上都具有不完全性。因此，不完全契约是理解组织问题的核心。不完全契约指不能准确地描述与交易有关的所有未来的可能性状态以及每种状态下契约各方的权利和责任的契约。例如，契约中包含缺口和遗漏条款，或者契约是短期的，它对各方的权利和责任只规定到某个时期为止，而对该时期以后的情况留到以后再进行磋商。简单地说，不完全契约是指一个有"漏洞"的契约。"契约的不完全性"是一切交易，包括市场交易、企业交易、项目交易中出现治理问题的共同原因。

综上所述，公共项目的代理问题及契约的不完全性使公共项目治理成为必须要实施的环节。公共项目治理理论其实是鉴于公共项目治理绩效普遍不高的现象而提出的。由于理论与实践双重需求的驱动，公共项目治理研究的最终目的在于从经济学这个崭新视角实现公共项目治理绩效的有效改善。对于公共项目而言，治理途径对其管理绩效改善意义更加重大，这是因为公共项目具有多层多级委托代理链，其契约关系相对一般私人项目更加复杂，这使得其管理绩效改善对于经济学范式的方法具有较高的灵敏度。因此，公共项目治理理论对公共项目治理绩效的改善是举足轻重的。

3. 公共项目治理的目标和功能

组织想通过治理达到什么样的状态或结果，这是治理理论研究首先需要解答的问题。

公司治理理论对该问题的回答主要有两种观点。新古典的利润最大化理论和代理理论都认为公司治理的目标是股东利润最大化，区别只在于怎样实现该目标；利益相关者理论则认为公司治理的目标不能局限于股东利润最大化，而应同时考虑其他利益相关者（经营者、债权人、员工、供应商、客户、所在社区居民、政府等）的利益，股东利润最大化并不等同于企业创造的社会财富的最大化,实现企业各利益相关者的利益最大化才是现代公司的经营目标,这不仅体现公平,而且会产生社会效益。虽然上述两种观点各执一词、自成体系,但对于企业而言,目前还是"股东利润最大化"的观点占主流。这是由于尽管"股东利润最大化"存在相关理论的假设不完全符合实际情况的缺陷,但至少它具有较强的可操作性,而用一个比较含糊的利益相关者目标来界定经理的责任和行为将导致他除了对自己负责,对其他人都不负责。也就是说,"各利益相关者利益最大化"在可操作性上略逊一筹。

然而,公共项目不同于企业。企业作为以营利为目标的经济实体,追求的是个体利益,而公共项目是政府为了满足公众需求而发起的,追求的是公共利益。公共项目的这一特征决定了其治理目标不能局限于满足某一方的利益,而应为公共项目的众多利益相关者的利益服务。此外,公共项目的治理阶段是投资过程,没有收益流入,更不可能有利润,因此,此时的"利益"包括多方面内容,是个复杂的多指标体系。在这种情况下,无论是政府委托方利益最大化目标还是各利益相关者利益最大化目标,它们的可操作性在本质上没有差别。上述两个方面都显示,公共项目治理的目标应定位于"各利益相关者利益最大化"。

项目治理的目标在于通过利益相关主体权利、利益的平衡来实现项目价值,强调充分效用、利益、价值的实现,它们本质上是相通的。价值创造是一切组织(包括公共项目)的核心目标,而项目本身没有价值,其价值来源于项目目标的达成。这里所谓的项目目标包括各利益相关者的目标,各利益相关者目标的实现也就等同于项目价值的实现。由此可见,实现项目价值已经涵盖了各利益相关者目标、利益的实现。因此本书认为,公共项目治理的目标为"达到利益相关者之间关系的协调和利益的趋同,从而最终实现项目价值"。

那么,公共项目治理是通过发挥哪些作用来实现该目标的呢?换句话说,公共项目治理的功能都有哪些?本书认为,公共项目治理的最本质功能是协调利益相关者之间的关系,化解利益相关者之间的利益冲突,并在此基础上衍生出其他功能。公共项目治理的目标、功能及其逻辑关系如图 1-2 所示。

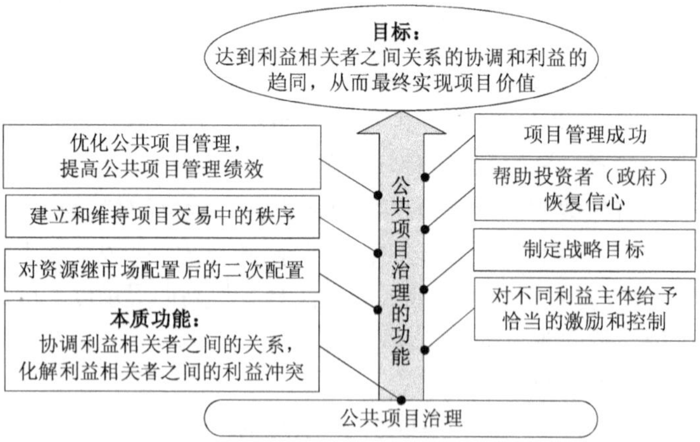

图 1-2 公共项目治理的目标、功能及逻辑关系

（三）项目治理范式

1. 公共项目治理理论的发展

（1）国外研究

国外研究者在项目治理理论中没有明确地构建公共项目治理理论，对公共项目治理的研究隐含在项目治理研究的各领域中，包括项目型组织治理、企业间（组织间）项目治理。

特纳（Turner）是最早研究项目型组织治理的研究者。他认为项目型组织治理包括公司治理、公司环境治理、单个项目治理三个层次。在企业经营层面，企业的策略目的是确定项目组合、项目集和项目。公司治理和单个项目治理是通过专案集合的管理和管理结构，支持单个项目的。在单个项目治理层次上，有三种人员：管理人员，负责制定项目目标；管理者，确定项目的执行结果；项目经理，监督项目的实施。项目型组织治理是企业管理的重要组成部分。所以，项目治理的作用是从战略层面上确保项目建设的顺利进行，并促进企业发展。

随着技术和经济的发展，企业间（组织间）项目治理的研究主要集中在大型工程和PPP项目等领域。企业间项目管理包括两个方面：一是工程中的委托-代理的经济关系；二是工程管理职能，即对各利益相关者进行责任分配。在企业间项目治理的范畴中，合同组织的构成和各方的关系都是以管理机构与机制为中心的，管理机构是项目运作的载体。与其他项目治理的内容相比，企业间项目治理还包含市场环境、交易制度等方面的内容，在特定的公共项目中可以随时进行调节，因而具有较强的灵活性。

（2）国内研究

在相关研究中，国内研究多集中于对公共项目业主产生违规行为的制度原因进行分析。罗建华、高峰等分别从政府和政府机构两个角度对公共项目的不同均衡结果进行了研究。沙凯逊等建议，应从项目所有权制度的角度来考虑项目管理计划。这些研究虽未涉及公共项目治理，却从侧面提出了相关问题，从而形成了公共项目治理的思想碎片。

2004年，尹贻林等率先提出了"项目治理"的概念，这是我国公共项目治理领域的一个重要里程碑。此后，我国有关项目治理的研究逐渐兴起，从有关工程管理研究的文献数量变化中可以看出这一趋势。基于此，天津理工大学尹贻林教授领导的研究组建立了一个概念模型，旨在解决我国公共项目治理模式改革中的体制设计问题。在此基础上，该研究组建立了公共项目治理的运作基础与责任制度框架，并对影响项目治理的绩效与成败的因素进行了探讨。

与此同时，山东大学丁荣贵教授领导的研究组在管理学研究范式下，结合软件开发过程和流程管理的思想，提出了项目治理的P-R4模式，即在统一的分析过程中，考虑项目相关方需求的获取、治理角色的定义、治理角色之间关联关系的建立，并在此基础上对政府投资的科研项目、科技项目的治理进行了探讨。

（3）小结

国内外针对公共项目治理的研究虽然出发点不同，但其实质都是围绕公共项目治理的制度基础进行的，均认为公共项目治理通过对参与公共项目的各方进行激励、调节、引导和控制，从而达到实现公共项目价值的目的。

2. 以风险分担为核心的项目治理范式

与治理范式不同，管理范式虽给出了组织合作的靶向，但忽略了在委托代理假设下，发包、承包双方利益诉求不对等造成的绩效降低的情况。换句话说，发包、承包双方的信息不对称造成了发包方的管理指令或者合同管理很难有效发挥其全部效果。此时，提升项目管理绩效的关键在于通过治理途径实现对承包方的激励，从而减少由于委托代理造成的交易成本。据此，以尹贻林为核心的研究团队从风险分担切入，基于“风险分担—信任—合同柔性”，实现了治理范式下的项目管理绩效改善的“三级跳”，逐渐将经济学理论引入项目治理领域。

激励是经济学中的永恒话题，斯蒂格利茨（Stiglitz）在其《经济学》中，将经济学中的激励归纳为价格、利润、产权三种主要途径。在市场中，激励生产者不断生产的动力在于其所生产的商品的价格以及交易获得的利润；对于经济组织而言，激励的有效措施除价格和利润外，还有产权。以威廉姆森（交易成本）、哈特（产权）等为代表的非主流经济学家尤其强调产权的重要性，因为这样可以在一定程度上将委托代理转变为合作博弈，从而实现了项目业主与管理者之间利益诉求的对等。然而，上述理论却很难应用于公共项目，原因在于公共项目产权的不可分割性。

尹贻林等发现了公共项目产权的不可分割性，由此将视角转至利润激励上。他们认为，治理范式下的风险分担不同于管理范式下的风险分担，前者的理论基础来源于阿罗（Arrow）的风险承担（risk bearing），即风险损失的承担；而后者则是将风险作为一种管理工作的内容。在治理范式下，风险分担强调项目实施过程中发生的风险事件、不确定事件所带来的建设成本增加的责任归属。发包方所承担风险的增多，对于承包方而言就意味着价款调整导致的收入增加。例如，非承包方原因造成的量差、工程量清单特征描述不符、缺漏项、变更、调价、索赔等均可为承包方带来“创收”，从而产生激励效果，抑制其败德行为，并在一定程度上抑制逆向选择的发生。理论上，他们通过对结构方程模型的研究，证实了风险分担对项目管理绩效的积极作用。

3. 以信任要素注入为核心的项目治理范式

以风险分担为核心的项目治理范式研究证实了风险分担对承包方的激励作用以及对项目管理绩效的改善作用，然而在实践应用上却发现了“悖论”，即虽然风险分担有利于项目管理绩效的改善，但发包方仍拒绝风险分担。研究者发现，这种决策悖论产生的原因在于信任缺失。因此，以“信任—风险分担—项目管理绩效改善”路径为特征的研究路线开始形成。

发包方拒绝风险分担的原因在于担心承包方利用信息优势通过发包方所承担的风险进行逆向选择。由于存在信息不对称、契约不完备等一系列制约条件，正式控制逆向选择往往很难。尹贻林的研究团队认为，针对正式控制的失灵，以信任为代表的非正式制度能够有效解决上述问题。因此，发包方决策是否采用风险分担的关键在于判断与其合作的承包方是否值得信任。研究表明，发包方可从能力、诚信、善意等因素判断承包方是否可信，在信任的基础上，风险分担能够发挥其改善项目管理绩效的作用。

4. 以状态补偿为核心的项目治理范式

格罗斯曼、哈特和莫尔提出了格罗斯曼-哈特-莫尔（Grossman-Hart-Moore，GHM）模型，全面搭建以状态补偿为核心的项目治理机制框架。哈特在其2008年的论文《作为参考点的合同》中，为风险分担的激励作用提供了坚实的理论依据。首先，风险分担是合同柔性的具体表征，即当某种自然状态出现后允许双方根据已经明确的自然状态进行合同价款的调整。在实践中，这种调整的途径为变更、索赔，即项目合同中所表征的风险分担。由此可以证明，风险分担是一种合同柔性。其次，柔性的激励作用在于当自然状态从不确定状态转变为确定状态后，允许合同双方对合同价格进行调整，这种调整保证了承包方在合同签订时约定的利润。最后，当承包方的利润目标能够确保实现时，其会感知到“公平”，从而保障甚至提升工作绩效，进而推动项目管理绩效的持续改善。柔性的表征在于自然状态明确后的再谈判，这种再谈判为合同双方提供了应对不确定事件及风险事件的事后谈判途径，从而实现对合同状态的补偿。这种允许事后对合同状态进行补偿的项目治理范式，抑制了承包方的逆向选择行为，如偷工减料。

当然，不可忽略的是，在委托代理假设下，承包方仍会利用信息优势进行逆向选择，从而造成项目管理绩效的折损，此时以信任作为前置条件，就成为柔性促进项目管理绩效改善的关键。

综上，以状态补偿为核心的项目治理范式稳定形成如下流程：信任—柔性—再谈判—状态补偿—项目管理绩效改善。

三、系统理论

（一）系统理论的基本原理

系统理论主张任何事物都是一个系统，系统是普遍存在的。所谓系统是指具有某种结构与功能的整体，其由相互联系、相互制约、相互影响的要素构成。系统论认为：系统的整体性、关联性、等级结构、动态平衡、时序性是一切系统的共同本质；任何一个体系，都是一个有机的整体，而非各要素的简单相加；系统中的各要素并不是独立的，它们都处在一个特殊的地位并发挥着特殊的作用，各要素互相联系，形成一个完整的整体。

系统论的基本方法，是将被研究的客体视为一个系统，从系统的结构与作用出发，研究系统、要素、环境三者之间的关系与变化规律，从系统最优的角度来看待问题。

随着现代科技的一体化、高度化、综合化，人们面对着许多规模庞大、关系复杂、参数众多的复杂问题，难以用传统的合理分析方法解决，而系统分析则是解决复杂问题的有效途径。

系统论是现代科学发展的潮流，是现代社会化大生产的特征，是现代社会生活复杂性的一种体现。系统理论为当代科学的发展提供了科学的理论依据，同时也为当代政治、经济、军事、科学、文化等诸多复杂问题的研究奠定了科学的方法论基础。

（二）系统理论在建设项目全过程投资控制中的应用

项目投资是一个包括投资决策、规划设计、招投标、实施、竣工结算等多个环节的综合系统。这些独立的阶段不能单独成为一个项目，只能根据不同的实施途径来完成，从而构成一个完整的项目，这反映了局部对整体的贡献。新建项目的施工过程与该项目各阶段的关系体现局部和整体的关系，这为系统地研究项目成本管理提供了理论依据。

系统模型方法采用数学的方法对系统进行量化综合分析，通过对因果关系、动态关系进行具体的定量分析，确定系统内部各要素的协调和联动作用，从而确保系统实现整体功能、协调功能以及各要素的相互联系。

工程造价的一个环节出问题，必然会对其他环节产生影响。例如，如果修改了设计图纸，势必会造成项目成本发生变化，从而出现低于或超出预算的情况，使前期的项目成本预算失去意义，导致项目成本管理工作难以进行。所以，应对项目成本的全过程进行全面控制，而非对单一环节进行管理。因此，要从宏观和微观两方面对项目成本进行量化，客观地构建项目成本控制模型。

系统论的最佳设计单位法是对系统进行整体的协同优化设计，即在满足系统性能指标和设计可用资源的约束下，根据总体系统的评估准则，从整体上寻找最佳设计方案。该原理从本质上把局部最优和整体最优相结合，而两个最优过程都是以全局最优为依据的。

对整个施工过程进行控制时，既要保证施工的进度，又要保证施工成本最小，还要确保各施工环节和成本之间的协调，只有这样才能保证项目的总体质量。以往，在以最优方案为基础的项目总成本设计中，项目的各环节和阶段都是单独进行最优设计的，没有考虑各环节之间关系，但整体利益的实现常常要求局部利益的妥协，这就导致该方法难以取得最佳效果。因此，在进行项目成本最优设计时，必须以全项目成本最优为前提，并以建设单位成本最优为依据。

总之，项目施工全过程控制的核心理念就是对项目实施中的各环节进行无缝管理，保证各环节的衔接顺畅，并运用模型法分析各最优成本要素之间的关系，最后制定出成本最优的方案并严格执行。因此，全面掌握项目施工全过程控制的理论依据和内部需求，对强化工程施工全过程的投资控制具有重要意义。

1. 倡导采用模型化的预算成本法

模型化是指对项目成本的各阶段、各单元的造价过程进行建模。通过建立模型，将价格和有关因素的关系具体化、系统化，形成项目投资控制体系。项目成本单位的变动与其他单位联系起来，既方便协调，又方便查找出问题所在。

2. 强化最优化管理

最优化管理要求项目成本的总体最优化，也就是每个项目的成本单位都要遵循总体最优的原则，进行最优设计。所以，在全过程控制模型中，最优化管理不再只是一个简单的项目成本单元优化，而是项目成本单元优化和整体优化的结合。

3. 强化各阶段的管理

强化各阶段的管理即根据工程各阶段的关系，研究各建设单位间的连接是否体现了整个工程中是局部之和以及整个工程是一个系统工程。

4. 合理设计管理环节，避免管理漏洞

全过程控制按照系统论的要求，在尊重工程建设基本规律的基础上，对各管理环节进行合理设计，并将其纳入投资控制系统，同时对中间实施阶段进行投资控制。在项目实施过程中，忽视对项目的投资控制，势必会对建设项目的实施造成一定影响。

5. 强化全面运用特定的投资管制办法

在竞标阶段进行多个项目的优选时，要与各项目的内部控制机制相结合，防止项目比选流于形式。在设计和预算阶段，要强化各专业的合作性和互补性，把技术和经济结合起来，摒弃过于强调安全、忽视经济的传统观念，使设计成果既安全又经济。在实际应用阶段，要将各种有效的方法进行合理的结合，充分考虑各要素的互补和支持，并将项目投资的控制方法有机地结合起来，这是实现全过程控制的根本途径。

四、项目总控制理论

项目总控制（简称项目总控）指通过现代信息技术对大型项目的相关信息进行采集、加工和传输，利用信息流程来引导和控制项目的物质流动，从而实现对项目的规划、协调和控制。

项目总控理论于20世纪90年代发源于德国，并成功运用于德国铁路、柏林机场、雅加达机场、慕尼黑机场等诸多大型项目中。项目总控以现代信息技术为核心，通过对项目的信息进行采集、处理，并利用信息的分析处理技术，实现对项目的决策和监督。项目总控的对象如图1-3所示。

项目总控与项目管理和工程监理相比，存在很多不同之处，具体的不同点见表1-1。

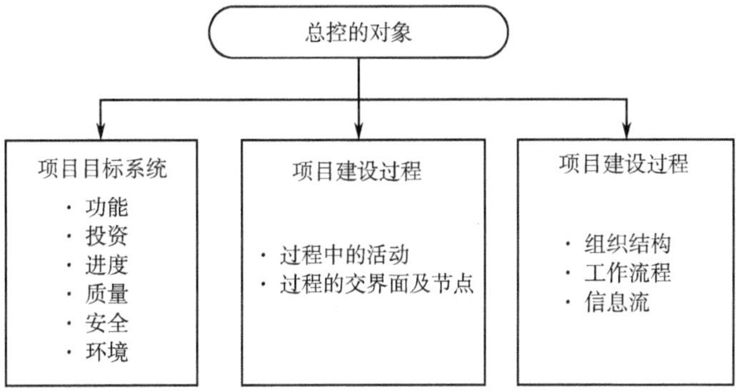

图1-3　项目总控的对象

表1-1　项目总控、项目管理、工程监理的不同点

不同点	项目总控	项目管理	工程监理
服务对象	项目业主决策层	项目业主管理层	项目业主管理层
工作目的	支持决策	项目全过程的目标管理	施工质量、安全目标管理
工作方式	项目信息采集与分析处理	项目现场管理	项目现场管理
权限	对项目无指令权	对项目有指令权	在授权范围内有指令权
人数	少	中	多

由表1-1可以看出，项目总控与项目管理、工程监理的最大不同之处在于，它不会对项目的具体执行过程进行直接的管理，而是集中精力采集、分析、处理项目执行过程中的各种信息，为决策部门的决策提供依据。

项目总控是一个对信息进行采集、分析、处理，形成各种总控报表的开放式系统。在项目实施过程中，要根据预先设定的要求和方法，对项目实施的信息进行录入；分析与处理的目的是对项目实施的信息进行描述，并对项目进行全面的分析；通过对相关数据的分析，编制出各种总控报表。总控报表的内容主要包括项目实际和计划偏离的原因分析、需要采取的纠正措施等。各项目参与者可以通过自己的权限,从总控信息平台及时获得最新的数据,以供其开展工作。

与传统的、常规的项目管理相比,项目总控有许多独有的特征。

1. 为项目业主决策提供决策支持

总控系统的主要工作是收集工程实施过程中的各种信息,并对其进行采集、处理,最后通过量化分析,形成各种总控报表,供决策部门决策时参考。

2. 目标是加强项目业主的全面控制能力

项目业主既是项目的投资人,又是项目实际执行的总组织者。项目业主在组织、管理、协调等方面的控制力决定项目建设的效果。

3. 内容具有宏观性和战略性

项目总控的工作内容是宏观的、战略的。总控部门并不直接参与项目的具体执行,而是从宏观和战略层面引导和支持项目的实施。

4. 关键节点与交界面的监控

项目总控着重于对重要节点和边界进行监测。其重点监控项目的关键环节和流程交接处,既能强化各环节的总体控制,又能为项目业主决策提供有效的决策依据。

5. 核心手段是现代信息技术

项目的执行是对工作、物质、资金、信息等进行管理与协调的过程。在执行计划的过程中,有序的信息交换是项目实施的基础。项目总控以现代信息技术为核心手段,及时、全面地采集和分析项目的信息,为项目业主决策提供有力的保障。

6. 适用于大型、复杂、分散型项目

大型、复杂、分散的项目在施工中面临的最大困难在于施工企业数量众多,难以对其进行有效的协调和管理。而能否进行有效的协调和管理,关键在于与项目施工相关的信息流通是否顺畅。畅通、平稳、有序的信息交换和交流,既能减少项目业主对众多参与方的管理和协调,又能有效地优化各方的沟通和交流。实时监测项目实施全过程的信息,有助于提高项目业主对项目的总体控制力。而对工程信息的管理,则是项目总控的核心优势。

五、流程再造理论

(一)业务流程再造的沿革与内涵

1990年,迈克尔·哈默(Michael Hammer)首次提出业务流程再造(Business Process Re-engineering, BPR)理论,他认为应以流程再造代替运用信息技术加速工作流程。随着世界市场由卖方市场转变为买方市场,企业所处的环境更加复杂,竞争日趋激烈。市场环境的改变,引起管理理论领域的变革。研究者对哈默提出的BPR理论进行了拓展与延伸,提出诸如学习型组织、虚拟管理、柔性组织等概念。

BPR摒弃了传统的经营模式、管理模式和工作方式,它以业务过程为核心,对企业的经营、管理和工作过程进行了再设计。

随着越来越多的企业意识到流程再造是维持企业核心竞争力、竞争优势的根本途径,企业研究者和管理者对BPR的重视程度也随之提高。

综合以上分析, BPR是一种对企业的业务过程的根本反思与重新设计,它以过程管理为中心，服务于组织，它又以客户为中心，以优质的产品和服务为手段，建立一个能够迅速反应的系统，极大地提升了企业的竞争力，从而使企业在新的环境中获得新的竞争优势。BPR的目标是使企业从功能化管理向过程化管理转变，并对原有的流程进行彻底的反思和再设计，从而使企业的经营业绩不断攀升。BPR的基本内容：从长远发展的战略需求出发，以过程价值的再增值设计为核心，突破传统的职能部门界限，提倡组织改进和顾客导向，正确使用信息科技，建立合理的经营流程，以适应激烈的市场竞争和环境变化。

（二）BPR的内容及类型

1. BPR的内容

BPR的内容包括组织架构调整、业务流程再造及业务流程管理提升三个方面。

（1）组织架构调整

不同企业有着不同的组织结构，在企业的不同发展阶段，其组织结构会发生变化，如房地产企业在从事房地产开发和商业开发时的组织结构会存在差异。

（2）业务流程再造

以房地产企业为例，其所在的房地产行业的经营过程包括企业融资、市场调研、土地收购、项目建设、市场营销等环节。其中，项目建设是房地产企业经营活动中最重要的环节，包括质量、周期、投资、合同、安全、资料等方面的控制。

（3）业务流程管理提升

在PDCA循环[①]的基础上，很容易地看到流程管理如何通过流程文件、流程责任、流程再造组织、流程执行审核、流程培训和流程评估等来达到改善的目的。

2. BPR的类型

BPR根据驱动力的不同，可分为流程再造、流程简化、价值增值分析及任务整合。

① PDCA是Plan（计划）、Do（执行）、Check（检查）和Action（行动）的缩写。

第二章　天津地铁集团全过程投资控制概述及实践

第一节　天津地铁集团全过程投资控制概述

天津市是中国第二个开通地铁线路的城市。天津市的第一条地铁线路于 1970 年开始建设，在此之后，地铁项目的建设过程断断续续。1976 年，天津市的地铁项目采用不载客模式试运行。终于在 1984 年，天津地铁正式通车，但当时只有一条全长 7.4 km 的地铁线路。在天津市不断发展和变化的过程中，城市的交通供给逐渐不能满足社会的整体需求，地铁以运量大、速度快的优势，被天津市选为优先发展建设的交通运输方式。天津地铁的全面改造和新路线建设在 2001 年正式启动，截至 2021 年末，天津市城市轨道交通线网覆盖 11 个市辖区，线路长度 265 km。

一、地铁 1 号线

天津地铁 1 号线为贯穿天津中心城区的西北至东南方向的轨道交通骨干线路。地铁 1 号线于 2006 年 6 月 12 日开通并试运营，此时线路的北端站点是位于北辰区的刘园站，南端站点是位于津南区的双林站，线路经过北辰、红桥、南开、和平、河西、津南 6 个行政区，全长 26 km，共设车站 22 座。

二、地铁 2 号线

天津地铁 2 号线为贯穿天津中心城区的东西方向的轨道交通骨干线路。地铁 2 号线于 2012 年 7 月 1 日开通并试运营，2014 年 8 月 28 日地铁 2 号线机场延伸线开通。地铁 2 号线的西端站点是位于西青区的曹庄站，东端站点是位于东丽区的滨海国际机场站，线路经过西青、南开、和平、河北、河东、东丽 6 个行政区，全长 27.2 km，共设车站 20 座。地铁 2 号线与地铁 1 号线在西南角站相连，实现换乘；与 3 号线、9 号线在“天津站”站相连，实现换乘。

三、地铁 3 号线

天津地铁 3 号线为贯穿天津中心城区的西南至东北方向的轨道交通骨干线路。地铁 3 号线于 2012 年 10 月 1 日开通并试运营。地铁 3 号线的西南端站点是位于西青区的“南站”站，东北端站点是位于北辰区的小淀站，线路经过西青、南开、和平、河西、河北、河东、北辰 7 个行政区，全长 33.7 km，共设车站 26 座。3 号线与 1 号线在营口道站相连，实现换乘；与 2 号线、9 号线在“天津站”站相连，实现换乘。

四、地铁 5 号线

天津地铁 5 号线经过天津中心城区的东南半环，北起位于北辰区的双街站，南至位于西青区的梨园头站，线路经过 6 个行政区，连接了宜兴埠、建昌道、真理道、大直沽等居民区，以及人民公园、文化中心、奥体中心、李七庄等客流集散点。地铁 5 号线全长 34.8 km，共设车站 28 座，车辆段、停车场各 1 座。

五、地铁 6 号线

天津地铁 6 号线一期工程线路全长 45 km，共设车站 39 座，包括水上公园东路站、肿瘤医院站、天津宾馆站、文化中心站、乐园道站、尖山路站、黑牛城道站、梅江道站、左江道站、梅江公园站、梅江会展中心站、解放南路站、洞庭路站、梅林路站等。2016 年 8 月 6 日，地铁 6 号线的南翠屏站至长虹公园站的 8 座车站开通；2016 年 12 月 31 日，人民医院站至南孙庄站（除北运河站）开通；2018 年 4 月 26 日，一期工程实现全线贯通。

天津地铁 6 号线二期工程线路是天津市首条全自动运行的线路，其正线全长约 14.39 km，设车站 9 座，与地铁 6 号线一期工程在渌水道站连接并实现换乘，远期将与地铁 8 号线一期连接。地铁 6 号线二期工程跨越河西、津南 2 个行政区，于 2021 年 12 月 28 日正式开通并运营。

六、津滨轻轨工程（9 号线）

津滨轻轨工程线路全长 52.25 km，总投资额 97.65 亿元，分东段和西段（地铁 9 号线）两期进行。全线共设车站 24 座（包括预留站 5 座）及车辆段、停车场、控制中心各 1 处。全线采用自动驾驶运作（Automatic Train Operation，ATO）模式，供电采用架空接触网受电，车辆选用 B 型车。津滨轻轨工程的东段工程的线路全长 45.40 km，于 2001 年 5 月 18 日开工建设，2003 年 10 月 1 日全线建成通车，2004 年 3 月投入运营；西段工程（地铁 9 号线）全长 6.843 km，于 2012 年 10 月 15 日开通并试运营至天津站站。

七、地铁 4 号线（南段工程）

天津地铁 4 号线南段工程北起位于南开区的东南角站，东至位于东丽区的新兴村站，线路经过南开、和平、河西、河东、东丽 5 个行政区，正线全长约 19.4 km，共设车站 14 座。地铁 4 号线南段工程于 2021 年 12 月 28 日正式开通并初期运营。

第二节　天津地铁集团全过程投资控制实践

一、天津地铁项目建设管理模式的发展

天津地铁项目建设管理模式已从初期的“一体化”模式发展为投资、建设、运营、监管“四分开”模式。2000 年，天津市成立天津市地下铁道总公司，2008 年改制为天津市地下铁道集团有限公司（简称天津地铁集团），并承担天津市中心城区的地铁项目投融资、建设

管理、运营管理和经营开发职能。天津地铁集团实行一体化的建设管理模式，在该模式下设立三个全资子公司，即三个建设管理中心：地铁运营公司、枢纽运营公司、资源投资公司。

天津轨道交通集团有限公司（简称天津轨道交通集团）于2014年7月经天津市委、市政府批准成立，天津轨道交通集团不仅承担着天津市轨道交通投融资、建设任务，还承担着天津市轨道交通运营管理、资源开发及地方铁路的投资建设和运营管理任务。此外，天津轨道交通集团还助力京津冀协同发展国家战略，与北京、河北、国铁集团共同组建京津冀铁路公司，参股运营京沪高铁、京津城际、津秦客运专线，以及津保、南环铁路。天津轨道交通集团下设地铁集团、运营集团（天津轨道交通运营集团有限公司）、铁投集团（天津铁路建设投资控股（集团）有限公司）等6家直管二级全资子公司以及70余家参控股公司。天津轨道交通集团的组织架构如图2-1所示。

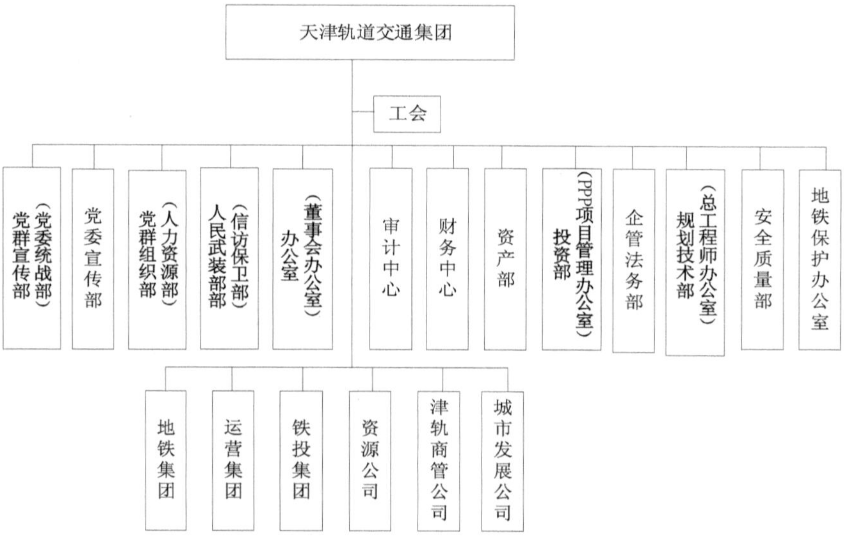

图2-1 天津轨道交通集团的组织架构

天津地铁的投资控制参与主体众多，天津市政府及相关部门作为监管方，在地铁项目前期规划、项目建设、线网运营的全过程中，全面实施行业监管。市发改委、市住建委、市交委、市规划局、市财政局、市审计局等行政主管部门参与地铁项目的投资控制监督管理，组建重点工程指挥部，负责交通基础设施和重点工程建设的组织协调推动工作，主要以加快轨道交通建设为主要任务。天津市轨道交通工程建设指挥部（简称指挥部）下设办公室和工程前期协调推动组、规划协调推动组、土地手续和征收协调推动组、工程建设协调推动组、工程接收和运营维护推动组等五个协调推动组。天津市地铁投资控制参与主体的主要职能见表2-1。

表 2-1　天津市地铁投资控制参与主体的主要职能

阶段	主管单位		主要职能
规划	政府层面	发改委、规划局、住建委	组织编制轨道交通网络规划和近期建设规划、项目立项及审批等
	企业层面	天津轨道交通集团	编制可行性研究报告、进行初步设计，报政府相关部门审批
投融资	政府层面	发改委、财政局	落实资金、完善项目建设资金投入机制、研究项目资金筹措及平衡方案等
	企业层面	天津轨道交通集团	为天津市轨道交通筹集资金
建设	政府层面	住建委	负责项目的建设协调管理工作
	企业层面	天津地铁集团	负责项目建设管理的具体工作
监管	政府层面	审计局	对采用政府投资项目的概算执行、预算执行和竣工决算进行审计监督
		财政局	对使用政府投资资金项目的财务活动实施管理和监督
		发改委	负责政府投资审批管理、计划编制和推动实施
		住建委	依法对工程建设进行监督，负责项目的竣工验收

二、天津地铁投资控制模式的发展

（一）起步发展阶段

天津地铁 1、2、3 号线项目运行阶段是天津地铁线网的起步阶段，该阶段以工程建设为主。天津地铁集团主要以地铁 1、2、3 号线项目部的建设管理模式开展工程建设。在这个阶段，投资控制以专业施工划分标段，以小标段招标为主。

（二）初步形成线网阶段

随着地铁 1、2、3 号线建成通车，天津地铁初步形成线网运营局面，同时启动了天津市第二期轨道交通线网规划及建设。地铁 1 号线东延线、5 号线、6 号线的开工建设，标志着天津地铁进入建设与运营并行的阶段。在这个阶段，天津地铁集团对自身的组织架构进行了调整。为提升专业化管理水平，天津地铁集团于 2011 年成立了地铁建设公司、地铁运营公司、枢纽运营公司、资源投资公司，实行建设-运营-开发一体化的建设管理模式。其中，后三个公司为地铁建设公司下设的三个建设管理中心，负责地铁 1 号线东延线、5 号线、6 号线的建设。在地铁 1 号线东延线、5 号线、6 号线建设的投资控制过程中，天津地铁逐步探索了大标段招标的建设管理模式（简称大标段招标模式），如设置“6 站 6 区”的土建工程大标段招标模式，车辆段土建、机电及铺轨专业逐步集成的招标模式。

（三）二期线网规划全面开工建设阶段

随着地铁 4 号线北段和南段、6 号线二期工程、7 号线一期工程、8 号线一期、10 号线一期工程、11 号线一期工程的全面开工建设，天津地铁的投资控制步入新阶段。地铁 4 号线南段、10 号线一期工程、6 号线二期工程采用传统的政府投入资本及银行贷款的模式建设；7

号线一期工程、11 号线一期工程、4 号线北段、8 号线一期工程引入社会资本,采用 PPP 模式建设。在传统建设管理模式的基础上,天津地铁集团成立了 4 个 PPP 项目工作组,参与工程建设的组织管理。

在此阶段,天津地铁集团针对投资控制进行了多方面的探索。在 4 号线南段、10 号线一期工程中,逐步形成"3 站 3 区间"的土建中等标段的专业化建设管理模式。在 6 号线二期工程中,形成了"9 站 10 区"的土建大标段招标模式;将管线改迁等前期工程纳入土建施工总承包,减少了工作界面,提升了管理效率;实施设备安装跨专业划分标段,按弱电、机电专业施行大标段招标;同时采用了概算下浮、模拟工程量清单的招标模式。7 号线一期工程、11 号线一期工程、4 号线北段、8 号线一期工程采用 PPP 模式建设。

(四)投资控制模式转变阶段

1. 摸索细化阶段到集约管理

(1)项目管理集成模式

根据项目的参与主体,以传统的设计-招标-建造(Design-Bid-Build, DBB)模式为基准,项目管理集成有两种路径:一是项目管理集成朝着工程师集成,逐渐形成施工管理承包(Construction Management, CM)、项目管理顾问(Project Management Consultant, PMC)、代建制等模式;二是项目管理向承包方集成,形成如设计-建造(Design-Build, DB)、设计采购施工总承包(Engineering Procurement Construction, EPC)等模式。建设管理集成模式的两种路径如图 2-2 所示。

传统建设项目管理模式,即"三角"模式,长期以来被广泛采用,但是经济和技术的极大进步使项目大型化、技术复杂化与专业化,以及建设项目本身的系统性特点越来越受到各方认同,分阶段多主体管理的传统建设项目管理模式的缺点开始显现。在项目管理模式的演变中,如施工总承包、EPC 模式、PMC 模式等新的注重阶段间集成的承包模式开始流行,这种热潮也催生出一批国际性的工程公司。下面对建设管理集成的两种路径进行介绍。

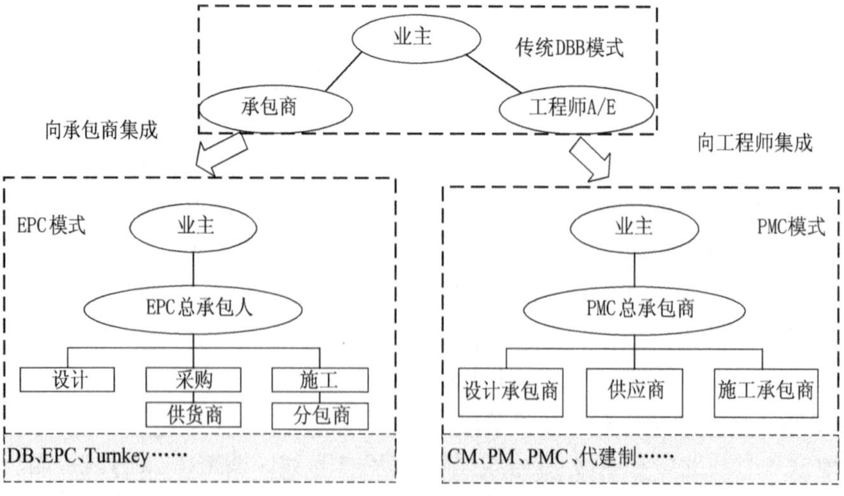

图 2-2 建设管理集成模式的两种路径

首先是向承包方集成的路径。随着项目体量的增大,在分标段平行发包模式下,发包方的合同管理界面增多,交易成本陡增。发包方开始采取向承包方集成的方式,如采用施工总承包模式提高项目管理效率,如图 2-3 所示。若进一步将设计、采购集成到总承包一侧,则形成 EPC 模式,如图 2-4 所示。

其次是向工程师集成的路径。20 世纪 80 年代初, PMC 模式诞生,国内称这种模式为项目管理承包。在 PMC 模式下,项目管理公司受发包方的委托,参与项目的设计、采购、施工和试运行等阶段的工作,等同于项目管理公司对项目进行全面的管理,参与各方面的工作。PMC 模式的主要定义为发包方聘请项目管理公司作为发包方的代表,帮助发包方实施集成化管理,一步一步地帮助发包方在项目生命周期的技术和经济指标方面实现最优化管理,包括帮助发包方在项目前期规划、项目定义、项目计划、项目融资,以及设计、采购、施工、试运行等整个过程中,实施有效的工程质量、进度和费用控制。PMC 模式如图 2-5 所示。

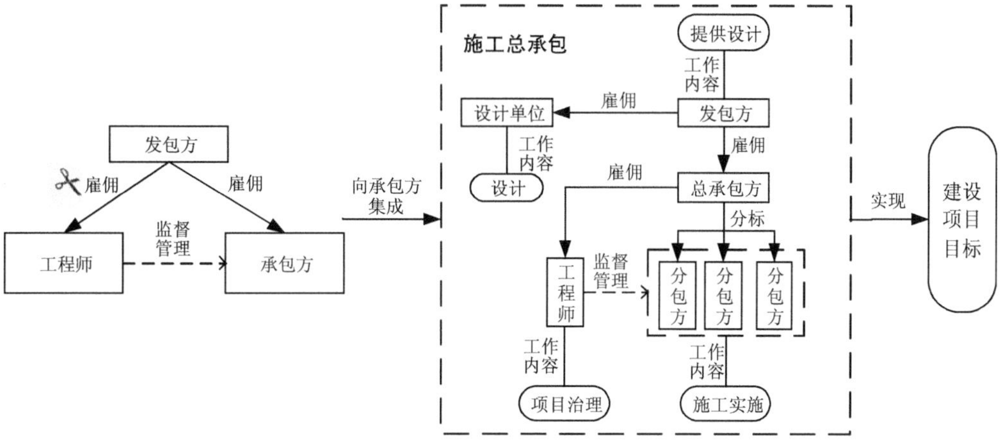

图 2-3 施工总承包模式

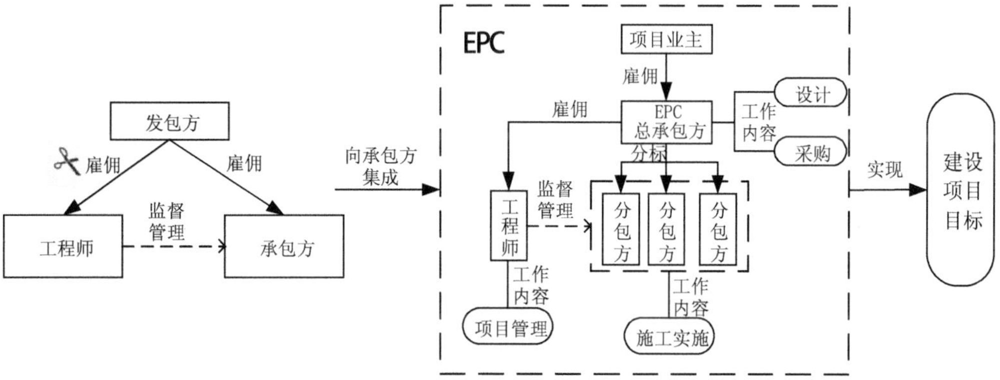

图 2-4 EPC 模式

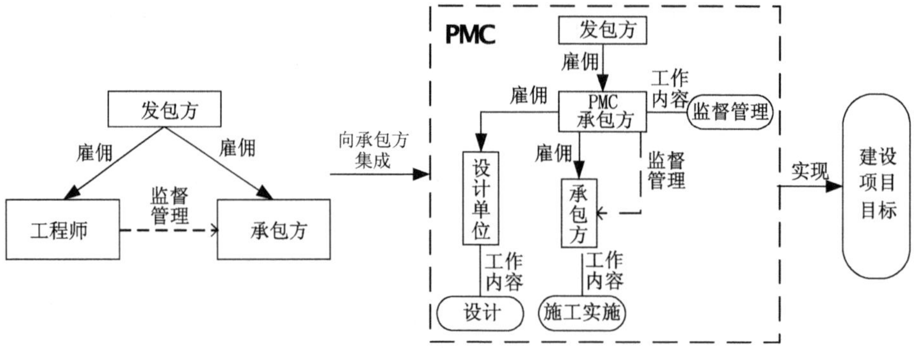

图 2-5 PMC 模式

（2）“投融资+建设管理”集成模式

在众多项目融资方式中，项目融资建设模式复杂，与 DBB 模式、EPC 模式、管理型建设管理模式相比，该模式更加高级。该模式涉及融资工作和项目建设工作，与 DBB 模式、EPC 模式、管理型建设管理模式相互关联，但在项目组织关系和合同关系上有不同的侧重点。“投融资+建设管理”集成模式如图 2-6 所示。

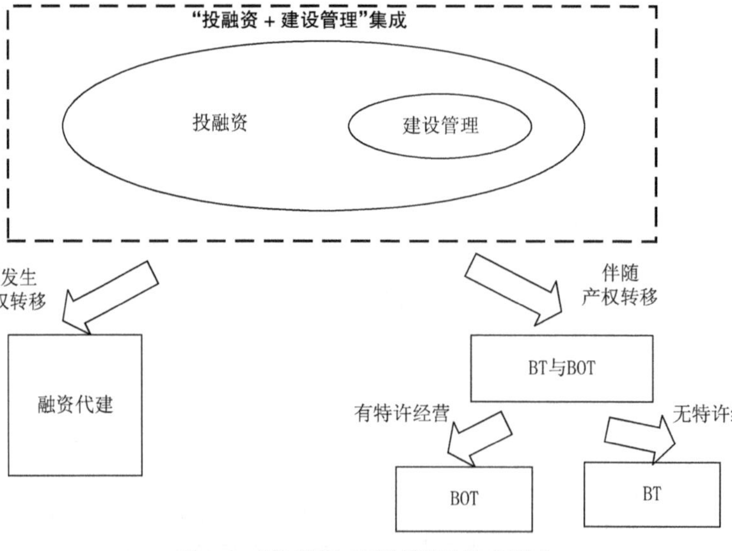

图 2-6 “投融资+建设管理”集成模式

2. 专业化招标到集成招标

《城市公共交通常用名词术语》（GB 5655—1999）将城市轨道交通定义为“通常以电能为动力，采取轮轨运输方式的快速大运量公共交通的总称”。城市轨道交通工具一般包括地铁列车、轻轨列车和现代有轨电车。车辆段是这些交通工具的重要运行单位之一，具有承担铁路、地铁、轻轨车辆的运营、整备、检修等工作的功能。在城市轨道交通系统（地铁、城市轻轨）中，车辆段还有其他功能，它可作为车辆停放、日检、周检、月检、架修和保养的场所，同时也具有为车辆段工作人员提供办公场所和临时住宿等功能。可见，城市轨道交通由城市地铁、城市轻轨、城市有轨电车系统组成，由车辆段负责日检、周检、月检、维修、维护等工作，而配套的设备也需要完备。将上述这些要素按照不同的规则捆绑到一起进行招标采购，即为设备集成包采购。

为提高招标效率和质量，天津地铁集团建立了包含以往项目各承包方信息的数据库，对潜在投标人的基本信息、专业资质、能力等进行汇总并整理成册，并对这些信息数据分类管理。该数据库为选择值得信任的承包方提供了参考，以确保项目招标成功。天津地铁集团执行严格的保密制度，并对招标文件严格审查，确保各项目招标文件编制的完整性，避免产生后续纠纷。天津地铁集团加强对评标小组成员的专业能力的考核，并通过两方面提高评标质量：①保证技术部专业人才的占比超过三分之二；②在评估内容中，除考虑施工组织设计、实施机构、工期、质量和投标报价五大要素之外，还根据建设项目的特点，确定各项目的权重，以保证各项目的施工建设。在合同条款的拟定阶段，天津地铁集团提出合同条款优化策略，运用风险分担和柔性条款理论，达到激励承包方"完美履约"的效果。天津地铁集团通过在内部建立健全合同管理的相关制度、机制，并通过合同签订前的会审，严格审查投标文件及合同文件，加强合同谈判工作等；各项目管理部，在此基础上，根据不同经营管理环节的特点，制定了相应的合同管理条例和其他相关的规章制度，使各流程都有法可依，以控制流程中各环节中可能出现的各种风险。

3. 小标段管理到大标段、集成标段管理

传统地铁项目大多采用分标段划分的建设管理模式，项目业主根据专业特征对不同专业工程分别进行招标。这种多界面的管理会造成整个项目的交易成本陡增，且项目建设涉及的各方利益相关者数量多，在项目建设中易产生责任不清、资源分配不合理、施工场地管理混乱等问题。

站在标段划分和界面优化的角度，将原来单独建设的项目合并起来，可以有效解决分标段界面管理复杂的难题。如能在地铁项目中采用大标段招标模式，引进总承包方企业，可降低项目的交易成本，原因如下：第一，和业主相比，大标段的总承包方更加熟悉建筑领域，具有相对的信息比较优势，有助于降低整个项目的交易成本；第二，总承包方与单个合同方属于同一行业且彼此之间存在一定的依赖关系，在交易成本理论中，这种二者的多次交易比一次交易更有助于交易规则的建立和成本运作，并能相对地减少交易费用；第三，业主不必对每个专业分包方进行监督，取而代之的是总承包方对各承建工区的科层进行治理，极大地减少了整个项目的交易费用。

一方面，大标段管理具有加强管理协调的优势，体现在：在大标段招标项目实施过程中，业主（发包方）与总承包方签订合同后，常规模式下的多个标段工程内容由总承包方负责，同时总承包方还接管了业主的管理协调任务，极大地减少了业主的管理工作量，并且总承包方利用施工总承包方的管理经验和集团优势，对下级分包方以及承建工区的管理工作更加到位，提升了效率。

另一方面，大标段管理具有提高资源配置的优势，体现在：采用大标段管理，可以充分利用总承包方的规模效应，提高资源配置质量，总承包方在标段内全面统筹规划轨道、设备安装、隧道工程的资源利用，兼顾项目的整体进度控制和各施工界面间的衔接，可确保各工程间的资源均衡；总承包方能有效调动所属领域的所有优质资源，提高施工技术水平和装备水平。

第三章 基于全生命周期+大数据分析的前期决策阶段投资控制

第一节 前期决策阶段工作内容

一、前期决策阶段工作概述

地铁项目的设计使用年限至少为100年，因此要从项目的全生命周期入手，统筹考虑投资控制，综合考虑策划决策阶段、设计阶段、项目建造阶段、运行使用阶段直至项目拆除。在前期决策阶段，应根据城市的结构、功能、资源、自然条件、经济状况、土地开发利用情况、城市总体规划及城市交通现状与需求等因素，选择安全适用、技术先进、经济合理、与城市发展相适应的地铁建设规模、建设标准及运营系统和模式。项目决策的科学性和合理性，对工程造价具有决定性影响。可以基于全生命周期成本（Life Cycle Cost，LCC）理念，对地铁项目的全生命周期进行统筹考虑，将控制的关键放在生命周期的前期，实施主动控制、方案优化，而不是在生命周期的后期（施工和运维阶段）进行被动的控制。

依据《城市轨道交通建设项目管理规范》（GB 50722—2011）的规定，决策阶段的工作内容包括线网规划、建设规划、可行性研究报告编制。投资控制的服务内容包括：组织评估线网规划方案与建设规划方案（编制标准）、编制（或审核）可行性研究方案。该阶段的投资控制节点（或要点）包括：①组织论证线网规划方案，包括客流量预测和网络布局的多方案比选；②组织论证建设规划方案，包括线路敷设方式、车站与车辆段的选址、初步资金筹措方案；③编制（或审核）可行性研究方案，包括车辆选型、设备系统、国产化率等多方案经济比选，投资估算的确定及项目建设方案中总体方案的确定。

项目决策阶段主要探讨的问题是为什么要投资、什么时候投资最合适、怎样实施等。在此阶段，通过对问题进行深入思考，开展多级方案的相互比较，运用科学的方法论证，认识建设项目的必要性、可能性、可行性。项目投资评估是项目决策的基础，也是对项目的投资效益进行分析和计算的一个重要前提。当可行性研究报告被批准之后，其中的投资估算额将作为设计任务书下达的投资限额，其为建设项目投资的最高限额，不得随意突破。项目投资评估是进行项目设计招标、优选设计单位和设计方案的依据。合理、准确的投资估算额是进行工程造价管理改革、全过程造价控制，实现工程造价事前管理和主动控制的前提条件。因此精确判断投资估算额是项目决策阶段的重点工作，对工程造价控制非常重要。

《国家发展改革委关于加强城市轨道交通规划建设管理的通知》（发改基础〔2015〕49号）的附件指出：“发展地铁和轻轨的城市将有轨电车纳入建设规划做好衔接，其余城市有轨电车建设规划由省级发展改革部门做好衔接。”按照国家相关政策，轨道交通项目可分为线网规划、建设规划、工程可行性研究、设计、施工、验收、试运营、正式运营等阶段。其中，验收和试运营是相互穿插进行的；线网规划、建设规划、工程可行性研究为项目的前期决策阶段。

二、线网规划

各城市的地铁线网规划（简称线网规划）是指导地铁长远可持续发展的总体性方案。根据城市总体发展要求，确需发展地铁的城市要编制线网规划，并确定长远发展目标。按照前瞻性和系统性要求，线网规划应统筹人口分布、交通需求等情况，确定地铁的发展目标、发展模式、功能定位等；确定地铁线路走向、主要换乘节点、资源共享和用地控制要求，实现地铁线路与城市人口分布、空间布局、土地利用相协调；做好地铁与主要铁路干线、客运站和机场等综合交通枢纽的衔接。线网规划阶段的主要任务是明确规划期限和范围，合理确定发展目标和线网规模，统筹规划线网布局，统筹确定车辆段、综合维修中心等车辆基地的分工、类型、规模和布局等，对线网规划中的线路、站点明确其初步位置及其用地控制要求，通过预留与控制设施用地的方式，为地铁建设提供用地条件。

1. 线网规划需要编制的文件

根据《地铁线网规划编制标准》（GB/T 50546—2018）及《住房和城乡建设部关于加强城市轨道交通线网规划编制的通知》（建城〔2014〕169号）要求：线网规划成果应包括规划文本、规划图纸，并附规划说明书和基础资料汇编。规划文本应以条文方式表述，内容明确简练，具有指导性和可操作性；规划图纸所表达的内容应清晰、准确，并与规划文本内容相符；规划说明书应与规划文本的条文相对应，对规划文本条文做出详细解释，并阐述条文执行过程中的要求。对线网规划中的其他重要技术内容（如客流量预测），应做专题研究，并将专题研究成果作为规划说明书的附录。线网规划阶段需要编制的文件见表3-1。

表3-1　线网规划阶段需要编制的文件

类型	序号	文件名称	备注	主要内容
主报告	1	规划文本	线网规划	地铁线网规划主要包括：城市和交通现状；交通需求分析；地铁建设的必要性；地铁功能定位与发展目标；线网方案与评价；车辆基地规划；用地控制规划
	2	规划图纸		
	3	规划说明书		
	4	基础资料汇编		
配套文件	5	城市总体规划	上位规划	在编制城市总体规划时，应统筹研究发展地铁的必要性，确需发展的，应同步编制线网规划，做好相互协调与衔接。已有线网规划的城市，在修改或修编城市总体规划时，要开展线网规划实施评估，对线网规划实施情况进行总结，研究是否需要修改或修编线网规划，如有需要，应以线网规划实施评估为基础，与城市总体规划同步修改或修编线网规划
	6	城市综合交通体系规划		城市综合交通系统规划是城市总体规划的一项重要内容，也是城市综合交通发展的战略规划，还是地铁线网规划的上位规划

续表

类型	序号	文件名称	备注	主要内容
配套文件	7	交通调查	基础工作	交通调查是公路建设项目可行性研究的重要环节，旨在了解项目所在地区公路交通量的特性和构成，掌握公路交通流量、流向及车辆构成等数据资料，为未来拟建公路交通量预测提供基础数据，同时也为经济评价和公路设计提供可靠的依据
	8	客流量预测	附录	地铁的规划、设计、建设及运营的主要依据是地铁的客流量，这就凸显出客流量预测的重要价值。在地铁的建设环节中，客流量预测是地铁设计工作的重要参考，预测结果对地铁的建设投资、运营效率和经济效益十分关键。由于地铁项目的投资巨大，客流量预测结果的重要性也就更为明显。 而对地铁运营而言，如果预测的客流量过大，实际客流量相对过小，则将导致运营成本和维护成本过高、运营公司长期亏损，需要政府给予大量的补助；如果预期的客流量较小，则会造成交通拥堵，服务品质降低。 客流量预测对于地铁建设的必要性、规模选择、经济效益分析、专业设计等方面都具有重要的意义。所以，要用科学的眼光预测地铁的客流量

2. 线网规划阶段政府部门的职能与分工

虽然《住房和城乡建设部关于加强城市轨道交通线网规划编制的通知》（建城〔2014〕169号）要求："城市人民政府负责组织编制线网规划，具体工作由城市人民政府城乡规划主管部门承担。"但一般来说，线网规划都是政府指定专门的部门负责组织编制的。在线网规划阶段，政府部门的职能与分工见表3-2。

表3-2 线网规划阶段政府部门的职能与分工

职能部门	主要职责
市政府	启动线网规划编制工作，指定主管部门
	组织项目启动会、协调各部门配合、支持线网规划工作
	听取线网规划技术审查会的意见
	同意和批复线网规划成果
主管部门	牵头组织线网规划编制
	组织座谈会，听取各部门和区（市、管委）意见
	协助基础资料搜集和对外工作的开展
	组织线网规划成果按国家、省、市程序进行决策
	对线网规划成果进行报批
规划部门	提供城市总体规划、综合交通体系规划等基础资料
	参与线网规划工作，提出意见和建议
	协助线网规划决策、技术审查程序，解释规划问题
	将线网规划纳入城市总体规划，并与城市总体规划一并审批
	将批复后的线网规划纳入相应地块控制性详细规划

续表

职能部门	主要职责
发改委	提供国民经济和社会发展总体规划、地质灾害等基础资料
	审核、反馈线网规划意见
国土部门	提供土地利用现状和总体规划、地质灾害等基础资料
	审核、反馈、协助线网规划方案
	落实大宗用地的用地性质并提出意见
生态环境部门	提供环境保护基础资料
	对轨道交通线网规划提出环境边界条件
各区(市、管委)	参加线网规划座谈会，提出需求并提供基础资料
	对线网规划成果进行意见反馈
	落实辖区范围内的大宗用地
其他部门	提供相关基础资料，并提出意见和建议
	审核、反馈、协助线网规划方案

3. 线网规划编制、审批流程

线网规划的编制、审批程序在《住房和城乡建设部关于加强城市轨道交通线网规划编制的通知》(建城〔2014〕169号)中已经有明确规定："在城市总体规划编制时，应统筹研究发展城市轨道交通的必要性，确需发展的，应同步编制线网规划，做好相互协调与衔接。已有线网规划的城市，在修改或修编城市总体规划时，要开展线网规划实施评估，对线网规划实施情况进行总结，研究是否需要修改或修编线网规划，如有需要，应以线网规划实施评估为基础，与城市总体规划同步修改或修编线网规划。"

城市人民政府负责组织编制线网规划。具体工作由城市人民政府的城乡规划主管部门承担。

线网规划编制(或者修改、修编)完成后，应组织技术审查。直辖市的线网规划由住房和城乡建设部组织进行技术审查；其他城市的线网规划，由省、自治区住房城乡建设厅组织进行技术审查。

规划成果在技术审查前，应依据《中华人民共和国城乡规划法》有关规定征求社会公众和相关部门意见。

经技术审查后，线网规划明确的地铁发展目标、功能定位、线网布局、车辆基地等设施用地控制要求等应纳入城市总体规划，并与城市总体规划一并审批。线网规划经批准后，具有法定效力，任何单位和个人不得随意修改；确需修改的，应按照城市总体规划的修改程序进行。

线网规划经批准后，城市人民政府的城乡规划主管部门应根据线网规划，将地铁线路、主要车站和车辆基地等设施，按照有关程序和要求，及时纳入相应地块控制性详细规划。

三、建设规划

各城市的地铁建设规划(简称建设规划)是近期建设项目安排的实施性方案。城市要结合自身经济、人口、客流需求等情况，根据线网规划编制 5~6 年期的建设规划。拟建地铁的初期负荷强度不低于每日每千米 0.7 万人次，拟建轻轨的初期负荷强度不低于每日每千米 0.4 万人次。项目资本金比例不低于 40%，政府资本金占当年城市公共财政预算收入的比例一般不超过 5%。发展地铁和轻轨的城市将有轨电车纳入建设规划并做好衔接，其余城市有轨电车建设规划由省级发展改革部门做好衔接。

国家批复的建设规划明确了地铁的基本建设方案，确定线路起讫点、基本走向、敷设方式、车站数量、工程投资、建设年限等约束性内容。在规划实施过程中，城市可根据实际情况优化完善建设方案，但约束性内容不得随意变更。

在建设规划阶段，主要需要开展的工作包括：提出推荐的规划方案，明确建设任务和时序安排，确定线路服务水平和技术标准；确定工程方案，重点落实线路起讫点、基本走向、敷设方式、车站分布、系统规模、设备初步选型和资源共享等内容；确保项目投资合理可控、征地拆迁等前期费用符合实际，提高建设规划投资估算的准确性；合理确定资本金比例，明确资金筹措方案，落实资本金和债务资金来源；编制财政收支预算平衡表，全面考量政府的资金保障能力；编制财务计划现金流量表，确保政府财力可支撑和企业财务可持续。

城市轨道交通的近期建设规划是审批级别最高（国务院）、审批层次（市、省、部委、国务院）最多和审批部门（发改、住建、环保）最多的项目之一。总结起来可以分为“三条主线（发改、住建、环保）”和“四个阶段”。

对于建设规划阶段需要编制的文件，《国家发展改革委 住房城乡建设部关于优化完善城市轨道交通建设规划审批程序的通知》（发改基础〔2015〕2506 号）要求：“在规划环境影响审查意见、社会稳定风险评估完成后，省级发展改革委会签省级住房城乡建设（规划）部门向国家发展改革委报送城市轨道交通建设规划，同时抄报住房城乡建设部。”《国务院办公厅关于加强城市快速轨道交通建设管理的通知》（国办发〔2003〕81 号）要求：“对规划建设城轨交通项目的线路，要搞好沿线土地规划控制，编制专项土地控制规划，防止新建建筑物对线路的侵占。”

建设规划阶段主要开展建设规划主报告及其专题报告的编制工作，需要编制的文件见表 3-3。

表 3-3 建设规划阶段需要编制的文件

项目	序号	文件名称	批复单位
主报告	1	建设规划	首轮国务院批复，非首轮国家发改委批复
专题报告	1	城市总体规划	—
	2	综合交通规划	—
	3	轨道交通线网规划	省住建厅审查，市政府同意，纳入城市总体规划进行审批
	4	客流量预测报告	专家评审
	5	环境影响评价报告书	生态环境部

续表

项目	序号	文件名称	批复单位
专题报告	6	社会稳定性分析和评估报告书	市维稳办
	7	沿线土地控制规划	市规划局
	8	近期建设线路预可行性研究	—
	9	交通衔接专题报告	—
	10	制式选择专题报告	—
	11	投融资专题报告	—
	12	文物专题报告	各级文物局

四、项目可行性研究

地铁项目在可行性研究阶段需要确定的内容包括项目建设背景、项目技术条件、项目建设方案、项目适应性分析、项目综合分析等。

（一）项目建设背景

项目建设背景是项目实施的边界条件，内容包括项目概述、上位规划研究、建设必要性研究、工程建设条件研究等。

1. 项目概述

项目概述包括项目名称、承办单位概况、研究依据、研究范围与年限、研究工作概述等。

2. 上位规划研究

上位规划研究主要梳理城市总体规划、综合交通规划、经济社会发展规划、城市近期建设规划，以及轨道交通线网规划、用地控制规划、建设规划、规划环境影响评价、规划社会稳定风险评价等与地铁项目相关的内容；重点明确上位规划对地铁项目的具体要求和约束性内容，以及上位规划变化对地铁项目产生的影响。

3. 建设必要性研究

建设必要性研究从城市总体发展、经济社会发展、综合交通发展、环境资源等方面论证地铁项目建设的必要性；重点研究地铁项目的建设时机和紧迫性，以及对支撑城市近期建设重点、解决交通问题等方面的作用。

4. 工程建设条件研究

工程建设条件研究简要描述自然地理、地质水文、城市建设现状、经济实力和已实施地铁项目总结等，为可行性研究奠定基础；重点明确不良地质、大江大河、文物古迹、环境敏感区域等影响地铁项目实施的关键控制因素，必要时开展专题研究。

（二）项目技术条件

项目技术条件是地铁项目实施的总体原则，包括客流量预测、总体技术标准确定等。

1. 客流量预测

客流量预测指在开展地铁项目沿线现状交通和土地利用调查的基础上，开展客流量预测、客流特征分析、客流敏感性分析等工作，重点强化对高峰小时客流、平均运距、客流均衡性、换乘系数、跨区交通起止点(Origin-Destination,OD)等特征的指标分析和风险性分析。

2. 总体技术标准确定

总体技术标准确定的任务是明确地铁项目在综合交通体系、轨道交通线网中的功能定位,确定运输能力、旅行速度、发车间隔、舒适度、换乘便捷性等服务水平,提出安全、环境、自动化、投资控制等方面的系统标准;对市域快线、机场线等特殊功能线路开展针对性研究。

(三)项目建设方案

项目建设方案是地铁项目实施的关键环节,其建立在总体方案基础之上,包括土建工程方案、设备系统方案和组织实施方案。

1. 总体方案

总体方案包括车辆、限界、线路、车站分布、运营组织、车辆基地、配线设置、控制系统构成、资源共享等。总体方案研究,即在满足总体技术标准要求的基础上,重点把握系统目标和各专业之间的协调性。

2. 土建工程方案

土建工程方案包括地质条件评价、车站建筑方案、结构工程方案和轨道工程方案等。土建工程方案研究指重点针对工程重难点、大型交通枢纽及重要换乘站等开展深入研究,对影响安全的因素强化工程技术措施研究。

3. 设备系统方案

设备系统方案涉及供电、通风空调、给排水及消防、通信、信号、站台门、电梯与自动扶梯、自动售检票、乘客信息、设备监控、运营控制中心等系统,以及设备国产化方案。设备系统方案研究的目的是提出供电系统、通风空调系统、信号系统的功能配置方案,结合项目特点研究分期实施等方案;提出其他各系统配置原则;关注各设备系统之间的效能均衡性。

4. 组织实施方案

组织实施方案包括工程筹划、征地拆迁安置、组织机构与人力资源配置、劳动安全与卫生等。组织实施方案研究的重点是工期安排、建设期交通疏解、征地拆迁安置、人才培养、建设及运营安全等,目的是提出合理可行的实施方案和保障措施。

(四)项目适应性分析

项目适应性分析是项目实施的重要保障,包括交通衔接、社会稳定、节约能源、环境保护、文物保护、安全评估、防灾与人防等,并根据外部条件对项目建设方案进行反馈。

1. 交通衔接

除建设方案中已涵盖的综合交通枢纽外,交通衔接研究的对象还包括地铁与其他交通方式的衔接换乘,重点是交通衔接设施设置原则、大型衔接设施的分布和规模、实施管理主体和保障措施等,确保同步设计、同步建设、同步投入使用。

2. 社会稳定

按照重大项目社会稳定风险评估办法的要求,社会稳定研究的内容包括风险调查、风险因素识别、风险估计和判断,提出风险防范和化解措施,以及措施落实后的预期风险等级。

3. 节约能源

按照固定资产投资项目节能评估和审查的要求,节约能源研究的内容包括节约能源措施以及能耗指标分析等。

4. 环境保护、文物保护、安全评估、防灾与人防等

按照相关法律、法规和规范性文件要求，这部分研究将结合地铁项目特点开展针对性研究。

（五）项目综合分析

项目综合分析指对地铁项目投资、效益、风险等方面开展全面研究，明确结论与建议。

1. 投资估算与资金筹措

投资估算与资金筹措研究指与已批复建设规划进行详细对比分析，结合分年投资计划，落实资金筹措方案；重点结合建设规划实施情况，考量地铁项目的政府资金保障能力。

2. 效益分析

效益分析包括财务分析和经济分析。财务分析重点研究财务费用、财务效益分析、不确定性分析等；经济分析重点研究经济费用估算、经济效益估算、国民经济评价、敏感性分析等。

3. 社会分析

社会分析重点研究地铁项目对城市经济社会发展、交通环境、自然环境等方面的影响，分析地铁项目的社会效益以及可能出现的社会风险，并提出对策措施。

4. 风险分析

风险分析重点研究地铁项目的规划风险、市场风险、工程风险、技术风险、资金风险、管理风险等，识别风险因素，确定风险等级，提出对策措施，并对地铁项目建设方案进行反馈。

5. 结论与建议

结论与建议指通过对项目研究的全面总结，明确项目是否可行，并提出下一步工作建议。

地铁项目投资大、建设周期长，一般为政府投资项目，即便是采用 PPP 模式的项目，政府也间接参与了投资。国务院 2018 年下发的《政府投资条例》（国务院令第 712 号）明确指出：政府采取直接投资方式、资本金注入方式投资的项目，项目单位应当编制项目建议书、可行性研究报告、初步设计，按照政府投资管理权限和规定的程序，报投资主管部门或者其他有关部门审批。《国务院关于投资体制改革的决定》（国发〔2004〕20 号）指出：对于政府投资项目，采用直接投资和资本金注入方式的，从投资决策角度只审批项目建议书和可行性研究报告，除特殊情况外不再审批开工报告，同时应严格政府投资项目的初步设计、概算审批工作；采用投资补助、转贷和贷款贴息方式的，只审批资金申请报告。

由此可见，地铁项目编制可行性研究报告时与其他政府投资项目一样，依据的都是国发〔2004〕20 号文。这里需要特别说明的是，地铁项目不编制项目建议书，因为地铁项目投资大、建设周期长，而且涉及规划、交通、环境等多个方面，较一般城建项目更复杂，对立项文件的深度和广度要求更高，因此地铁项目采取编制建设规划报告（代替项目建议书）的立项方式。

（六）编制可行性研究报告的注意事项

1. 可行性研究报告的审批部门

地铁项目的可行性研究报告在 2013 年之前均由国家发改委审批，国家发改委在收到各地的上报文件后，委托评估单位对可行性研究报告进行评估，评估完后 3~6 个月后批复。

2013年起，国家发改委将审批权限下放，地铁项目的可行性研究报告改由省级发改委审批。地铁项目审批权限下放后，省级政府由地铁项目的申报主体转变为审批主体，进一步强化了责任意识，极大地调动了积极性。同时，由于各项专题和前置要件同步下放，办理时长有所缩短，项目审批速度有所加快。

2. 可行性研究报告审批重点关注事项

《国家发展改革委关于加强城市轨道交通规划建设管理的通知》（发改基础〔2015〕49号）要求：国家批准的建设规划原则上不得变更，纳入建设规划的项目直接开展可行性研究工作；对于因城市规划、工程条件等因素影响，基本走向、敷设方式发生重大变化，线路长度、车站数量、直接工程投资（扣除物价上涨因素）超过建设规划批准规模的15%以上，或提前开工规划项目，以及投资模式发生重大变化，需将规划调整方案报国家发改委审批；严禁随意压缩工期。

3. 文件组成及编制依据

（1）主报告

《国家发展改革委关于加强城市轨道交通规划建设管理的通知》（发改基础〔2015〕49号）及其《附件2：城市轨道交通工程项目可行性研究报告编制和评估大纲》对可行性研究报告编制和评估大纲做了详细的说明，以指导各地做好可行性研究报告编制和评估工作。

（2）审批前置条件

Ⅰ. 选址意见书

《中华人民共和国城乡规划法》规定：按照国家规定需要有关部门批准或者核准的建设项目，以划拨方式提供国有土地使用权的，建设单位在报送有关部门批准或者核准前，应向城乡规划主管部门申请核发选址意见书。《项目选址意见书》是进行规划建设必不可少的"两证一书"中的"一书"①。

Ⅱ. 用地预审

《建设项目用地预审管理办法》规定：建设项目用地预审文件有效期为两年，自批准之日起计算；已经预审的项目，如需对土地用途、建设项目选址等进行重大调整的，应重新申请预审；未经预审或者预审未通过的，不得批复可行性研究报告。

Ⅲ. 压覆矿证明

压覆重要矿产资源的证明材料是申请用地预审时需提交的材料，为用地预审的前置要件。《建设项目用地预审管理办法》规定：单独选址建设项目所在区域的国土资源管理部门出具是否压覆重要矿产资源的证明材料。《国土资源部关于进一步做好建设项目压覆重要矿产资源审批管理工作的通知》规定：在土地利用总体规划确定的城市建设用地范围内，已办理压覆重要矿产资源储量预登记的，不再办理项目压覆重要矿产资源审批手续，但市县国土资源行政主管部门应在出让或划拨用地前，到省级国土资源行政主管部门办理压覆重要矿产资源登记手续；部分城市没有统一开展建设压覆重要矿产资源的调查和预登记工作，那么在进行建设项目用地的预审和审批时，建设单位必须严格按照通知要求履行压覆重要矿产资源审批手续。各省区市对是否需要办理压覆矿证明及如何办理的规定不一样，具体情况可以咨询当地国土部门地矿处。

① 所谓的"两证一书"是指《建设用地规划许可证》（黄证）、《建设工程规划许可证》（绿证）、《项目选址意见书》。

Ⅳ.社会稳定风险评价

2012年,国家发改委下发了《国家发展改革委重大固定资产投资项目社会稳定风险评估暂行办法》,明确要求项目单位在组织开展重大项目前期工作时,应开展社会稳定风险评价工作(包含分析报告和评估报告),分析报告应作为项目可行性研究报告的重要内容并设独立篇章。社会稳定风险评价是可行性研究报告上报的必要前提条件,在项目可行性研究报告的申报文件中,应包含对该项目社会稳定风险评估报告的意见,并附社会稳定风险评估报告。

Ⅴ.节能评估报告

2016年11月27日颁布的《固定资产投资项目节能审查办法》(国家发展和改革委员会令2016年第44号)明确要求:政府投资项目,建设单位在报送项目可行性研究报告前,需取得节能审查机关出具的节能审查意见;企业投资项目,建设单位需在开工建设前取得节能审查机关出具的节能审查意见;未按第44号令的规定进行节能审查,或节能审查未通过的项目,建设单位不得开工建设,已经建成的不得投入生产、使用。由此可见,对于地铁项目而言,在上报可行性研究报告前必须取得节能审查意见。

(3)必备专题

Ⅰ.地形图测绘

根据《地下铁道、轻轨交通工程测量规范》要求,应对地物、地貌及其他地理要素进行测量,为设计提供基础资料,地形图比例一般为1∶500。

Ⅱ.岩土勘察报告

《城市轨道交通岩土工程勘察规范》(GB 50307—2012)将轨道交通岩土工程勘察阶段划分为可行性研究阶段、初步勘察阶段、详细勘察阶段及施工中的岩土工程勘察工作等工作阶段。在可行性研究阶段,岩土勘察应根据建设工程的要求,通过调查和搜集有关勘察资料,必要时可适当进行勘探工作,查明、分析、评价建设场地的地质、地理环境特征和岩土工程条件并提出合理的基础建议,编制建设工程勘察文件。

Ⅲ.客流量预测报告

客流量预测是可行性研究报告编制的基础专题之一,经专家评审修改后作为可行性研究报告的编制依据。轨道交通客流量预测仍然采用传统四阶段预测法,即按照交通生成预测、交通分布预测、交通方式划分预测和交通分配四阶段来分析城市现状和未来的交通状况。四阶段预测法是目前交通规划领域应用最广的方法。

Ⅳ.环境影响评价报告

2016年修正的《中华人民共和国环境影响评价法》于2016年9月1日起施行,该法涉及地铁项目环评的变化主要有以下两点。该法的原第十七条规定,涉及水土保持的建设项目,环境影响报告书中必须有经水行政主管部门审查同意的水土保持方案;为进一步简政放权、优化审批流程,修正后,该法不再将水行政主管部门对水土保持方案的审批作为环境影响评价的前置条件。该法明确规定,建设项目环评审批办结后才能向发展改革部门申请项目可行性研究报告审批;修正后,环评行政审批不再作为可行性研究报告审批的前置条件,将环评审批与可行性研究报告审批同时进行,但仍须在开工前完成。

Ⅴ.安全预评价报告

根据《建设项目安全设施“三同时”监督管理办法》(国家安全生产监督管理总局令第36号,第77号修正)和《地铁安全预评价细则》,地铁项目应编制安全预评价报告,一般在工程可行性研究报告编制后,通过对地铁项目的线路选择、技术路线、社会环境的安全评价,查找项目存在的危险、有害因素的种类和程度,补充完善工程可行性研究报告中的安全对策措施,为初步设计提供科学依据。

(4)非必备专题(有条件编制)

Ⅰ.地震安全性评价报告

2015年12月下发的《中国地震局关于贯彻落实国务院清理规范第一批行政审批中介服务事项有关要求的通知》(中震防发〔2015〕59号)明确指出:在开展抗震设防要求确定行政审批时,不再要求申请人提供地震安全性评价报告。但部分地铁项目仍需进行地震安全性评价。《需开展地震安全性评价确定抗震设防要求的建设工程目录》规定:《城市轨道交通结构抗震设计规范》(GB 50909—2014)中规定的特殊设防类(甲类)城市基础设施工程需开展地震安全性评价。《城市轨道交通结构抗震设计规范》(GB 50909—2014)将地铁网络中占据关键地位、承担交通量大的大跨度桥梁和车站的主体结构确定为特殊设防类,包括单跨跨径超过150 m的混凝土与预应力混凝土连续梁桥、连续刚构桥;超过150 m跨径的斜拉桥、悬索桥和拱桥等结构;日平均客流量(包括进站客流和换乘客流,不包括过站客流)超过50万人次的大型综合枢纽车站的主体结构;对于预测日平均客流量没有超过50万人次,而对于实际运营达到或超过50万人次的车站,GB 50909—2014建议通过抗震专题研究以确定是否需要按照特殊设防类要求做适当的抗震加固。

Ⅱ.地质灾害危险性评估报告

原国土资源部在2014年12月下发的《关于取消地质灾害危险性评估备案制度的公告》中,取消了地质灾害危险性评估备案制度,提出要按项目选址情况确定是否编制地质灾害危险性评估报告。《地质灾害防治条例》(国务院令第394号)规定:在地质灾害易发区内进行工程建设应在可行性研究阶段进行地质灾害危险性评估,并将评估结果作为可行性研究报告的组成部分;可行性研究报告未包含地质灾害危险性评估结果的,不得批准其可行性研究报告。《建设项目用地预审管理办法》(国土资源部令第42号)规定:申请用地预审时,单独选址建设项目拟选址位于地质灾害防治规划确定的地质灾害易发区内的,提交地质灾害危险性评估报告。是否编制地质灾害危险性评估报告主要看项目是否位于地质灾害易发区内,可以根据《全国地质灾害防治“十四五”规划》来确定,目前有部分省区不再要求编制地铁项目的地质灾害危险性评估报告。

Ⅲ.文物保护专题

《中华人民共和国文物保护法》规定,在文物保护单位的建设控制地带内进行建设工程时,工程设计方案应根据文物保护单位的级别,经相应的文物行政部门同意后,报城乡建设规划部门批准。地铁项目如位于文物保护单位的建设控制地带,应编制文物保护专题。

Ⅳ.防洪评价报告

《中华人民共和国防洪法》(2016年修正)规定:在洪泛区、蓄滞洪区内建设非防洪建设项目,应就洪水对建设项目可能产生的影响和建设项目对防洪可能产生的影响做出评价,编制洪水影响评价报告，提出防御措施；洪水影响评价报告未经有关水行政主管部门审查批准的，建设单位不得开工建设。修正后的该法不再将防洪评价报告作为工程可行性研究报告审批的前置条件。

V.水土保持专题报告

《中华人民共和国水土保持法》规定：在山区、丘陵区、风沙区以及水土保持规划确定的容易发生水土流失的其他区域开办可能造成水土流失的生产建设项目，生产建设单位应编制水土保持方案；未编制水土保持方案或者水土保持方案未经水行政主管部门批准的，生产建设项目不得开工建设。2016年修正并于当年9月1日起施行的《中华人民共和国环境影响评价法》不再将水行政主管部门对水土保持方案的审批作为环境影响评价的前置条件。

（5）其他专题

除上述专题外，有些地区还要求编制供电咨询专题报告、区域影响评价报告等专题。这些专题是否需要编制、怎么编制、谁来审批等问题，需要咨询当地行政主管部门。

第二节　前期决策阶段问题与核心技术

一、地铁项目的前期决策阶段投资控制问题

（一）投资主体和投资方式选择

在地铁项目中，政府作为最主要的投资主体，既是投资者，也是运营者，同时还是受益者。因此，各省级政府的相关一级部门应对地铁项目严格把控。地铁项目的决策审批均需要经过这些相关一级部门的审批。

虽然在市场化的冲击下，这种带有浓厚行政化色彩的投资经营模式正在逐步改变，但由于地铁项目的投资巨大，建设过程对社会民生的影响也很大，所以，政府仍然主导着地铁项目，社会资本和市场经济力量在地铁项目中的参与度还需要进一步提高。投资运营主体单一，政府主导的投资经营模式必然会造成地铁项目投资和运营的低效益。在此模式下，政府要承担项目的启动、审批、投资主体、项目竣工后的运营主体的职责，项目全程由政府自行组织，缺乏对项目的绩效激励，导致项目投资、施工管理的效率不佳。另外，由于国家可以通过一系列政策影响地铁项目的发展，无法做到政企分离，政企混为一谈，降低了管理人员的工作积极性和工作效率，使大量项目投入难以回收，致使国家资产不断贬值、流失。

从目前国内的轨道交通建设现状来看，我国地铁建设的资金来源主要是政府投入和项目贷款。政府投入的资金以市政府和区政府出资为主，而项目贷款则是建设单位通过各种途径获得的转向用于轨道交通建设的贷款。同时，工程贷款也是我国轨道交通建设投资的一项主要内容。例如，在上海地铁2号线的建设经费中，市财政资金、沿线区财政资金、境外资金均占一定比例；广州地铁1号线的建设经费中，三分之一由外商出资，其余的则由土地财政和房地产税来支付。从以上实例可以看出，目前我国的轨道交通项目融资渠道较少，主要靠政府出资和银行贷款，缺乏全面的融资渠道。在当前的地铁项目融资总量中，私人资本占比非常小。吸引私人资本参与地铁项目，成为我国地铁项目融资改革的关键。

（二）沿线土地综合开发的利用情况

地铁项目对资金的需求大是其最大的特征。因此，资金准备已成为地铁项目建设的一个重要环节。而以政府出资为主的融资方式已经越来越成为制约地铁项目发展的瓶颈。目前，我国地铁项目的发展与建设水平已经不能满足地铁规模的需求。而城市的发展是土地、运输的结合，因此地铁的发展与土地开发有很大的联系，因为地铁项目一定会带动沿线的土地产业（房地产）发展，从而使沿线土地增值并改变土地利用结构；而土地利用结构的变化会改变当地的交通需求。所以两者是相辅相成的关系。两者的协同发展，可以有效地开发和利用轨道交通沿线的土地资源，从而减轻目前的财政压力，确保地铁的可持续发展。

（三）前期工程方案对工程筹划的影响

作为一种公共交通设施，地铁只有全面发展，才能实现经济效益最大化。而全面发展，既是通常认为的有形资产开发，又是一种无形资产开发。在目前的城市发展中，投资者只会自己投资、自己建造、自己获利。这是一种误解，因为这样既会造成建筑成本的上升，收益范围的减少，也会对无形资产造成浪费。目前，在地铁运营体系中，通过第三方的投资，将一定的资产变现，从而实现低成本、高收益的投资理念，还没有形成一套完整的系统。

（四）线路方案与周边环境的结合深度

为了降低地铁项目的建设成本，必须对地铁线路进行合理规划。地铁线网是由多条线路构成的一个体系，其中在各条线路相互交错的情况下，还设置了一些诸如车辆段、停车场之类的设施。随着我国城市建设的不断发展，如果对城市地铁项目用地的规划不进行有效的控制，很可能导致在建设前期增加许多大规模拆迁的工作。当然，在地铁项目施工过程中，拆迁是必然的。但是，减少拆迁是降低地铁项目成本的一个重要环节，需要对此予以充分的关注。从其他城市的实际情况看，由于城市和房地产业的快速发展，建筑工程的拆迁成本已占整个工程总投资相当大的比重。因此，规划部门必须严格控制拆迁范围，在进行线网规划和线网规划评价的基础上，对线网进行多方案的经济比较。

（五）可行性研究估算的编制深度

《城市轨道交通工程建设项目建设标准》（建标 104—2008）为有效控制投资，细化控制目标，对各设计阶段的总投资的变化幅度提出了控制要求：可行性研究阶段的总投资不宜超过预可行性研究（或建设规划）的 15%；总体设计与初步设计不得超过可行性研究阶段的 10%；上一阶段的投资规模一经批复，均作为下一阶段造价控制的重要依据。然而，目前国内地铁项目投资估算编制存在如下问题。

第一，超前规划的精度不足。根据国内地铁项目的建设规划文件质量来看，很多项目由于超前规划，出现了线路方案发生重大变化、车站数量增加较多、单项技术经济指标偏低等现象，造成投资超限。

第二，基础资料调查、分析不到位。基础资料的收集和调查，对于投资估算编制者来讲是一项非常重要的基础工作。特别是对于地下工程，如果前期调查对现场情况了解不足，忽略了地下管线、周边建筑物、道路疏解等因素对项目估算费用的影响，会造成编制的投资估算与工程实际差别较大，反映不出实际工程造价。

可以说，在保证运营功能及技术标准适度先进的前提下，合理确定项目投资规模，并对整个工程及各分项工程的建设成本做出科学的估计，是编制投资估算文件的基本要求。地铁项目复杂、投资大、工期长，属于重大建设项目，相关项目的立项，往往是所在地的城市建设中的头号工程。在编制投资估算文件时，工程造价咨询机构必须严格执行国家、行业和地方有关造价的规定和法令，进行方案的技术经济比较，控制地铁项目造价，以便开展下阶段的具体实施工作。

二、地铁项目的前期决策阶段投资控制核心技术

(一)全生命周期成本管理

LCC 管理理念源起于美国军方，美国国防部曾预测：在一个典型的武器系统中，运行和维护的成本占总成本的 75%。美国前总统克林顿曾对此签署政令。建设项目 LCC 投入情况如图 3-1 所示。

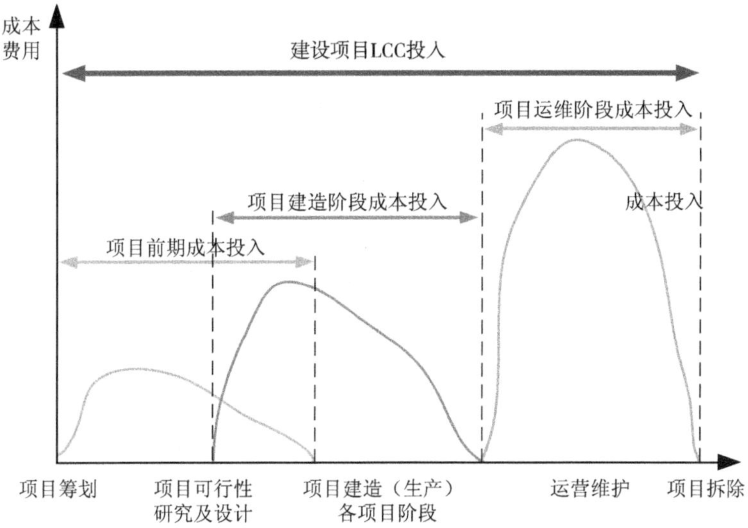

图 3-1　建设项目 LCC 投入

对于建设项目而言，LCC 指项目在有效使用期间所发生的设计管理(DM)成本、项目管理(PM)成本和设施管理(FM)成本，如图 3-2 所示。

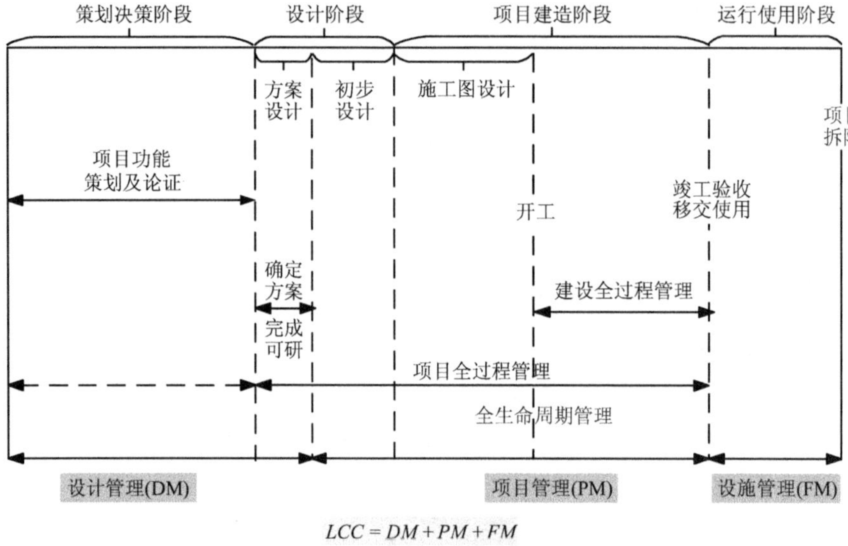

图 3-2　全生命周期造价管理

LCC 控制理念是指从项目的全生命周期进行统筹考虑,将控制的关键放在项目前期,不能只注重建造成本,也要关注运营维护成本,将建设与运营协同考虑。地铁项目的设计使用年限至少是 100 年,因此要从项目的全生命周期统筹考虑投资控制,综合考虑策划决策阶段、设计阶段、项目建造阶段、运行使用阶段直至项目拆除。

在前期决策阶段,应从城市结构、功能、资源、自然条件、经济条件、土地开发利用、城市总体规划、城市交通状况和需求等方面,选择安全适用、技术先进、经济合理的地铁建设规模、建设标准、运营制度和模式。投资决策,直接关系地铁项目的成本。总体上,前期决策对地铁项目成本的影响程度为 75%~95%。因此,应将投资控制的关键放在项目前期,实施主动投资控制和方案优化,而不是在项目后期的施工和运维阶段进行被动的投资控制。

在前期决策阶段对地铁项目进行投资控制时,应注意以下几个方面。首先,在满足交通运输能力需求的情况下,应科学地确定地铁项目的建设规模、主要技术标准和技术方案,并进行科学的论证,其间全面地对线路方案、敷设方案、站位方案及规模、重大技术方案等进行经济比较,以确定最佳方案及技术措施。其次,应充分掌握施工规范,并在建设方式、方案选择、投资目标值确定等关键环节进行可行性分析。再次,应根据实际情况,如交通需求、发展前景等,合理规划施工规模,充分考虑交通设施、供电、给水、燃气、通信光缆、铁路设施、军事设施、公安设施等的情况,并结合规划确定线路、站位,敷设方式和建设时序,降低房屋、管线的拆迁成本。最后,要加强对重大技术方案和施工方案的研究、审查,合理地控制投资,在编制投资预算时,正确估计项目数量,规范使用项目定额计算的单价指标,并在预算编制周期内,在符合城市法规的前提下,合理地使用高价位的编制期。总之,要真正做到从源头上控制投资。

(二)大数据分析

如前所述,前期决策阶段的投资决策对地铁项目成本(造价)的影响程度为 75%~95%。前期决策阶段的内容包括项目建议书编制、可行性研究、方案设计,并需要进行投资决策。

而投资估算是投资决策的基础。前期决策阶段的成本控制属于事前控制，而高品质的投资估算，可为项目的投资决策提供可靠的基础，便于对项目的整体投资水平进行有效控制。而在进行投资估算时，可以运用大数据技术进行分析，提高投资估算的准确性。

在投资决策时运用大数据技术，是指采用数据驱动式的决策方式。该方式提倡在决策中以实际数据为依据，将决策问题涉及的各影响因素进行分解和量化，用得到的量化结果指导最终的决策判断，使决策结果有理可依、有据可循。同时，充足的数据调查和分析可有效地弥补决策者本身知识和经验的欠缺，使决策者可以更加全面客观地认识决策问题。此外，数据为公众和相关部门对决策过程进行监督提供了依据，由于数据冲突的非理性决策结果将更加清楚地暴露在社会监督之下，这会对决策者产生威慑作用，保证了决策的客观性和公正性。

在工程建设领域使用并分析工程造价数据就是为了准确、迅速地确定建设项目的造价，以便能够在项目的决策、设计、施工等阶段为方案选择和造价控制提供依据。在利用大数据技术分析工程造价数据时，需注意以下方面。首先，一个项目从启动到竣工结算需经过多个阶段，每个阶段均会产生各种不同的造价数据，因此需要对各阶段的数据进行收集和分析；其次，任何一个项目从启动到竣工结束都会涉及多个项目参与方，而每一个项目参与方对造价数据的需求也有所不同，因此在处理数据时，要从项目参与方的角度考虑造价数据的可用性。

除此以外，在进行项目成本控制过程中，确定工程量指标、工程消耗量指标、人工消耗量指标，也是十分重要的步骤。首先，利用大数据技术收集工程量指标数据，便于项目业主和设计人员在更换某些材料、构件时获得相应参考资料进行成本分析；同时，工程量指标数据可以反映出不同材料、施工工艺对项目成本的影响。其次，工程消耗量指标数据可以反映和衡量整个建筑业的生产效率的变化，以及新方法、新工艺的作用。最后，人工消耗量指标数据可以反映整个建筑业的工人生产率的变化，为政府和行业部门的决策提供依据。

（三）风险识别

地铁项目的风险在项目开始实施后才会显现，但其风险管理却是从项目的早期管理开始的。地铁项目的决策基于对未来的市场、资金、环境等各种因素的预测和判断。地铁项目的整个实施过程可以分解为不同的阶段，而且在实施过程中，会受到不同的政治、经济、资源、技术等因素的影响，存在各种风险，进而导致各种风险事故的发生。风险并非不可控制，在地铁项目启动前，就可以通过风险识别和预测等手段对项目风险进行分析，从而在风险事件发生前进行控制。研究表明，在建设项目的前期投资决策阶段，良好的风险管理措施能够控制项目所有风险的 50%~70%。因此，在前期决策阶段开展的风险识别与控制决定了整个建设项目的成败。为了控制项目前期的投资风险，需要对项目投资决策阶段的主要风险进行分析，并利用科学的风险识别工具建立相应的评价控制机制。

1. 项目前期投资风险分析步骤

（1）采集风险资料

收集风险分析所需的各种资料，这些数据可以从以往的投资方和合同方的历史纪录中得到。所收集的数据应具有客观性、可统计性。

（2）建立不确定性模型

在已知的风险资料的基础上，对可能发生的风险事件及可能的后果进行定量描述。一般用概率来反映风险事件发生的可能性，以费用指标的形式反映可能的后果，并建立相应的数据模型。

(3)对风险影响进行评估

在对各种风险事件的发生概率进行建模之后，进一步对风险的整体影响进行评估，将风险因素和风险事件可能的结果联系在一起。

2. 项目前期风险分析的主要内容

因为每种风险和对应的风险事件都有自己的规律、特点和作用范围，因此可以将风险影响整合为一种以货币为单位的费用指标，以便对其进行详细的分析和评估。

(1)分析风险事件发生与出现的时机

分析风险事件发生与出现的时机指分析项目的哪个阶段、哪个环节会发生风险事件。每个项目都存在很多具有显著阶段性特征的风险，有些风险事件的发生与特定的项目活动有着直接的关系。这种分析在很大程度上可对风险做出警告。

(2)分析风险事件与损失

风险事件是一个复杂的问题，有些影响不大，有些影响很大，甚至会导致项目整体不可控。但风险往往是相互关联的，例如经济状况恶化导致的通货膨胀不仅会引起产品价格的上涨，也会影响项目业主的付款能力，进一步影响物资采购、工资支付和其他开支，还会影响整个项目的成本。有些风险则是相互叠加的，如异常气候条件、设计图纸的提供延误、设备交付的延误等可能同时出现，这些都会对项目的工期产生影响，而且所导致的损失与上述单个风险事件所导致损失的简单相加可能并不相同。

(3)分析可能发生风险事件的原因

分析可能发生风险事件的原因指对风险事件本身的规律进行研究，结果一般用概率表示。

(4)确定危险等级

风险因素是多方面的，在不同情况下，我们不能把它们一视同仁，而是应把它们进行分类处理，以节约管理成本、确保重点、把精力放在控制重要风险上。

(5)分析风险成因与控制

开展风险成因研究是为预测、对策研究和责任分析提供依据。风险可控是指人们能够控制风险的影响。但有些风险是可以人为控制的，而有些则是无法人为控制的，在风险管理上要区别对待。

3. 项目前期的风险分析方法

风险分析分为定性分析和定量分析两种。通常对风险因素进行定性分析，对风险事件发生的概率和影响程度进行定量分析，相关方法如下。

(1)调查与专家评分法

调查与专家评分法是最常用、最简单、最容易的风险分析方法，具体操作流程如下。

1)确定一个具体项目的全部风险因素，并编制一份风险调查问卷。

2)利用专家的经验，对各风险因素的重要性进行评价，并确定各风险因素的权重，以反映其对项目的影响。

3)以大概率、较大概率、中等概率、不大概率、小概率五种指标对风险因素进行分类，分别赋予 1.0、0.8、0.6、0.4、0.2 的评分(权重)。

4）将各风险因素的权重乘以评价指标，得出各风险因素的得分，最后得出该项目的风险因素总分，分数越高，风险越大。

在项目的前期决策阶段采用调查与专家评分法进行风险分析时，通常没有足够的数据，大部分分析是基于专家的经验开展的，所以所得结果并不需要是一个确切的数字，只需要一个大概的数字，就可以进行下一阶段的分析。

（2）层次分析法（AHP）

层次分析法（Analytic Hierarchy Process，AHP）是一种能有效地解决难以量化的多标准决策方法。该方法将复杂问题分解为多个层级，并在较低水平上逐级进行分析，使人们的主观判断能用量化的方式表示和处理。AHP 是一种灵活、易于理解的项目风险分析方法。在工程招标阶段，决策者通常采用 AHP 对项目风险进行评估，从而确定是否招标，以及做出合理的投资决策。

（3）模糊数学法

在建设项目中，有相当一部分潜在的风险因素是无法用数据精确量化的，但是通过历史经验和专业知识，可以用文字形象地描绘出这些风险因素的本质和可能导致的后果。目前，风险分析方法大多建立在量化基础上，大部分建设项目的风险模糊，难以用数字精确地表达和定义，但却容易用语言和文字来表达。而用模糊数学法求解该问题再合适不过了。模糊数学在处理非数字化和模糊变量方面具有独特的优势，能够为变量问题提供合理的数学规则，而所得到的结果可以用特定的方式转化成语言描述。上述特征使模糊数学法非常适合处理和分析建设项目中的各种潜在风险。

（4）概率分析法

概率分析包括客观概率分析和主观概率分析两大类。客观概率分析基于对历史数据的深度调研，对现有信息进行整理研究，从中发现概率分布规律，从而“以历史为导向”。虽然客观概率在识别和确定风险方面有指导意义，但是由于其结果的“动点”是从以往的“静点”中推演出来的，而且需要大量真实、可靠的数据，因此在实际使用中存在很大的困难。主观概率分析是基于大量的历史统计和数据，以及评估人员的认知和经验，对风险进行预测的一种较为合理的主观概率分布确定方法。因为主观概率的大小受主观判断的影响，因而其具有一定的局限性。概率分析法的关键和难点在于其可信度，概率分布规律的确定是概率分析的关键。目前，概率分析法的相关算法已经非常成熟。

（5）敏感性分析法

敏感性分析是对项目的不确定因素的变化进行预测和分析，根据引起项目经济评估指标变化的敏感性，从不确定因素中发现风险因素，并确定其影响的正反方向，从而制定相应的控制措施，以保证项目的经济性和决策的安全性。运用敏感性分析法进行风险分析，无法得到一个确切的资本价值，只能反映风险因素对项目的影响水平。在项目的前期决策阶段，敏感性分析法可用于可行性研究。该方法，可以为决策者提供影响项目成本变动的各种因素的信息，以便决策者在做决策时，将这些因素考虑在内，并将某些最为敏感的因素作为代价。因此，人们普遍将敏感性分析法作为一种有效的决策手段。

（6）蒙特卡罗法

蒙特卡罗法，也就是所谓的随机取样法或统计测试法。该方法将每个随机变量都抽样一次，然后用一个数据模型来确定一个函数，再用这个数据模型计算函数的概率分布。蒙特卡罗法包含分布曲线、数学期望、方差、均方差等一些重要的数值特性。蒙特卡罗仿真技术用于项目风险分析时的主要步骤如下。

首先，制定一份风险因素列表，采用结构化的方法，将对项目产生影响的主要风险因素进行分类。该列表可以很好地体现出风险因素的类型和层次。其次，运用专家调查法，对风险因素的影响和相关风险事件的发生概率进行分析，并据此制定相应的风险评估表。再次，运用蒙特卡罗法进行风险分析，即对前一阶段的评估结果进行量化。最后，进行分析和总结。

利用蒙特卡罗法，可以得出项目总体风险的概率分布。通过分析，可以了解项目总体风险的变化情况，从而得出相应的应急成本。蒙特卡罗法可以对各风险因素的不确定性进行分析，并将其对项目成本的影响用概率分布的方式表达。

（7）风险矩阵分析法

风险矩阵法是一种在项目管理中确定风险的结构化方法，它可以有效地评价项目的潜在风险。该方法是美国空军电子系统研究中心首先提出的，目前已在多项美国军事装备开发项目中得到了广泛应用。风险矩阵分析是指在评估风险因素对项目的影响时，利用风险矩阵分级标准，对风险因素的影响程度和概率进行评估。

在项目的整个生命周期中，存在着许多不确定因素，这些因素会给项目带来正面和负面影响。风险分析是对项目实施过程中可能产生的各种不确定因素以及可能产生的影响和影响程度进行合理的分析与评价。例如，在对项目的投资风险进行比较全面了解的基础上，可对项目合同条款进行积极的安排；通过对非预见费用的分析，可以为项目的非预见性费用的确定提供参考。

（8）小结

风险管理研究者针对项目的风险分析提出了许多方法，这些方法在不同的情况下均具有一定的应用价值。风险评估分为定性方法、定量方法、定性和定量相结合的方法三种。实践中，对项目风险进行评估时，通常采用定性和定量相结合的方法。工程师们应理解，他们没有必要学习新技术来进行风险管理，而应该以更加合适的方式利用已有的技术。因此，决策者必须充分运用已有的各种信息并根据以往的经验，有效地运用已有的各种风险分析方法，合理地分析和评价项目中各种风险因素及其可能导致的影响。

4. 项目前期的风险因素

项目前期的决策阶段是实施和决定项目投资行为的一个重要环节，在此期间，要对项目的建设进行科学的论证和经济上的可行性评价，分析多种可能的施工方案，并进行技术和经济上的对比，最后做出判断和投资决策。投资决策的正确与否将直接决定项目建设的成败，关系项目投资效果的好坏。项目前期决策阶段的风险因素如下。

（1）决策深度不足风险

决策阶段是实施和决定项目投资行为的一个重要环节。在决策阶段，任何由决策深度不足导致的决策失误在项目的后期都难以挽回，甚至导致整个项目的失败。

（2）投资估算合理性风险

地铁项目的投资规模大，在决策阶段的可行性研究中进行准确的投资估算，既是对投资决策评价的补充，也是对设计阶段的设计预算的制约。所以，对项目进行合理的投资估算具有十分重要的意义。然而,投资估算常常受地区经济状况和施工管理水平的影响,若项目业主未按国家或行业的相关标准进行合理的投资估算,会造成项目总成本与投资估算额偏差较大,进而在设计阶段造成设计概算不充分,在实施阶段出现较大的工程变更。因此,在项目的决策阶段存在投资估算合理性风险,该风险会对项目成本控制产生较大的影响。为此,必须采取相应的对策,提升投资评估的合理性和精确度。

(3)建设标准合理性风险

Ⅰ.客流量预测的风险

地铁项目是一项以缓解城市日益严重的交通压力,满足人们日益紧迫的交通需求而实施的具有社会公益性质的工程。所以,在地铁项目的工程建设中,要考虑当地的具体条件,既要兼顾经济又要兼顾适用。合理的客流量预测是地铁项目前期的一个关键问题,它直接关系整个地铁项目的成败。客流量预测不合理、不准确,将对项目的建设投资、运营效率和经济效益产生很大的影响,进而影响项目的投资控制。

Ⅱ.建设标准设置的风险

地铁项目的建设标准设置是项目规划设计的一个关键环节,直接关系到建设规模、车辆和机电设备的技术水平、车站标准等。在设置建设标准时,有下列风险:①施工规模与客流量不匹配;②不合理的车辆和机械设备;③车站的装修水准太高。建设标准设置得过高,会导致实际投资超过预期,造成资源浪费;而建设标准设置得过低,则会导致项目的安全、质量和进度目标(项目本身的价值、目标和可预测的社会发展水平),不能满足项目的基本使用功能需求,导致项目的后期成本难以控制。为了减少资源浪费并确保项目基本的使用功能,必须合理设置项目的建设标准,以达到节约投资的目的。

(4)场地选址与线路规划风险

城市是一个由各种功能建筑、道路系统和轨道交通系统构成的系统,在我国城市土地资源十分匮乏的情况下,城市建设中的每一个项目都需要大量的土地。在项目前期的决策阶段,项目整体规划的社会影响是非常大的。近年来,随着我国城市化进程的加快,拆迁成本逐步上升,拆迁费成为制约地铁项目投资控制的主要风险因素。此外,轨道交通的敷设方式多种多样,其中高架、地面、地下三种敷设方式被广泛采用,每一种都有多种不同的施工方法,这些方法在建设成本上又存在较大的差别。

由于地铁项目的场地选址与线路规划会对项目的拆迁成本产生较大的影响,所以在地铁项目的前期决策阶段,应注重场地选址与线路规划,合理地选择敷设方式、车站分布、埋设深度、线型等。

第三节 前期决策阶段投资控制要点

一、改革投融资模式,确定融资方案

(一)地铁项目投融资方案的确定

1.地铁项目投融资模式

现阶段,关于地铁项目的主要投融资模式有两种:一是政府主导型投融资模式;二是市

场化投融资模式。

(1)政府主导型投融资模式

政府主导型投融资模式指以实现经济调控为目标,以政府信用为基础,在政府主导下进行筹集资金的金融活动。这种投融资模式是以政府为投融资主体进行的投融资活动,该模式筹集资金的形式有两种:一是政府无偿的财政投入;二是政府通过债务融资,如政策性贷款、境内外债券、国外贷款等。

政府主导型投融资模式的主要优点如下:首先,以政府信用为基础,可以快速筹集到资金;其次,投融资活动操作简单,可以很好地节约投融资成本;最后,以政府为后盾,可以提升投融资活动的可行性。当然,这种投融资模式也存在缺点:以政府为主导,政府不但需要承担大部分风险,而且会产生很大的财政压力;对融资规模会产生限制,融资规模受政府偿债能力、信用度的影响;在后期的体制改革中,不利于引入其他私人资本,导致企业的多元化股份制改革受阻。

(2)市场化投融资模式

市场化投融资模式指以企业信用为基础,以利益最大化为目的,以项目预期收益作为偿债基础,企业通过商业性贷款、股票发行等形式进行的投融资活动。这种投融资模式筹集资金时也分为两种模式:企业信用融资、项目融资。企业信用融资是指企业以其信用为基础进行的投融资活动,如银行贷款、股权融资等;项目融资是指通过股份制的形式,各投资主体成立项目公司,在政府的指导下,以项目预期收益为代价,进行相关的商业融资活动。

市场化投融资模式的主要优点:第一,保持了良好的吸引其他私人资本参与项目的优势,可降低政府风险及减轻财政压力;第二,在后期的股份制改革中,可逐步完成多元化企业改制。相比而言,市场化投融资模式操作相对复杂、融资规模较大、过程烦琐、融资速度慢、融资成本高。

现阶段,地铁项目在建设过程中运用的项目融资模式主要包括:建设-移交(Build-Transfer, BT)模式、建设-运营-转让(Build-Operate-Transfer, BOT)模式、PPP模式、移交-运营-移交(Transfer-Operate-Transfer, TOT)模式、资产证券化(Asset-backed Securities, ABS)模式等。我国地铁项目采用的投融资模式见表3-4。

表3-4 我国地铁项目采用的投融资模式

模式	案例	投融资主体	资本融资	经营与维护	风险承担者
政府主导型投融资模式	广州地铁1号线	政府部门设立的国有企业	财政和政府债务融资	国有企业	国有企业
PPP模式	北京地铁4号线	社会资本为主,成立项目公司	项目融资	项目公司	项目公司
BT模式	北京地铁奥运支线	社会资本为主,成立项目公司	项目融资	政府部门涉及的国有企业	政府部门涉及的国有企业
BOT模式	深圳地铁4号线	社会资本为主,成立项目公司	项目融资	项目公司	项目公司
ABS模式	重庆轨道交通	多元化投资	企业融资	政府部门涉及的国有企业	政府部门涉及的国有企业

Ⅰ. BOT 模式

作为近 20 年来兴起的新型投融资模式，BOT 模式已成为一种广泛应用于城市基础设施建设的项目融资模式。在 BOT 模式中，政府与投资方成立项目公司并签署特许协议，政府授予项目公司项目建设权及在特许期内的运营权；项目公司的投资方承担项目建设的资金，并在特许期内通过运营获取利益；特许期结束后，政府收回项目运营权。

采用 BOT 模式，政府可以有效地降低风险及减轻财政压力。BOT 模式适用于公共基础设施项目，如电力设施、水厂、公路等建设项目，主要因为基于投资方的收益角度，这类的公共项目具有较好的投资回报率。

Ⅱ. TOT 模式

TOT 模式是指政府为了更快地建设新项目并拥有充足的资金进行开发，对现有投产项目的特定期限内的经营权进行转让。该模式其实就是政府出售现有项目在限定期限内的产权或收益。这种模式的本质是充分利用私人资本，通过和私人资本对一定期限内的经营权进行交易，各取所需。TOT 模式，可以有效地实现项目所有权和经营权的分离，更好地提高项目的运行效率。在特许经营期结束后，政府收回该项目的经营权。

TOT 模式的主要优点：第一，基于现有的投产项目，私人资本提供资金购买项目限定期限内的经营权，这样私人资本只需要承担项目的运营风险，不需要承担项目的建设风险，使私人资本能更好地参与基础设施项目；第二，由于政府出售的是项目限定期限内的经营权，所有权仍属于政府，分离了基础设施项目的所有权与经营权问题，可以更加有效地提高项目的运行效率，实现互利共赢；第三，在特许经营期结束后，政府无偿地收回项目的经验权，这样既可以满足政府快速建设基础设施的需求，又可以有效防止国有资产流失。

Ⅲ. ABS 模式

ABS 模式是指以项目所属资产为基础的证券化融资形式，其实就是以项目未来的预期收益为保证，通过资本市场发行债券的形式筹集资金。ABS 模式通过特殊方式提高信用等级，使低信用等级转变为高信用等级，进而进入高信用等级的证券市场，基于证券市场中证券安全性高、流动性好、利率低的特点进行资金筹集。ABS 模式在基础设施建设中的应用，主要表现是基础设施收费证券化，这是一种针对基础设施收费的未来预期收益而进行的融资行为。基于此，基础设施项目建设采用 ABS 模式必须满足以下条件：该项目是可经营性的、具有较稳定的收益；项目进行资产证券化是政府授权的。

国外的地铁建设在市场化投融资过程中经常采用 ABS 模式。在政府的授权下，国外地铁公司将地铁线路的未来预期收益进行打包处理，增加信用等级后，再在证券市场上发行债券型证券，进行融资。例如，英法海峡隧道重组融资项目、英国伦敦地铁 PPP 合约中社会投资者 SSL 基础设施公司等在重组和运营过程中均采用 ABS 模式。

在地铁项目中采用 ABS 模式具有两个优点：第一，可以充分利用地铁具有稳定收益的特点，降低项目融资成本；第二，通过资产证券化可以有效利用市场流动性高的特点，降低融资负债比例，完善企业的资产负债结构。

Ⅳ. PPP 模式

PPP 模式是公共部门基于某些公共项目和私人企业进行合作的模式。政府通过 PPP 模式与私人企业建立合作关系，双方共同承担风险，分享利益，从而有效降低政府部门的风险和成本，而不是将风险完全转移给私人企业。PPP 模式具有“利益共享，风险共担”的基本特点。此外，在基础设施项目的建设、运营期，在政府的支持和监督下，PPP 模式还表现出民营企业的专业化经营与管理的特点。

PPP 模式的优点：随着市场竞争机制的不断完善，政府通过招投标的方式对基础设施建设、运营进行招标，选择最优的投资商，这样可以有效降低建设和运营成本；加快政府对基础设施建设的步伐；可在保证项目质量的前提下提高项目运行效率。基础设施建设项目采用 PPP 模式的应用案例有很多，如北京地铁 4 号线的融资工作。北京地铁 4 号线是中国首次在地铁项目中采用 PPP 模式的地铁线路，开创了先河。

2. 地铁项目投融资方案

（1）创新地铁项目的投融资模式

在地铁投融资模式创新方面，建设单位应不断拓宽筹资渠道，通过争取政府财政性资金投入、建立直接融资渠道、拓宽间接融资渠道等多种方式逐步建立起适用于具体地铁项目的投融资模式。建设单位还应大力开展多元化经营，创利增效，加强实施“综合物业开发”战略，进一步发展地铁沿线房地产开发与经营业务，增强自我造血功能。建议建设单位每开发一条新的地铁线路，便成立一个项目公司，为创新项目投融资模式创造条件，并且以项目公司为主体，制定每条新建线路从建设到运营再到投资开发的一体化投融资方案。表 3-5 中列出了新建地铁投融资方案的选择建议。

表 3-5 新建地铁投融资方案的选择建议

阶段	核心问题	方法	结果	案例
投融资决策	主体较单一，效率有待提升；程序上公众参与度偏低	DEMATEL、模糊群体多属性决策	应用 DEMATEL 方法定量分析地铁项目投融资决策影响因素，找出关键因素，提高决策效率；设计地铁项目投融资决策程序，在一定程度上解决公众参与度低的问题	在广州轨道交通 11 号线投融资决策过程中得到了验证，该工程采用“PPP+EPC”模式
投融资监管	政府监管部门繁多，效率低下；政府、建设单位和承包方三方利益相关者博弈	演化博弈结合系统动力学理论	厘清政府监管成本、建设单位严格审查与承包方欺诈行为的各种关系；对演化博弈局部均衡点进行稳定性判定，政府选择监管最佳时段为项目前期决策和招投标阶段的监管；政府、建设单位和承包方的策略选择意愿大小与其初始监管意愿的大小正相关	在广州轨道交通 11 号线的政府监管过程中提出相关策略
投融资结构	权益资金和债务资金比重、融资结构不合理，有待优化	熵值原理结合多目标评价方法	从投资控制与融资管理两个角度设计地铁项目融资结构优化评价指标体系	广州轨道交通 11 号线的投融资结构得到了进一步优化

（2）优化地铁项目的投融资结构

通过分析地铁项目各阶段特征，发现每阶段具有不同的资本结构特征：建造阶段的资产负债率较高，运营阶段的资产负债率逐步下降。在整个项目进程中，随着各方利益目标的调整，地铁项目融资结构也应不断调整并优化，即地铁项目的投融资应为一个动态过程，在项目的启动阶段制定初步方案，而建设运营阶段的投融资结构方案可根据不同情况做相应的调整。

（二）PPP 模式下决策阶段的核心关切

1.运作模式的选择

为缓解地方政府在地铁项目中的财政压力，我国地铁开始探索新型的投融资模式，即 PPP 模式。社会资本的引入一方面缓解了地方政府的财政压力，另一方面借助社会资本在地铁项目中的建设经验，提高了地铁项目的绩效。对于 PPP 模式，根据社会资本的介入程度又可分为“AB 包”模式和整体 BOT+商业开发模式。在“AB 包”模式中，A 部分多为地铁的土建部分，包括车站、轨道、洞体土建及征地拆迁等，该部分的投资主体主要为地方政府；B 部分多为地铁的运营部分，包括车辆、通信、信号、供电、监控、暖通空调、自动售检票系统、车辆段及停车场中机电设备等运营设备，该部分主要采用政府和社会资本合作模式。整体 BOT+商业开发模式则是将地铁项目的全部投资、建设、运营交于社会资本进行运作，社会资本通过票价收入、政府补贴、地铁商业收入以及地铁沿线物业开发回收投资并实现盈利。国内常见的“AB 包”分类见表 3-6。

表 3-6　国内常见的“AB 包”分类

项目名称	A 包内容	B 包内容
北京地铁 4 号线	洞体、车站等土建工程	车辆、信号等设备
北京地铁 14 号线	洞体、车站等土建工程	车辆、信号等设备
北京地铁 16 号线	洞体、车站等土建工程	车辆、信号等设备
杭州地铁 1 号线	土建、隧道工程	机电、车辆等设备
杭州地铁 5 号线	土建、隧道工程	机电、车辆等设备
昆明地铁 4 号线	土建工程	机电、车辆（不含征地拆迁）
昆明地铁 5 号线	土建工程	机电、车辆（不含征地拆迁）
太原地铁 2 号线	土建工程	设备
长沙地铁 6 划线	车站、洞体、车辆段等土建和征地拆迁等内容	车辆、信号、自动售检票系统
合肥市轨道交通 2 号线	征地拆迁、土建工程	车辆、机电设备
徐州轨道交通 2 号线	土建工程（由项目公司建设）	机电设备
南京地铁 1 号线南延线	土建工程	机电、车辆设备安装和装修

从应用来看，“AB 包”模式的实践案例较多，也相对成熟，但由于土建部分投资额巨大（一般占到地铁项目投资的 70%左右），仍会给地方政府带来巨大的财政压力。相比而言，整体 BOT+商业开发模式的实践案例较少，更鲜有成功案例，究其原因有以下两点：第一，兼具地铁项目建设与运营经验及能力的社会资本较少；第二，地铁项目及其沿线物业开发的捆绑模式并不适合我国国情，并且商业收入不确定，会导致政府的补贴额度难以准确定量。

为解决单一特殊目的实体(Special Purpose Vehicle，SPV)① 能力不足的问题,我国地铁项目的投融资开始尝试通过组建 2 个 SPV,并通过双 SPV 之间的合作实现对地铁项目全生命周期的建设与运营。组建双 SPV,即组建部分 SPV(SPV1)负责项目基础设施部分设计与建设并在特许经营期内对其进行养护,组建运维部分 SPV(SPV2)负责项目建设完成后的运营维护。前者与后者之间不存在任何合同关系。政府通过基于绩效考核的政府付费机制在项目特许经营期内补贴 SPV1,而 SPV2 则通过票价收入和政府可行性缺口补助实现盈利。双 SPV 运作模式如图 3-3 所示。

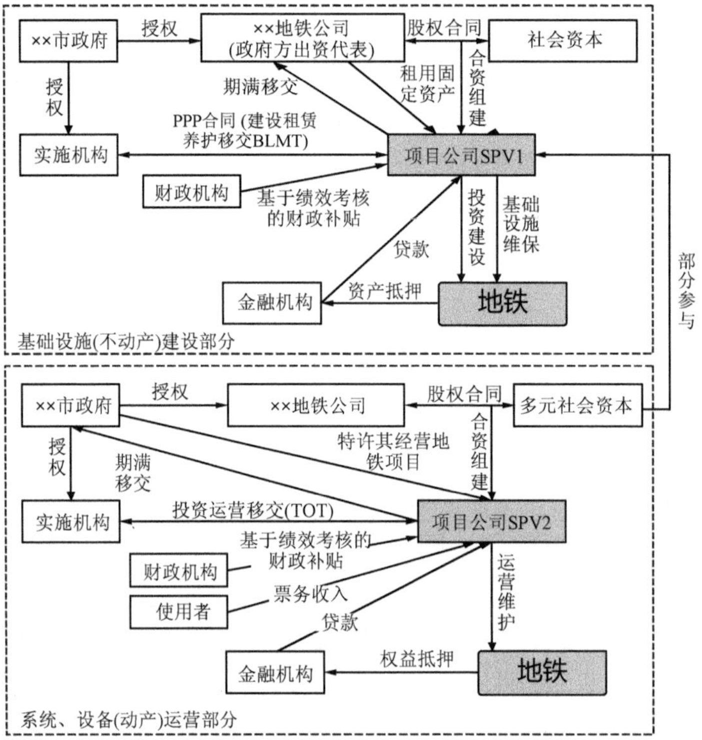

图 3-3　双 SPV 运作模式

双 SPV 模式改进了政府与社会资本之间直线型的合作关系,通过租赁和特许经营协议构建了政府和社会资本之间“星形”合作关系。双 SPV 各司其职,政府在中间统筹协调,在缓解财政压力的同时实现地铁项目的全生命周期管理。

但是,双 SPV 模式亦存在一定的缺陷。

(1)两个 SPV 公司的责任衔接困难

对于地铁项目的建设及运维责任衔接,两个 SPV 公司之间的责任是依靠分别与地铁公司建立合同关系来确定的。但地铁的使用权及所有权在 SPV1、SPV2 及地铁公司之间的转让牵涉大量复杂的法务问题,由此可能会为项目的顺利推行带来一系列困难。

① 特殊目的实体(SPV)通常指仅为特定、专向目的而设立的法律实体,常见的是公司,有时也有合伙单位等,除非特别说明,一般指公司。

（2）两个 SPV 公司在绩效考核上界限模糊

政府对 SPV1 的绩效考核主要体现在地铁建设的质量上，在其达到可用性标准后方可对其进行付费。由于地铁项目的复杂性，SPV1 要在一定的保修期内承担地铁的维保工作；而政府对 SPV2 的绩效考核中也会部分考虑 SPV2 对地铁资产的运维修复责任。这就造成了两个 SPV 公司的责任边界不清，产生了在绩效考核中难以判定责任归属的问题。

2. 盈利模式的确定

地铁 PPP 项目的前期投资巨大，因此对于参与该类项目的社会资本而言，盈利模式的确定就显得尤为重要。目前，我国地铁项目常见的盈利模式有以下三种。

（1）以票价为主导的盈利模式（以北京地铁 4 号线为代表）

目前，北京地铁 4 号线的运营收入主要包括两方面：地铁票价、商业经营。地铁票价为主，商业经营为辅。由于北京市的人口众多，地铁 4 号线客流量巨大，北京市政府已决定取消地铁 4 号线站内的商业运营，并对站厅内外的广告数量进行了大量的缩减。

（2）多路径组合的盈利模式（以杭州地铁 1 号线为代表）

Ⅰ. 票价收入

杭州地铁的票价方案是在综合政策、居民经济承受能力、企业运营成本、地铁与其他交通方式之间的比较等基础上制定的。例如，杭州地铁 1 号线的基本票价采用计程票制，即起步价为 2 元可乘 4 km；对于 4 km 以上部分，4~12 km 每 1 元可乘 4 km，12~24 km 每 1 元可乘 6 km，24 km 以上每 1 元可乘 8 km。

Ⅱ. 广告媒体收入

杭州地铁 1 号线充分利用线内已开通的 31 个车站的空间以及全线 48 列运行列车车厢内的空间，发掘多样的广告形式，选取合适的合作伙伴，充分发展广告媒体业务，随着杭州地铁运营环境的逐渐成熟，杭州地铁广告市场已初步形成较为完善的运作机制。

Ⅲ. 商业租金收入

杭州地铁 1 号线通过优化收益结构，充分利用资源来弥补收益上的不足。首先，通过充分发展广告媒体业务，逐步形成杭州地铁广告市场，来增加收入。其次，通过地铁站厅内的商铺以及打造地下商业空间的商业方式，力图增加收益。

例如，杭州地铁 1 号线共规划设计了 3 个主要地下商业空间，分别处在凤起路站、文泽路站及临平站。凤起路站商业街地处凤起路站站厅南侧，共设立 34 个商铺单元，租金基准价为每平方米每天 22 元，该商业街能够满足年轻人的时尚购物需求。

（3）“地铁+房地产”的盈利模式（以深圳地铁 4 号线为代表）

深圳 4 号线借鉴香港的“地铁+房地产”发展模式。“地铁+房地产”模式的思路：在兴建期间，将沿路待开发的土地以当时的市价卖给港铁公司，等地铁正式启用后，港铁公司便可享受土地增值带来的增值利益。

深圳 4 号线 BOT 项目采用的“地铁+房地产”模式，可以为国内其他城市的轨道交通建设提供一定的借鉴。该模式扭转了只能依靠政府的补贴、自身的经营来实现发展的现状。

总而言之，这三种盈利模式各有优劣，其对比见表 3-7。

表 3-7 三种地铁项目盈利模式对比

模式一：以票价为主导的盈利模式	模式二：多路径组合的盈利模式	模式三：“地铁+房地产”的盈利模式
以票价为主的盈利模式，无法充分调动社会资本的创新积极性，项目运营过程中现金流无法实现收支平衡。该模式无法减轻政府的巨额财政负担，未能充分利用 PPP 模式的优势	充分开发地铁以及地铁站厅内的广告资源及商业资源，以商业收益提升总体收入。该模式结合实际情况探索适合项目本身的盈利模式，有力于 PPP 模式的整体发展及社会资本的积极加入	该模式由于土地开发权受到政策的约束以及 BOT 模式的特性而难以施行。相关项目在建设运营过程中，政府方缺乏控制权，从而导致难以顺利实施

二、科学规划、合理开发，控制建设成本

城市的科学规划的最终目的是在城市发展过程中以最小投入换取城市的最大收益。

（一）科学规划的目的

地铁项目科学规划的目的如下：

1）控制建设成本，以同等的投入建设尽可能完善的轨道交通网络；

2）为城市人口提供安全、便捷、舒适、准时的交通运输服务；

3）使城市轨道交通与其他交通方式协调发展；

4）以轨道交通建设为契机，合理开发城市土地和空间资源；

5）实现城市可持续发展。

（二）科学规划的主要内容

1. 地铁的线网规模

在科学规划中，线网规划是非常重要的，要研究线网规模是否涵盖了整个城市的交通网，线网之间有没有重叠的区域，线网的建设周期会不会在短时间内改变、会在什么时候改变；还要考虑线网与城市的道路、建筑物之间的关系，考虑汽车车流、客流对轨道交通线网的影响；同时也要考虑地下管道的问题，因为线网规模会影响城市的电力、通信、供水、供气管道等。

线网规划的内容包括线路走向、站点分布、换乘站点、线路敷设等。需要注意的是，进行线网规划时，应将转运站、换乘站的发展考虑在内，因为在今后地铁发展过程中，必然需要增加转运站和换乘站的功能，以扩大站场的规模，而改建或扩建的投资太大，需要做好前期规划和准备。

2. 地铁的敷设方式

在建设城市轨道交通线路时，首先要考虑敷设方式，是地面、地下还是高架，目的是“利用建设的机会，合理利用土地和空间资源”。在规划中，最好的办法是对比地面、地下和高架的优势，做出最优的选择。

3. 车辆段基地

车辆段是车辆的养护基地，同时也是车辆停放、使用、检查、修理的地方和管理机构。车辆段的占地面积一般都比较大，合理规划车辆段基地能提高土地的利用率。同时，车辆段的整体发展也是一种融资的途径。所以，要对车辆段的整体发展进行科学规划。

4. 施工次序

一般采用滚动建设单位式，优先建设最能减轻城市交通压力的线路，尤其是与其他线路

接驳较多的线路应先行修建，并在此基础上为其他线路预留换乘通道。一个成熟、科学的规划应该包含近期、中期、远期目标，规划好每条线路的施工次序，从城市的观点考虑，合理地利用资源，有效地控制施工费用。

5. 投融资模式

大型项目需要大量的资金支持，所以应根据不同的经济状况，合理确定政府的拨款比例和其他融资渠道获得资金的比例，以及分析各种融资渠道的优劣。目前，中国的大型项目建设已步入资本运营的时代，资金运营计划是项目科学规划的重要组成部分。

三、全局把握，加强前期工程方案的深度

本书中的地铁项目的前期工程是指为正线、车站、停车场、车辆段等主体工程提供施工条件和工作面的前期准备工程。在此阶段，应从工程经济技术需求的角度，提炼地铁项目各专业的技术要点，并采用 2∶8 定律，确定影响地铁项目造价的主要因素及工程数量，明确各专业投资的重点，从而提高投资控制水平。运用技术经济分析法中的内部收益率、净现值、投资回收期等指标，判定地铁项目的经济可行性，同时结合 LCC、价值工程、可施工性等理念，考虑各方案的车辆选型、线路敷设方式、车站间距等的设计，判定项目的技术合理性，优选项目方案。

根据地铁项目的实际情况，选择以下比选方法进行项目设计方案比选。对于项目整体宏观方案的多方案比选，采用技术经济比选方法中的投资回收期、净现值、净年值、内部收益率等指标；对于项目局部方案的多方案比选，采用价值工程原则或多指标综合评分法[①]进行比选，分析各方案对工程造价的影响。比选方法及判定方法见表 3-8。

通过对地铁项目的技术经济指标进行比选，就可以协助项目业主确定成本优化方案，从而达到项目价值的最大化。

表 3-8　比选方法及判定方法

比选方法		基本定义	判定方法
技术经济比选法	投资回收期	从项目的投建之日起，用项目所得的净收益偿还原始投资所需要的年限	投资回收期越短，说明项目投资回收速度越快，抗风险能力越强
	净现值	按一定的折现率将各年的净现金流量折现到同一时刻（通常是期初）的现值之和	财务净现值大于或等于零时，说明项目方案在财务上可行
	内部收益率	使项目计算期内净现金流量现值累计等于零时的折现率	内部收益率大于或等于基准收益率时，项目方案在财务上可行
价值工程		V=F/C（V 为价值，F 为功能；C 为成本）	功能与成本相匹配，选择性价比最高的方案

① 多指标综合评分法：为参加比较的设计项目设置多个评估指标，并根据其在项目中的重要性确定其权重和打分标准，计算各方案的加权得分。

续表

比选方法	基本定义	判定方法
多指标综合评分法	对参与比选的设计方案设定若干评价指标,按各自在方案中的重要程度给定各评价指标的权重和评分标准,计算各方案的加权得分	加权得分越高,项目方案越优

四、细化对周边环境调查深度,提升线路方案的合理性

(一)积极开展环境调查确定管线改迁方案

1. 进行场地水文地质与环境风险调查

深入了解地铁项目所在地的地质条件,从整体上把握地质水文特性,详细了解地质灾害,详细调查与地质原因相关的类似项目的成功案例和失败案例。在进行整体调查后,对地质条件复杂的重点、难点位置进行预先勘探,然后进行加密勘探,并在详细勘查和加密勘探的基础上,将勘探资料上报给设计部门进行方案设计,以选定较适宜的施工方法,确保施工及周边环境安全。在合理控制投资的情况下,避免将风险留到实施阶段。

2. 重视周边环境调查,提前制定管线改迁方案

管线改迁主要集中在地下。城市管线复杂,主要包括供水、排水、供电、燃气等部门的管线,所涉及的改迁管线均为市政系统的重要运转设施,改迁工作关系到市政系统的正常运转,若改迁不彻底或不完全,车站明挖段一旦开工,极有可能造成管线破损、断裂,严重危及市政系统的正常运转。因此,在设计阶段前期,要重视环境调查,明确规划线路中各类管线的位置,提前制定管线改迁方案。

(二)合理选择施工方案和方法

由于地铁项目大多在地下建设,地质情况复杂且变化大、施工风险大、周围建筑物环境复杂,这些对地铁项目的设计、施工均有影响。在对特定地段、地质条件复杂的地铁标段进行方案与方法的优选时,应从经济性、实用性、可行性等方面比较和衡量多个方案,选取符合项目要求的施工方案和方法,以保证施工过程的安全性,缩短工期,节约投资,取得良好的技术和经济效益。在工程水文地质条件、总体规划要求、环境条件、交通条件等方面,应对地铁项目的技术经济、工期和使用效果进行综合分析。例如,对于车站主体的施工方法,就有明挖、盖挖、暗挖三种,在实际工作中应合理选择。

(三)严格进行方案设计质量跟踪

1. 控制好设计的外部条件

1)当设计单位掌握的基础技术资料不完备时,监理单位应协助项目业主,会同设计单位认真做好技术准备资料的审核工作。

2)提供给设计单位的技术资料未经现场勘查核实,或是由于在设计过程中现场情况发生了变化且未及时通报设计单位,都会造成设计过程出现偏差。监理方应对现场实际条件多了解、多咨询,加强认识,并在设计监理过程中多审核、多监督,及时发现问题,随时解决。

3)监理方应认真分析研究地质资料,掌握相邻、相关建筑的设计情况,认真进行综合分

析，必要时深入勘查单位，了解其具体勘查过程，掌握第一手地质资料，将设计隐患消除在萌芽状态。

4）监理方应积极协助项目业主和设计单位做好对关键设备的选型工作，及时掌握设备的技术更新情况，核对设备的关键尺寸。

2. 对设计计算部分进行严格审查

1）监理方主要应从以下几方面对设计计算书的说明部分进行审核：计算书中有无总说明及分项说明；计算书有无校核；有无审查人签名；当一本计算书中有多项工程的计算时，目录设置是否合理等。

2）监理方主要应从以下几方面对设计计算书的计算部分进行审核：设计计算是否按设计深度要求进行；计算原则、公式、参数等是否交代清楚；计算步骤是否有条理；对套用的图纸是否按具体情况做了必要的选用核算；设计计算书是否完整；对消防及关键部位的计算尤其要认真复核。

3）监理方主要应从以下几方面对设计计算书的规范性进行审核：设计计算书是否按相关标准进行了编制；当采用专业软件计算时，是否说明所采用的计算程序和名称等。

3. 对设计过程进行跟踪监理

必要时，监理方应对设计过程进行跟踪监理，会同建设单位对工程施工图进行中间验收检查并提出评估报告。主要检查内容如下：

1）设计标准及主要技术参数是否合理；

2）是否满足使用功能要求；

3）地基处理与基础形式的选择；

4）结构选型及抗震设防体系；

5）建筑防火、安全疏散、环境保护及卫生要求；

6）特殊的要求，如工艺流程、人防、暖通、防腐蚀、防尘、恒温等；

7）其他需要专门审查的内容。

4. 督促并控制设计单位履约

监理方应督促并控制设计单位按照委托设计合同约定的日期，保质、保量、准时交付施工图及概预算文件。

5. 审核设计单位交付的施工图及概预算文件

监理方应对设计单位交付的施工图及概预算文件进行审核并提出评审验收报告。

6. 报送施工图进行审查

监理方应根据国家有关法规的规定，将施工图报送当地建设行政主管部门指定的审查机构进行审查，并根据审查意见对施工图进行修改。

7. 总结

监理方应编写工作总结报告，并整理归档监理资料。

五、科学编制估算，确保投资估算准确性

（一）查找和合理确定造价指标依据，合理确定投资估算

根据《城市轨道交通建设项目建设标准》（建标 104—2008）要求，为有效控制投资，细

化控制目标，对各设计阶段的总投资的变化幅度提出了控制要求：可行性研究阶段的总投资不宜超过预可行性研究（或建设规划）阶段预算的15%；总体设计与初步设计的总投资均不得超过可行性研究阶段预算的10%。然而，目前国内地铁项目的投资估算文件编制存在如下问题。

第一，超前规划的精度不足。根据国内地铁项目的建设规划文件质量来看，很多项目由于超前规划，出现了线路方案发生重大变化、车站数量增加较多、单项技术经济指标偏低等现象，导致投资超限。

第二，基础资料调查、分析不到位。基础资料的收集和调查，对投资估算编制者来讲是一项非常重要的基础性工作。特别是地下工程，如果前期调查对现场情况不了解，忽略了对地下管线、周边建筑物、道路疏解等原因对项目投资估算的影响，会造成编制的投资估算与工程实际差别较大，反映不出实际工程造价。

可以说，在保证运营功能及技术标准适度先进的前提下，合理确定项目投资的规模，并对整个工程及各分项工程的建设成本做出科学的估计，是编制投资估算文件的基本要求。因此，为了保证投资估算的准确性，可以从以下几点加以改进：

1）进行多方案经济比选，在保证满足项目业主要求和设计规范的前提下节约投资；

2）重视线路敷设方式的选择与比选；

3）加大前期勘察力度，提高基础资料的准确度；

4）主动控制专业性较强工程的估算；

5）制定科学、合理的投资分摊原则，有效降低地铁本体投资。

地铁项目由于工程复杂、投资大、工期长，是一项重要工程，其立项常常是各大城市的重点工程之一。在编制项目概算时，项目成本顾问应严格执行国家、行业、地方相关的成本法规、标准和规范，对项目进行技术经济对比，控制项目成本，为下一步工作的具体实施提供依据。

地铁项目的投资估算总额主要由工程费用、工程建设其他费用、预备费用及专项费用这几部分组成。每个部分都有侧重点，抓住这些侧重点进行全面分析是编制好投资估算文件的关键。

1. 工程费用

工程费用约占项目总造价的80%，它直接反映了项目的规模。工程费用是工程造价的重要组成部分，各项目包括：车站建设、区间施工、轨道、通信、信号、电源、综合监控系统、防灾报警、环境与设备监控，办公自动化、乘客信息及门禁系统，通风空调系统、给排水及消防系统、自动售检票系统、车站辅助设备、车辆段及综合基地、人防等。在这些项目中，车站建设和区间施工的成本占很大比例，虽然二者在不同的地铁项目中所占的比例不尽相同，但通常占总造价的60%。所以，对工程费用的掌握非常关键，影响工程费用的因素主要有施工工艺、工法、地质条件、周边结构等。预算编制人员要熟悉地铁施工方法，了解不同工艺之间的差异，收集地铁车站及区间沿线的地质地貌等情况，及时与设计人员沟通交流，以便有效地控制投资，做好投资估算。

2. 工程建设其他费用

除了工程费用，工程建设其他费用也是项目投资估算的重点内容。工程建设其他费用包括征地费、拆迁补偿费、场地准备费、建设管理费、监理费、勘察设计费，以及各种与项目相关的取费和意外支出。对于这部分内容，编制者要收集相关数据，了解当地的地价、各种收费标准，收集相关的收费信息，并进行权衡和分析，最终得出一个合理的估算成本。

3. 预备费用

按照标准计算，项目的预备费用约占项目总成本的 8%~10%，根据项目的投资额度，专家、项目业主的需求，预备费用标准有一定的弹性。

4. 专项费用

专项费用主要由车辆购置费、建设期贷款利息、流动资金贷款等因素决定。其中，汽车购置成本要看项目选择的车型、车辆的配置；建设期贷款利息则取决于项目建设周期及资本金分年投入使用比例。合理安排专项费用才能真实反映项目成本情况。

地铁项目的费用构成如图 3-4 所示。

（二）提高客流量预测的可靠性，合理确定可量化估算指标

我国的地铁线网规划大多是以城市轨道交通为基础的，但还没有建立起符合现阶段城市发展现状的规划理论与方法。规划中存在的一些宏观问题，如怎样量化地铁对城市发展的支持和导向作用、怎样在城市运输系统中合理分配地铁的规模、怎样确定地铁对其他运输方式的影响。对于上述问题，目前行业内缺少相关的分析研究。

目前，我国沿用国外客流量预测的方法体系，虽然有关于轨道交通客流量预测的国家标准（《城市轨道交通客流量预测规范》（GB/T 51150—2016）），但是仍不能完全解决现实中客流量预测不准确的问题。因为客流量预测的结果具有一定的随意性，受人为因素的影响很大，我国地铁的控制设计客流是按照远期高峰小时客流量来计算的，考虑到高峰小时内客流的不均匀性，设计了 1.2~1.4 的超高峰系数。在实际操作中，客流量预测人员受“宁取上限”“留有充分余地”“建设规模宁大勿小”等思想的影响，往往对超高峰系数取高值，这导致预测客流量与实际客流量差别较大，进而造成建设规模偏大、建设标准偏高、工程造价上升。因此，应该在重点研究地铁对城市发展的支撑引导作

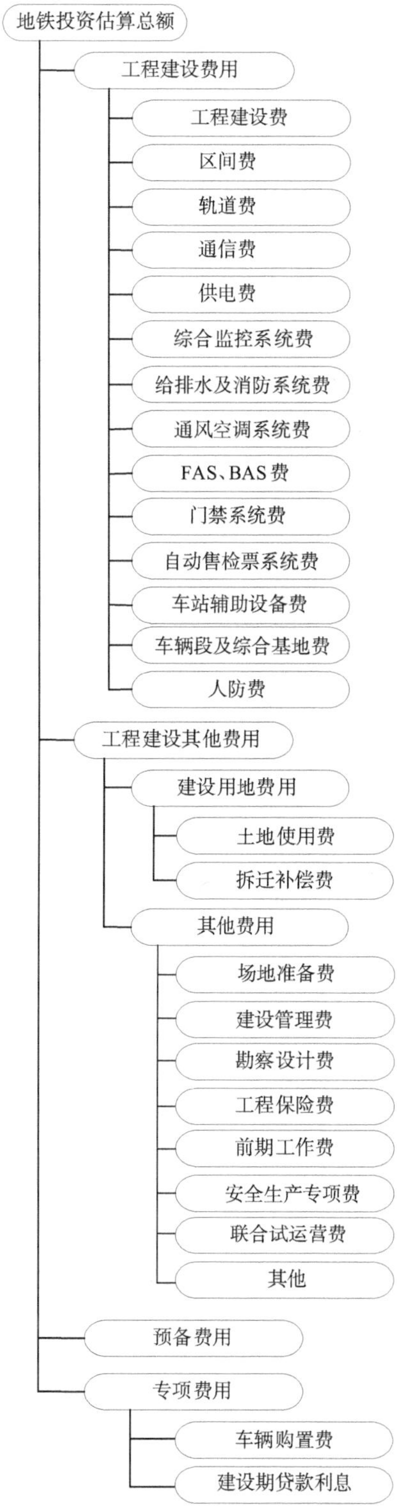

图 3-4　地铁项目的费用构成

用、地铁在城市交通体系中的合理分担比例、地铁对其他交通方式的影响等的基础上，改进四阶段客流量预测法，逐步形成一套适合我国国情的地铁客流量预测理论和方法。

四阶段客流量预测是一个相对长期的工作，它基于当前的实际状况并对今后的发展状况做出了一些假定。因此，用其进行客流量预测必须要有一些前提假设。如果假设不成立，那就不可能得到精确预测结果。目前，我国的城市处在快速发展和逐步成熟的阶段，发展过程中存在着许多不确定因素，如城市的用地、交通规划可能发生重大变化。因此，在这种特定的国情和政策背景下，四阶段客流量预测法与以往会有很大的不同。

因此，应对四阶段客流量预测法中的模型参数进行校正，并对今后的交通需求进行预测，以使预测方法满足城市功能结构日趋完善、人口结构逐步稳定的城市特点。然而，由于地铁客流量预测的模型结构复杂、影响因素多、工作周期长、预测难度大，需要通过对人口信息、就业情况、交通状况进行详细的调研并对调查资料进行细致的分析和处理，才能得出客流量预测模型中的各项参数，这些参数对模型预测结果的精确度具有直接影响。现实情况是，我国的人口增长系数、就业增长系数、交通公式分配系数等在确定阶段，基本资料中的主观因素过多，许多与实际情况并不完全不符。所以，即便建立了一个良好的客流量预测模型，但由于基础数据存在不精确性，其预测结果的精度也不会太高。一般情况下，城市公共交通的客流量预测都是由不同的模块、不同的路径、不同的条件和不同的影响因素决定的，所需要的数据会更多，大多数城市都没有这个能力。

因此，合理改善目前的客流量预测方法对优化地铁规划、降低地铁造价有重要意义，本书提出以下建议。

1. 充分利用政策来协调并控制城市与交通的协调发展

在城市规划中要有长远的眼光，在规划的前提下，做好政策保障，尽可能地让城市朝着计划的方向发展。尽量避免地铁建成后对城市土地产生很大的不利影响，否则地铁的建设不仅无法有效缓解城市的交通问题，而且会增加财政负担。此外，城市规划要慎重，短期的、频繁的城市规划会造成城市发展的混乱，也会造成城市建设资金的浪费。

由于其他公共交通方式的发展，势必带来环境污染、交通拥堵、交通效率低下等问题，因此，政府可以通过限制市区私人交通、限制与地铁线路重复设置的常规公共交通、票价管制等措施，将客流引向地铁。

2. 建立适合我国国情的地铁客流量预测体系

在城市交通系统中，地铁对城市发展的支撑引导作用、地铁在城市交通系统中的比例分配、地铁对其他交通方式的影响，都是值得关注的。应在四阶段客流量预测法的基础上，逐渐形成一套符合我国城市发展特征的客流量预测理论与方法。

3. 各城市应逐步建立独立的地铁客流量预测系统

由于城市布局、人口、就业、经济发展等因素的影响，不同城市所掌握的相关数据也不尽相同，因此，在进行地铁客流量预测时，要根据实际情况确定相应的模型、参数和方法，而不能完全复制国外的经验。一个城市的地铁客流量预测模式，要经过多年的数据积累、长时间的调整和应用，才能逐渐趋于成熟。城市在进行地铁项目规划时，应该从微观到宏观并通过不断地修改和完善，最终形成一个较为完善的模式。只有如此，各种预测的结果才能与城市的交通发展趋势保持一致。

目前，国内除几个特大城市比较重视这方面的基础工作外，多数城市还停留在购买模型或提升模型算法理论水平的层次上。

4. 探讨不完全依靠客流量预测进行地铁项目决策的方法

城市决策者应努力改变我国地铁项目决策完全依靠客流量预测的做法。《地铁设计规范》（GB 50157—2013）等国家标准明确规定，一个城市的地铁是否可以建设以及建设规模都将由客流量预测来决定。每小时 3 万人次的地铁建设要求，导致一些城市为了加快地铁建设的步伐，故意夸大客流量预测结果，导致了大量不必要的基建投资。客流是一种动态均衡的交通需求，如果能将客流量预测由概念转变为客流计划，并根据规划引导客流目标来确定地铁项目，则更为科学。根据未来高峰时段的客流量，再加上 20%的预留容量，这种预测方法将使客流量明显存在空间和时间不均衡的特点，在客流量处于最低谷时，将造成非常大的浪费。实际上，国外很多城市的施工实践都表明，采用"小编组高密度"的方式，在某种程度上更经济、更合理。

5. 建立客流量预测工作的后评价制度

在首次进行客流量预测之后的每一年，应组织技术人员评价客流量预测的结果，并对未来的客流量预测结果进行分析，从而为今后的客流量预测提供参考。

综上，客流量预测结果是地铁项目决策的最基本依据，它在相当程度上决定了项目规模、设备选型标准、线路敷设方式等影响工程造价的重要因素，其准确程度对地铁项目造价有直接影响。我国目前主要沿用国外客流量预测的方法体系，客流量预测结果具有一定的随意性且受人为因素的影响很大，导致预测客流量与实际客流量差别很大，进而造成地铁项目建设规模偏大、建设标准偏高、工程造价上升。因此，应该在重点开展地铁对城市发展的支撑引导作用、在城市交通体系中合理的分担比例、对其他交通方式的影响等方面的研究，并在此基础上，改进四阶段客流量预测法，逐步形成一套适合我国国情的地铁客流量预测理论和方法。

（三）严格用地规划，重视周边环境调查，降低拆迁费用

1. 征地拆迁问题

在我国城市化发展进程中，一系列大型基础设施建设项目相继开工并进入施工建设阶段，产生了大量的征地拆迁工作。在地铁项目的征地拆迁工作中，存在着各种各样的问题，如被征地农民的社会保障问题、被拆迁户的安置与异地重建问题、拆迁导致的集体上访问题。因此，必须充分体会被征地集体及被拆迁人的各种不同诉求，对上述问题不能随意处理，建议从以下几个方面着手。

（1）在土地征用中，正确定位政府位置

在征地拆迁中，当地政府要负起自己的职责，为推进征地拆迁工作做出自己的贡献。现行的征地拆迁的法律、法规，从一定意义上讲，存在一定缺陷。为促进本地区的征地拆迁，各级政府可以参考《城市房屋拆迁管理条例》进行征地拆迁；《中华人民共和国宪法》中也有关于征地拆迁等方面的相关规定。但是，在具体的征地拆迁工作中，二者经常会出现政策重叠和不完整的表述。所以，在解决工程建设的问题上，首先要解决的是政策制定问题。随着我国研究者对征地拆迁研究的深入，有关政策法规的制定也逐步增多，其具体内容也越来越符合实际。

（2）健全土地征用补偿机制，制定合理可行的土地征用补偿标准

征地拆迁工作要坚持“一尺丈量到底、征地拆迁面前人人平等”“先安置后拆迁”的原则，从征地拆迁补偿标准、征地拆迁管理模式及行政执法等方面进行统一规范，努力做好“五统一、两同步”[①] 工作。而在过去的征地拆迁工作中，补偿协商过程往往面对的压力最大。而被征地集体或被拆迁人在经多次土地征用工程“熏陶”后，对补偿标准已有了一定的厌倦，对较低的补偿价格并不满意。为使项目顺利进行，并考虑目前的现实状况，合理提高补偿标准是可行的。同时，可考虑在确定征收限额的基础上，加入多种奖励措施，让被征地集体和被拆迁人获得切实的收益，这是在政策许可的范围内的一种有效措施。这种奖励机制最初是在轨道交通项目前期上报市政府的文件中提出的，“以创新思路，增加征地拆迁奖励机制，鼓励被征地村或被拆迁人进行拆迁”。这种思路，突破了传统补偿方式相对僵化的现状，从某种意义上说，也是推进土地征用的一种有效手段。该机制的核心就是“尽快推进征地拆迁，土地交付时间越短，拆迁时间越短，奖励也就越多”。实际运行的地铁项目表明，该机制的启动对征地拆迁工作的顺利进行起到了积极作用。

2. 管线改迁问题

（1）管线改迁的特征

管线改迁是地铁项目前期工作中的一个重要环节，具体特征如下。

Ⅰ. 管线改迁点多面广

地铁沿线的每一个车站在施工时都会遇到各种管线，且地铁线路经常会穿过市区的几个区域，改迁的范围很大。管线改迁涉及的问题多，协调工作量大。管线变更涉及多个单位或专业，形成了许多界面。管线改迁属于改造工程，难度比新建工程更大。

Ⅱ. 管线改迁周期常

管线改迁是地铁项目施工的一部分，分为主体施工、附属施工、管线恢复等阶段，施工周期一般为 4~5 年。

Ⅲ. 所涉及的专业繁多

管线改迁涉及大量的物业，包括雨污水管道、自来水管道、燃气管道、路灯线路、通信线路（电信、移动、联通等），凡城市生活所需的各种管线都会涉及，涉及的专业繁多。

Ⅳ. 具有较大的风险

在城市中，地铁多通过成熟城区，其周围建筑物密集、地下管线众多、空间狭窄，管线改迁存在诸多制约因素。尤其是空间狭窄，对管线的防护提出了很高要求。此外，很多城市地下管线的安全防护等级较高，其中燃气、电力等管线属于高风险管线，管线改迁工作存在较大的危险性。

（2）管线改迁的成本控制

对管线改迁要进行成本控制，必须做到如下几点。

1）做好管道的勘察，尽可能减少管线变动。在管线勘察中，应区分哪些需要改迁，哪些需要进行保护，能够保留的心量不改迁。例如，南昌地铁 1 号线项目的一段 110 kV 高压线路，初步设计方案是进行改迁，勘察后决定进行防护处理，从而节约了一大笔资金，不仅省时

① “五统一、两同步”：统一办理规划选址工作、统一办理用地报批手续、统一实施征地和拆迁补偿标准、统一办理被征地村民养老保险、统一办理建设用地批准文件；同步办理村内经济发展留用土地的审批手续、同步办理村民复建土地的报批手续。

省力，而且事半功倍。

2）对需改迁的管线，要认真审查施工计划，编制完整的施工图，并加大对图纸的审查力度，凡与管线改迁无关的工程量一律不得列入管线改迁图。在埋管时，要严格按照图纸进行施工，并控制开挖的宽度，从而减少相应的路面修补量和各种开挖、土方运输、回砂等相关工作量。尽可能采用招标的方式确定建设单位，如南昌地铁3号线，就把管线改迁工程列入工程招标，提前确定了管道改迁的单价，减少了施工过程造价管理及将来结算时容易出现的扯皮现象。

3）要严格按合同执行，仔细斟酌合同条款，对双方的权利义务、计量支付、合同价款的调差等都要说明，不得有疏漏。合同条款的措词要精确、清晰，绝不能含混不清。在工程造价管理中，必须正确理解合同条款，避免误解，并真正以合同为基础，以事实为标准。

4）在项目建设中，应进一步强化对设计变更和现场签证的管理，将所有的签证内容准确、清晰、完整地记录下来。必须按时办理签证，避免事后补办的情况。如有需要，可进行照相、录像等拍照取证，将工程部位、时间、证人等信息进行记录并由建设、监理、造价咨询、项目业主四方签名，形成一份有效的档案。例如，在排水改造工程中，土方的开挖和回填量很大，必须明确土方运距和弃土点。

5）要严格执行结算稽核工作。结算期审计是项目投资控制的重要保证，必须严格按照有关规定进行，数据必须完整有效。监理、造价咨询单位要严格按照有关的计量规范进行结算，并认真核对有无多算、重算、错算、高套定额等情况，以确保竣工结算的真实、合理和准确，要严格把好这最后一道审核关。

第四章 基于价值工程+限额设计的设计阶段投资控制

第一节 设计阶段工作内容

一、初步设计阶段

《城市轨道交通工程设计文件编制深度规定》要求：各专业在初步设计阶段，对所涉及的主要技术问题和技术问题进行全面的技术经济分析，以证明其适用性、可靠性和经济合理性。初步设计文件必须与通过的可行性研究报告、设计方案、实施的界面条件相一致，并具备土地征用、主要设备和材料的准备、房屋和构筑物的搬迁、管线迁移等的条件，同时，还必须进行施工图设计、施工前的准备工作，提供工程设计预算，并将其作为项目投资批准的基础。设计阶段对地铁项目的投资控制至关重要，对工程造价的影响占比达 80%。在地铁项目的初步设计阶段，投资控制的重点工作主要包括策划前期工程工作、做好概算编制工作、应用标准化设计与四新技术 3 个方面。

（一）策划前期工程工作

因为建设地区和线路走向不同，不同地铁项目的前期工程工作范围存在差异，但主要内容基本一致。以天津地铁为例，前期工程费是指批复的设计概算中的工程建设其他费用，包括建（构）筑物拆迁补偿费、树木及绿化赔偿费、管线改迁费、道路恢复费（道路破复费）、交通疏解费。前期工程费中，比重最大的往往是征地拆迁费，以北京地铁 4、5、10 号线为例，其征地拆迁费占比分别为 14.58%、12.84%、10.24%。具体而言，地铁项目的前期工程工作包括如下内容。

1. 提前做好用地规划，减少征地拆迁工作量

由于城市不断加快地铁建设步伐，交通建设用地紧张的局面也日趋严峻。做好地铁项目前期的用地规划，减小拆迁压力，保证后期施工顺畅进行，对降低拆迁成本意义重大。因为地铁线路较多，在建设过程中拆迁不可避免。但若不提前做好线路规划以明确用地范围，就会产生大量非必要的拆迁工作。此举不仅会减缓地铁项目的建设进度，还会增加拆迁费用，大量增加总投资。我国部分地铁项目的拆迁费用占总投资比例见表 4-1。

地铁项目建设单位应组织各部门，结合工程可实施性、经济合理性、信访风险等因素，确定土地征用范围。由于土地产权关系复杂，用地管理难度大，会影响车站总体规划，进而影响车站规模、功能、工期、投资等。在项目初期设计阶段，要做好土地的协调工作，以保证车站的主要位置能够顺利确定；应及时做好确保工程落地的备选方案或其他相关预案，以应对用地协调可能存在的风险。如在施工图阶段，用地协调事宜依然未确定，则需提前做出预判

并及时做出应对决策,以减少其对建设工期、投资等影响,防止其影响后续建设工期和运营开通时间。例如:成都地铁 5 号线的省医院站涉及省医院、豪阁酒店、温哥华广场等的土地问题;地铁 8 号线的倪家桥车站涉及央企的土地问题。建设单位在施工期间进行了多次协调,顶住工期压力,多次修改方案,避免了较大规模的拆迁和大量的土地占用。

表 4-1　我国部分地铁项目拆迁费用占总投资比例

地铁线路	项目总投资/亿元	拆迁费用/亿元	占比/%
广州地铁 3 号线	88.72	13.13	14.8%
上海地铁 4 号线	36.02	7.78	21.6%
南京地铁 1 号线	70.70	6.73	9.5%
北京地铁 4 号线	88.36	12.9	14.6%

数据来源:孙军. 地铁项目全寿命周期造价管理研究[D]. 石家庄: 石家庄铁道大学, 2015.

2. 确定前期工程方案

地铁项目建设单位应结合初步设计方案,研究管线改迁、交通导行、园林迁移等工程方案,考虑实施情况优化方案、控制投资,在考虑可实施性的同时尽量减少工程量。

(1)管线改迁

市政管线的改迁是地铁项目施工过程中的重要组成部分,直接影响整个地铁项目的顺利进行。因为往往地铁车站和正线(区间)与其他市政管线均处于地下,所以需要针对轨道交通构筑物和其他市政管线做出合理的安排,需要做到既能保证其他市政管线正常运营,也不影响地铁项目施工。

地铁主体工程包括车站、正线(区间)、车辆段、停车场等工点,车站、正线(区间)按建设位置可分为地下和高架 2 种方式,而地下段的施工方法又可分为明挖法与暗挖法。一般来讲,由于地铁线路埋深较深,暗挖部分对管线基本没有影响。对市政管线影响较大且管线改迁工程量大的工点主要有车站、明挖区间、高架段、车辆段及停车场。

Ⅰ. 车站

车站一般设在人流量大的闹市区,标准站主体结构一般长约 200 m,宽为 20~30 m,主要采用明挖法施工,在部分交通压力大的地方采用盖挖法施工。车站施工一般会影响现有管线。另外,为使人流疏散快速,安全,一般每个车站都设 4 个以上的出入口且通常设在道路的人行道上,此处正好是市政管线密集的地方。因此,在车站施工中管线改迁通常是“大头”,占改迁量的 60%以上。

Ⅱ. 明挖区间

穿越城市主干道、闹市区的正线(区间),通常设在道路下。一般采用暗挖法施工,局部在交通流量不大的道路、未开发地块,为节省投资,会采用明挖法施工。对于明挖区间,需将开挖基坑范围内的管线迁移。

Ⅲ. 高架段

为减少投资,在城市次中心区域、近郊,轨道交通线路可采用高架形式敷设。这种类型结构主要影响两类管线：一是支墩位置的市政管线，改迁量不大，较好解决；二是架空的电力线路，改迁量不大，但造价较高。

Ⅳ. 车辆段和停车场

为解决运营时车辆的停放、检修、清洗问题，地铁项目必须设置车辆段及停车场。车辆段占地面积大，一般需要 2×10^5~4×10^5 m^2。由于占地面积大，且运营时会产生噪声，一般设置在较偏僻处。因此，车辆段和停车场工程需要改迁的市政管线不多，一般主要涉及架空的电力电缆及小的排洪河道、箱涵等。

（2）交通导行

地铁线网是沿着主要和次干路（甚至是交叉路口）布置的，所以地铁项目在建设阶段会消耗大量的城市道路资源。地铁施工交通导行是地铁建设工程实行封闭施工的前提之一，应合理设计地铁施工交通导行方案、正确处理好地铁建设与城市道路交通之间的矛盾，使各部门的利益得到有效的统一，既可以确保地铁项目施工的高效、快捷，又可以减少施工对城市交通的影响。

为更好地实施交通引导，可以从站点位置、施工场地和建设单位式三个层面来进行规划。

第一层次：从城市整体的角度。从城市整体的角度实行交通管制，实现交通总量的有效控制；掌握重点站点实施阶段的交通组织设计，保证主干道的交通安全，并在一定的区域内实行交通管制，如城区外车辆不得进入城区、城区内货车禁行、错峰出行、单双号限行。

第二层次：从各片区的角度。尽管各区域的建设工程对其他区域的交通影响不大，但是对于城市道路来说，由于局部车辆流量的改变，会对整个路网造成一定影响。可通过发布公告、宣传和设置交通提示牌等方式减少各站点施工期间对其他片区交通的影响，引导片区之间的车流尽可能在远离施工区域的城市主干道通行。

第三层次：从各施工站点影响范围的角度。利用施工站点周边道路微循环进行交通导行。在车站周围道路网络不完善的情况下，可以采用完全分流的方式通行；在车站周围的道路网络完善后，可采用局部分流的方式通行；在周边道路不完善且拆迁量大、开工困难时，为保证基本交通通行空间，应采取半盖挖法等施工。

（3）园林迁移

地铁项目建设概算中，针对园林迁移部分仅计算迁移施工费用，但若执行市容园林管理部门相关标准还须指出补偿费用，此笔支出将导致超出概算现象发生。例如，在天津地铁5、6号线的建设中，在取得概算批复后，车站站位又根据轨道交通总体建设规划进行了多次调整，园林迁移数量较概算申报时发生了较大变化，若执行市容园林管理部门相关标准，产生的费用超出概算；为此，天津地铁公司与市容园林管理部门因园林迁移费用标准问题争执不下，部分车站园林迁移施工一度停滞；后经市建交委及市容园林委共同研究确定标准后，迁移施工才得以继续推进①。因此，建设单位应就园林迁移方案与补偿标准积极与上级主管部门沟通协商，避免施工过程发生变更从而超出概算。

总体而言，地铁项目的前期工程对整个项目的开展至关重要，其特点具体表现如下。

1）对整个项目工期影响大。如果前期工程不能按时完成，主体工程便无法如期进行，

① 王晓伟. 天津地铁 5、6 号线工程前期管理工作研究[J]. 四川建筑, 2016, 36(2): 291-295.

工期将可能延误。有时为保证工期，需支付赶工费用，因此增加了项目总投资。

2）工程时间跨度大。在正线主体工程开工时，征地拆迁、管线改迁、绿化迁移、交通导行等前期工程必须完成；在主体工程完成后、通车运营前，路面恢复、苗木回迁必须完成。因此，前期工程通常跨越工程的整个建设期。

3）征地、拆迁工作难度大。工程施工区域往往是城市居民分布密集或者商业开发程度高的区域，拆迁补偿价款和补偿方式较难协商。

4）涉及的单位、部门多。需要协调市政、园林、通信、电力、热力、自来水、天然气等政府部门和产权单位，协调工作难度大。

（二）做好概算编制工作

建设单位应加强初步设计概算编制阶段的统筹管理，统一初步设计方案的文件与概算的编制口径，完善初步设计概算编制相关细则。

1. 编制依据

1）《政府投资条例》（国务院令第 712 号）。该条例规定，初步设计提出的投资概算超过经批准的可行性研究报告提出的投资估算额 10%的，要求项目单位重新报送可行性研究报告。

2）《国务院办公厅关于进一步加强城市轨道交通规划建设管理的通知》（国办发〔2018〕52 号）。该文件规定初步设计阶段直接项目投资（扣除物价上涨因素）的增幅不能超过建设规划的 20%。

3）《住房城乡建设部关于印发城市轨道交通工程设计文件编制深度规定的通知》（建质〔2013〕160 号）。

4）《城市轨道交通建设项目建设标准》（建标〔2008〕57 号）。

5）《市政工程投资估算编制办法》（建标〔2017〕164 号）。

6）国家、省市发布的先行定额、文件及相关规定。

7）所在城市发布的信息价。

8）现阶段相关图纸、技术说明及工程数量。

9）国内其他地铁项目类似工程指标。

2. 编制范围及单元划分

1）编制范围，应完整反映设计范围内建设项目建设全过程所需的全部费用。应根据《城市轨道交通工程设计概算编制办法》（建标〔2017〕89 号）中的章节名称进行准确全面的描述，若有新规范对章节划分及名称有调整，应做相应调整。

2）单元划分，应根据《城市轨道交通工程设计概算编制办法》（建标〔2017〕89 号）中的编制单元划分进行，并根据工程设计标段划分情况进行明确。

3. 采用定额及基础数据

定额应根据各地的情况进行准确描述；基础数据包括工程费用取费标准、设备预算价及工、料、机单价。

4. 单项概算有关规定

必须说明土方运距、施工监测、钢支撑租赁时间和单价、降水周期、大型机械进场、车站装饰、附属工程等。

5. 概算总额及有关说明

概算总额及有关说明包括分总概算和技术经济指标、与建设规划的对照说明、与可行性研究报告批复估算的对照说明、其他，共 4 部分。其中，与建设计划的对照说明是该阶段需要特别关注的部分，应与已经批准的项目进行比较和分析，以确定是否符合《国务院办公厅关于进一步加强城市轨道交通规划建设管理的通知》（国办发〔2018〕52 号）的规定。在其他中，重点说明项目的同步进行和房地产开发投资的划分，以及其他需要特别说明的部分。

（三）应用标准化设计与四新技术

1. 应用标准化设计

地铁项目的建设单位应组织研究初步设计阶段标准化设计，通过对设备系统的综合优化与管理，形成站点规范的模块，并制定各站点的规范布局，进一步提高设计质量，降低造价，提高经济效益。

例如，成都地铁结合实际情况，提出了在施工管理中要注意避免重复、繁杂的设计工作。在车站建筑标准化管理中，为了使设备与管理空间之间相互协调，使设备的整体效率得到最大限度的提高，针对车站设备管理用房和公共区布置，研发出了一系列参考图集及标准手册等。成都地铁将同一线路的公共区域设施（电梯、无障碍电梯、公共厕所等）设置在同一地点等；其 8A[①] 站点的站厅付费区尽量设置 3 个跨，以充分利用收费区域的有限空间，并增加进出站的闸机，以达到使乘客快速出站的目的。

2. 制定四新技术应用原则

四新技术主要是指在行业内采用新技术、新工艺、新材料、新设备的技术。四新技术的概念最早是在住房和城乡建设部重点推广新技术的相关文件中提出的，后来在其他行业被推广。四新技术能有效提高生产力、降低工程成本、确保工期与质量。建设单位应事先制定四新技术的应用原则，从而充分发挥四新技术在地铁项目中的支持和保障作用。具体原则如下。

（1）充分研判

建设单位应用四新技术前必须进行技术经济分析，通过研究分析、比选论证确定最优方案，杜绝“盲目、人为”使用新材料、新工艺。

（2）切实有益

建设单位选择的四新技术应能降低资源消耗、缩短工艺流程、提高劳动生产率，有利于保证和提高工程质量、提高自动化程度，有益于人身安全、减少污染、消除公害，有助于改善环境等。

（3）经济合理

建设单位在选择四新技术时，应综合考虑资金成本、工期、社会经济效益等因素，在满足功能和质量要求的前提下，选择经济合理的方案。

二、施工图设计阶段

根据《城市轨道交通工程设计文件编制深度规定》的规定，施工图设计文件的深度应达到能据以编制施工图预算（简称预算）、安排设备和材料订货、非标准设备的制作、施工和安

① 8A 指采用 8 节 A 型车的编组方式，8A 编组为我国地铁最大的编组形式。

装及调试、进行工程验收。设计图纸的编制应依据经核准的设计文件，以图纸为主要内容，包括封面、目录、设计说明、图纸等。施工图文件一般以专业、站、段或系统独立编册。由此，建设单位在地铁项目施工图设计阶段的管控重点主要包括以下三个方面。

（一）施工图设计进度与质量

在施工图设计阶段，建设单位的重点工作之一是把控设计单位的出图质量和进度。

（1）确保出图进度满足现场施工进度要求

建设单位按照工程总规划、里程碑工期、工期关键控制、合理设计周期，结合地铁公司负责的拆迁、管线改迁、交通导行等前期工程进展，并根据先主体后附属的原则，分阶段、分批制订施工图出图计划，并将其作为控制设计进度的依据。

在遵循先勘察、后设计、再施工的原则前提下，灵活采取“方案稳定一段、详勘开展一段、施工图完成一段”的做法，且引进试验段，从而满足部分工程施工需要。作为施工筹备，先提供送审稿；为确保正常施工，须再提供正式施工图。

施工图设计过程是动态的。应建立建设单位与设计单位的联系体系。每一标段均配备一位全职设计联络人，负责对设计单位进行检查、跟踪，并定期向工程部门汇报所需要的图纸，检查进度，查找影响图纸出图的原因；对所收集到的问题进行整理，并通过建设单位召开的设计例会进行协调、分责、监督。

（2）加强施工图设计精细化管理

建设单位应加强施工图设计精细化管理，避免施工图设计的错漏。在施工过程中，要充分了解设计者的经验，并组织经验丰富的施工监理专家为施工图设计提供进一步的意见。在工程建设中，选择更好的、更符合工程市场情况的工艺，以大大缩短施工准备和现场确认的时间。尽可能提供标准化的施工图设计，不能盲目地搞创新和提出新想法。设计单位应听取建设单位的意见与反馈，对问题进行及时跟进，并根据建设单位的整体部署，做到举一反三。

（3）强化对设计单位的考核

建设单位应强化对设计单位的考核，督促设计单位各专业人员按时按需到位，保证各专业图纸紧密衔接，对不满足要求的设计单位进行履约评价。

（二）制定设计变更审查程序与标准

1. 确定设计变更分级

工程设计变更是指变更经政府有关部门组织审查并批准的初步设计方案，或变更已经审定有效的施工图①。根据梳理部分天津地铁集团在设计变更方面的管控经验，在地铁项目设计变更中，施工图的设计变更可按变更内容及费用额度划分为重大变更、Ⅰ类变更、Ⅱ类变更和Ⅲ类变更。

（1）Ⅰ类变更

Ⅰ类变更是主要涉及工程主要设计原则、重大技术标准、建设规模和工程范围重大变化的变更。Ⅰ类变更包括：线位、站位、线路敷设方式、建筑结构形式等需要重新规划报建的变更；影响全线某一系统或工点的主要功能标准、主要运营标准、运营安全的变更；涉及设备系统功能、运营条件的重大技术方案的变更。

① 施工图指已经设计单位、设计总体单位、设计咨询单位及项目业主各方同时盖章并通过的施工图纸。

(2)II类变更

II类变更是指主要施工方案发生变化、主要施工工艺发生变化、设计技术需求发生变化导致的变更。其中,对车站运行功能有影响的关键设备技术参数变化,包括:主要装饰材料的规格和尺寸,主材组合方式、色彩、质地,天然原料产地、性能指标等。

(3)Ⅲ类变更

Ⅲ类变更包括:涉及投资增减额小于500万元的土建类或涉及土建专业的综合类变更;投资增减额小于300万元的设备类、装修类变更或设备装修综合变更。

2. 制定设计变更管理原则

(1)设计变更原则

设计变更按照"先审查、后变更,先审批、后实施"的原则,分类管理,分级审批。

(2)设计变更步骤

设计变更应遵循方案比选、专家论证、公开公示、集体决策的原则进行确定。设计变更方案比选论证会由变更主办部门组织,各参建单位完成变更方案(原则上不少于2个)。论证会从技术、经济合理性等方面对各方案进行分析论证,并遴选推荐方案。对仅存在唯一变更方案的,主办部门通过书面形式说明情况。

投资增减额超20万元的设备类、装修类变更或设备装修综合变更,以及投资增减额超50万元的土建类或涉及土建专业的综合类变更应由主办部门组织专家论证。在专家论证阶段,应选择与相关参建单位无利益关系,具备相应专业技术能力,在评审过程中能保持客观公正的专家。专家数量应为5人或5人以上的单数。主办部门应向与会专家说明方案比选情况及方案推荐理由(或方案唯一原因)。

3. 规范设计变更审查程序

设计变更提请单位应履行变更提请程序,提供变更依据,配合主办部门组织设计变更方案技术经济比选、汇报、论证及变更事项审议工作。主办部门是履行设计变更程序的责任部门,负责组织设计变更方案比选及专家论证,负责组织设计变更事项的内部审批,负责变更文件会审会签内部流转,负责建立及更新变更台账。

建设单位的其他各部门则分别负责对所辖职责范围内的变更进行严格把控,对增加投资的变更要充分论证,同时变更文件中要明确指出增加投资带来的具体优势。

(三)概算分级管控

建设单位内部应按业务分工进行概算分级审核,设各部室、各工程管理部所辖业务范围的最高投资限额。根据概算科目对应不同科室职能从而对初步设计概算进行内部审核。

建立概算管理责任清单。以工程管理部门为例,应对概算科目中的车站、线路、轨道及工程建设其他相关费用进行审核。审核所用的概算管理责任清单,见表4-2。

表4-2 审核所用的概算管理责任清单

章节	概算科目	概算执行部门	概算配合部门	备注
第一部分 工程费用				
一	车站	工程管理部		

续表

章节	概算科目	概算执行部门	概算配合部门	备注
二	区间	工程管理部		
三	轨道	工程管理部	运营集团	
四	通信	设备管理部		
五	信号	设备管理部		
六	供电	设备管理部		
	其中:主变电站(含外线)	工程管理部	设备管理部	
⋮				
第二部分　工程建设其他费用				
十七	工程建设其他费用			
(一)	前期工程费	房屋土地征用部、工程管理部部		
1	一、土地征用及补偿费	房屋土地征用部		
2	二、临时占地费	工程管理部		
3	三、建(构)筑物拆迁补偿费	房屋土地征用部、工程管理部		
3.1	(一)房屋补偿费	房屋土地征用部		
3.2	(二)商业补偿费	房屋土地征用部		
3.3	(三)构筑物补偿费	工程管理部	房屋土地征用部	
3.3.1	(1)加油站			
⋮	⋮			
3.3.4	(4)桥梁拆除还建			

工程管理部具体审核的项目如下。

(1)车站

工程管理部应审核车站的挖掘方法,应根据不同工法(地面站、高架站)、明挖、盖(暗)挖,再根据施工参数与工法的匹配,进一步验证指标不合理的原因。其中,明挖法是一种常见的施工方法,因为明挖法比较经济,所以优先采用。在没有明挖条件的情况下,采用盖(暗)挖法。

(2)正线(区间)

区间施工法主要有明挖法、矿山法、盾构法三种。其中,盾构法施工最为经济,且在全国范围内使用最多。目前,(直径)7 000 mm 的盾构法施工费用为 11 万元/双延米,矿山法施工费用为 14 万元/双延米,明挖法施工费用视工程实际情况会有变动。在对区间进行审查时,首先要对各区间的工法进行认识,然后对其指标与工法的匹配进行分析,并根据本地或完成的项目指标,对不合理的指标进行进一步的核查。

(3)轨道、供电及其他系统设计

工程管理部要审核轨道、供电及其他系统的成本在整个项目成本中所占的比重。其他系统包括通信、信号、监控、通风空调、给排水等系统,虽然其费用在整个项目成本中所占的比重较低,但仍要确定其费用是否合理。应结合工程是否采取新材料、新工艺,参考当地在建工程或已完工程的指标情况,进行指标分析。

(4)工程建设其他各项费用

在审核项目内容时,相关费用可能会出现较大的弹性,应根据投资额、项目投资的要求,逐一进行审查,在审批通过后才能执行。审计与管理要按照工程的实际应用需求,预先进行。在工程的后续结算中,若不进行成本审计与执行,必然会造成投资控制出现异常。为避免出现计算错误,随意列项、多列、交叉计列和漏项等情况,相关部门和行业有关部门需提前对规定方式了解。

(5)建立预警机制

可利用云平台系统,采用信息化手段建立概算科目与合同执行的关联对应关系,设置预警值,实现概算执行情况的实时动态跟踪、分析和及时预警。

第二节 设计阶段投资控制问题与核心技术

一、地铁项目设计阶段投资控制问题

(一)初步设计方案不稳定,导致投资控制难度增加

导致初步设计方案不稳定的因素主要包括对工程筹划风险认识不足、物探精度不足与初步设计与现场情况结合不够。初步设计方案的不稳定,极易导致后期发生设计变更,从而加大了投资控制难度。

1. 对工程筹划风险认识不足

对项目筹划风险认识不足,会引发初步设计方案不稳定,增大投资控制难度。根据《城市轨道交通工程基本术语标准》(GB/T 50833—2012),工程筹划是对建设项目全过程的工程计划及可实施性的统筹安排。地铁项目具有点多、线长、面广、规模大、投资大、建设周期长等特点,涉及的各类专业多达20多个,具有专业间协作工作量巨大的特点。建设单位应通过工程筹划工作全面认识工程风险,通过事前、事中控制,稳定初步设计方案。

对工程筹划风险认识不足主要体现在:面对不同地铁项目,由于无法全面把握工程筹划风险,导致改迁费用增加、设计变更等,从而产生投资失控现象。例如:如果地铁规划与城市规划的互动程度不够深,就可能导致车站和场区与周围的规划不能很好的结合,使后期的配套项目建设遇阻;在设计阶段,未考虑通车运营后运营管理和乘客的需求。

为全面认识工程筹划风险,应通过建立《工程筹划风险清单》,全面切实把握风险。首先,可通过综合使用文献分析法、头脑风暴法,以“地铁”“轨道交通”“复杂工程”“重大工程”等为关键词,搜集现有关于复杂建设项目风险要素识别的关键文献与案例。其次,对收集到的关键文献与案例进行分类整理,从中归纳出地铁项目全生命周期中可能出现的所有风险要素,统计并汇总各风险要素出现的频次。再次,根据出现的频次对风险要素进行筛选整理,去除模糊项,并对含义相近的风险项进行归纳整理、最后,选择频次大于等于3的风险要素。通过搜索、筛选、识别和整理,共选出34个风险要素作为研究对象,从而得到风险要素一览表,见表4-3。

表 4-3 风险要素一览表

阶段	风险要素	描述	风险相关方
项目决策与融资阶段	决策冗长/失误风险	决策程序不规范、官僚作风、前期准备不足和信息不对称等导致的项目决策失误和过程冗长的风险	政府、建设单位
	项目审批延误风险	项目的审批程序过于复杂导致的花费时间过长和成本过高的风险	政府、建设单位
	项目土地获得风险	土地征地拆迁是否能够顺利进行，决定项目工期与投资控制是否能够顺利完成	政府、居民、建设单位、施工单位
	融资成本过高风险	融资结构不合理、融资的可及性低等因素引起的风险	建设单位、施工单位
项目设计与准备阶段	项目招投标风险	采用大标段招标等招标方式的设计及招标策划引起的风险	建设单位、施工单位、勘察单位
	项目勘察风险	突发地下水的外渗、未勘测到的地下物对管线的影响、地铁实施周边新用户的管线工程介入等，都将在一定程度上影响地铁项目实施的难度与工期	
	项目设计方案缺陷风险	是否考虑了管线的改迁、地下物质情况、交通流向、经济合理性、可施工性等	
	项目设计变更风险	初步设计方案不稳定、深度不足导致设计方案变更频繁	
项目建设与运营阶段	材料设备风险	材料设备是否符合设计标准型号	建设单位、施工单位
	施工技术风险	地铁施工技术的复杂性导致的风险	
	施工人员管理风险	地下情况的复杂多变对施工人员的安全管理有一定风险	
	施工安全风险	新建地铁线路与之前原有建筑交叉是地铁施工工程建设过程中的常见问题，可能会出现与建筑、城市管道、线路交叉等多种情况，在施工过程中很可能会对这些建筑或者管道线路造成破坏或者改变原有的形状。上述这些问题的存在都容易造成原有建构安全风险的产生	
	施工环境恶劣风险	地铁施工前必须要全面地查勘施工周围的地质情况，考察地铁项目是否处于地震地带、是否处于水源地带、土壤是否易疏松等，充分了解施工周围环境的土质结构	
	施工质量风险	地下工程的复杂性决定施工质量存在一定风险	
	监理风险	土建施工在工程施工中占比较大，存在的风险也较为严重，要严格把控现场施工人员管理，使施工人员的施工过程合格，不得存在不完整施工、部分施工等现象，要监督建设单位定期进行检查跟进及维护	
	组织协调风险	地铁施工涉及的主要相关专业多达 20 余个，专业间协调工作量巨大	
项目运营与移交阶段	运营成本超支风险	地铁运营成本主要包括人力成本、电费、设备维护和管理费	建设单位
	运营收益不足风险	项目运营后的收益不能回收或达到预期水平的风险	

工程筹划设计是地铁项目设计文件的重要组成部分和指导项目建设的纲领性文件，一

经批准,可作为项目建设管理的重要依据。充分认识工程筹划风险,做好工程筹划设计,从而稳定初步设计方案,既能控制项目投资、降低工程成本,又能优化资源配置。

2. 物探精度不足

物探精度不足,会影响初步设计方案的稳定性,导致初步设计方案精度不足。在地铁项目的地下工程建设中,前期规划工作完成后需进行管线改迁设计,在设计阶段应结合城市管网新建、改建、扩建规划要求,通过前期地勘资料在工程建设红线范围内分专业进行管线设计。因此,前期物探结果的精准度和齐全程度,与工程进度、造价、质量、安全直接相关。物探精度极大影响改迁工作的费用及初步设计方案的稳定性。

在地铁项目实施中,大规模物探工作主要为工程选线和施工服务,包括地下管线探测和地下障碍物探测两方面。地下管线探测要求查明地铁沿线埋设于地下的上水、排水、燃气、电力、通信等市政及专用管线的类型、位置、埋深、管径等属性。地下障碍物探测要查明线路沿线的各类建筑、高架桥、桥梁、河道驳岸、隧道及地下人防等建筑(构)物的位置、基础类型、埋深、尺寸等信息。目前,部分城市虽然已通过地下管网普查或竣工测量等获得了地下管网数据,但由于地下管线的状况一直在变化,而且每年都会有大量新敷设管线出现,因此数据库里的官方数据已无法准确地反映地铁建设时期地下管线的状况。同时,地下管线普查获得的管线成果数据的准确性并未经过实际工程检验,无法满足地铁建设要求。

地球物理勘探的困难是由地质勘探的特殊性决定的。首先,管线埋设是一种隐秘的工程,存在着复杂的赋存环境。进行管道探测的地区多为市中心复杂地区,在探测过程中,来自地面、地下、空中的干扰很大,会对常规地球物理勘探手段造成一定影响。其次,地下管线的类型多种多样,敷设形式(管线之间的连接形式)、管材型号,地下管线所产生的物理场类型和变化的差异都很大,这就使得管线探测更加困难。而且,对深埋管线、非金属管线等的探测难度更大,容易出现疏漏。以上均给地铁项目的管线探测工作带来了较大的风险。

地球物理勘探资料的不准确可能直接导致改迁方案设计错误和清单编制失误,造成投资估算产生误差。例如,南昌轨道交通 3 号线的管线改迁合同清单费用约为 3.5 亿元,现场实际改迁后,费用增加至 6.5 亿元,较合同清单费用增加约 67%。其中,3 号线 5 标段的六眼井站,设计单位根据管线探测资料制定了强电改迁方案,清单造价约为 350 万元,经现场实际管线物探后发现,供电路由与勘察资料标注的不符,重新核算后该项改迁费用增至 1 300 万元。可见,必须不断提高地球物理勘探技术水平,并通过多方协作,将因疏忽或探测错误而造成的工程风险降到最低。

3. 初步设计与现场情况结合不够

初步设计与现场情况结合不够,会导致初步设计方案不稳定。若设计单位对施工现场的情况了解不足,会导致设计变更频发。在建设管理过程中,如果各参与方的互动性不足,存在“信息孤岛”,会导致设计单位无法及时了解现场情况。同时,设计单位的内部各专业间存在相对独立、专业间的互动性不强的风险。由于地铁项目的建设期长、现场环境极易发生变化,上述问题容易导致设计单位对施工现场的情况把握不足。

(二)初步设计方案精度不足,导致概算编制深度与进度不够

1. 前期工程工作管控不足

前期工程工作管控不足,会造成初步设计方案精度不足。前期工程主要包括管线改迁、

前期物探等，对其进度与质量管控不足极易导致初步设计改迁方案及概算编制深度不足，项目实施时产权单位施工图纸及方案与初步设计改迁方案变化较大，造成管线改迁费用超出概算。以上海现有的跨城中心轨道交通线为例，其管线改迁成本约为 1 亿元/千米，然而在工程施工中，管线改迁成本常常超出概算，高达 1.2~1.5 亿元/千米。所以，在整个轨道交通的造价管理工作中，都需要进行管线改迁费用控制工作。根据管线与地铁项目施工的关系，一般将管线改迁划分为永久改迁、临时废除、临时改迁、悬吊保护等类型，见表 4-4。

表 4-4　管线改迁类型

类型	适用工况	适用管道类型
永久改迁	地铁车站的周边地区和城市道路绿化带下有足够的地下空间，且复位管线无法满足车站主体高程、安全等要求	大管径的排水管、高等级的电力、燃气管线等
临时废除	地铁车站修建导致园林绿化临时迁移、道路临时断交，相应的绿化供水管与路灯管线可临时废除；热力管线在非供暖期可临时截断；雨水管线在枯水期可临时断管	绿化供水管、热力管线、雨水管线
临时改迁	地铁车站周边空间较为紧张且管线不可临时废除。此时可以临时改迁，但需要在车站建成后复位	—
悬吊保护	上述条件无法满足且改迁成本较高时	横跨主站体或车站出入口、风道的小管径管线及电力、通信管线等

管线改迁工程的进度与质量是前期工程管控的重点，通过文献与案例研究发现，管线改迁工程存在如下技术与管理难点。

（1）管线种类多，接口内容复杂

市政道路下面通常敷设给水、再生水、雨水、污水、汇流、电力、路灯、通信、燃气和热力管线，而这些管线又分为不同等级、不同材质、不同管径和不同敷设方式，见表 4-5。

表 4-5　市政管线类型

名称	分类	特点
给水管线	输水干管、配水管	压力管线，高程基本无变化，管线连接要求高
排水管线	雨水管、污水管	受地面坡度、下游接管口高程等影响，管线改迁时高程不易调整，且通常雨水管径较大，施工造价较高
燃气管线	—	存在多个压力等级，由于压力管线中的气体具有易燃易爆的特点，虽然在平面及高程上可以调整，但在改迁敷设时应尽量做到平直。管线连接要求高，存有一定的安全隐患
电力、通信管线	电力电缆、通信电缆	电力电缆存在多个电压等级；通信电缆一般数量和涉及的运营商较多，较为复杂。一般敷设在管道和缆沟内，也有部分直埋或架空敷设，两类管线都具有可弯曲的特点，但对转弯半径要求较严格

为保证市政管线的安全，保证项目的正常进行，各管线的横向、纵向净间距必须符合《城市管线综合规划规范》（GB 50289—2016）中对管线横向净间距的要求。同时，对北方严寒地区，还须考虑冰冻深度对管线改迁的影响。结合天津管线的实际，天津地铁集团确定

了考虑冻结深度影响的管线最小覆盖深度：供水管线为 0.7 m，再生水管线为 0.7 m，电力直埋电缆为 0.7 m，电力管线为 0.7 m，通信管线为 0.9 m，燃气管线为 1.0 m，供热管线为 1.0 m。

（2）牵涉单位多，协调难度大

地铁项目建设的管线改迁规划涉及的单位数量很多，从内部需要考虑建设投资公司、设计公司、施工公司、监理公司和后期运营等方面的利益，同时还要兼顾各管线产权单位、规划部门、排水审批部门、道路权属部门和周边相关利益单位的意见。要想成功实施地铁管线改迁的方案，须征得数十家相关部门的同意。根据实际情况，在管线改迁过程中，各家单位可能会有不同看法。在这样的环境下，通过技术手段往往不能有效解决问题，因此需要从管理层面上对各有关方进行协调，寻求最好的解决方法，以满足大多数部门的需求。

（3）施工周期长，突发情况多

地铁项目的建设周期较长，从项目立项到正式投入使用，实施周期至少 5 年，而地铁管线改迁往往贯穿整个施工周期。在此期间，地铁管线改迁随时可能出现突发状况。例如，突发性地下水外渗、未勘测到的地下物对管线的影响、地铁周边新用户的管线工程介入等，都会对地铁项目的工程实施难度与工期产生影响。在前期筹备阶段，要根据地铁项目的实际情况，对可能发生的状况进行合理预估，并制定相应的应急措施，尽量减小突发状况带来的不利影响。

（4）专业性强，工程进度与费用难以控制

管线改迁基本按照“有压让无压，浅埋让深埋”的原则组织施工。合理安排各类管线改迁施工顺序是加快工程进度的关键。一般情况下，应首先组织埋深较深、管径较大的重力流排水管线施工，其次安排自来水、燃气、热力等有压管线施工，最后安排电力、路灯及通信等线缆类管线施工，其中热力管线改迁需在供热期到来之前完成。由于管线改迁施工队伍是由各管线产权单位选择确定的，地铁公司很难管控其施工进度，加之管线繁杂，管理及协调难度均比较大，管线改迁进度往往比计划工期推迟，影响围护结构开工时间。同时，不同于土建工程、安装工程，各种管道的产权单位往往以政府为主体，形成了较大的行业壁垒，市场竞争机制相对薄弱，难以通过市场竞争来降低成本。

2. 设计阶段进度管控不合理

设计阶段进度管控不合理，会造成初步设计方案精度不足。合理的设计周期对确保项目初步设计质量起着关键作用。通过研究发现，当前影响设计阶段进度管控的问题主要包括如下几个方面。

（1）设计协调困难

设计协调困难，会导致设计进度推迟。设计过程涉及的专业种类繁多，各专业特点不尽相同，其参与项目设计阶段的时间和周期也不尽相同。各专业设计要协同工作，设计过程中涉及的项目设计单位、设计咨询单位、设计单位众多，若专业设计单位与项目设计单位的配合不够好，缺乏有效的沟通，很容易造成设计错误。例如：设备安装专业的管线经常互相干扰，造成反复拆改；设备安装专业的房间布置不够细化，施工随意性强。

（2）设计方案不稳定

设计方案不稳定，会导致设计进度计划不断调整。从总体设计、初步设计到施工图设计，都要经过专家审核，方案可能会被推翻、反复，造成设计进度计划的不断调整。同时，随着前期计划的不断变动和调整,设计工作计划也会相应地调整。这就造成了设计工作时断时续,造成各阶段图纸设计不连贯,容易出现原则上的错误,造成大量设计误差,影响施工进度。

(3)设计周期设置不合理

合理的设计周期对确保项目初步设计质量起着关键作用。国内地铁项目建设往往压缩设计周期,一旦建设规划批准,就急于将可行性研究报告编制好并送批,可行性研究报告批复好后立马组织初步设计审查,一环套一环,时间越压越少。因此,建设单位一定要确保初步设计周期合理,同时应尽早开展前期设计工作,管控进度的同时深化设计。良好的初步设计质量,有助于加快下一阶段施工图设计,并能最大限度地避免因设计成果反复而延误工程进度。

(三)概算编制深度与精度不够

地铁项目是一个涵盖面非常广的复杂系统,涉及土建工程、机电工程、前期工程、其他费用、预备费用、车辆购置费、建设期贷款利息等一系列子系统,这些子系统的造价种类繁多、结构复杂,且各环节的费用占比也不尽相同。从地铁项目成本的构成进行分析,根据我国近5年批复的轨道交通工程概算,地铁项目的主要成本构成如图4-1所示。

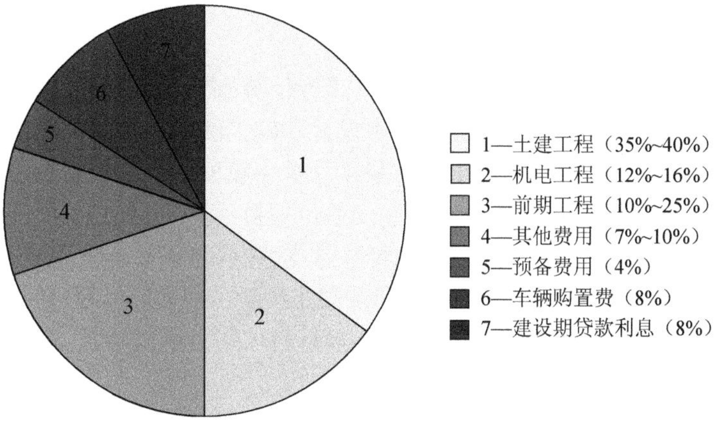

图4-1 地铁项目的主要成本构成

通过对地铁项目成本进行分析,发现土建工程费用、机电设备费用、前期工程费用等是地铁项目成本的主要组成部分。根据现有经验总结,导致概算编制深度不足的原因有两方面:一是前期工程费用设计深度不足,主要由于征地拆迁和管线改迁的方案不够稳定;二是工程相关费用的设计深度不足。根据广州地铁1、2、3号线的经验总结显示,合同中80%的变更源于设计变更或方案变更。从这个方面来讲,对设计阶段的控制,就是对设计变更的控制,控制好了设计变更,就控制好了投资概算。由此可见,设计方案的质量与深度,是影响概算编制深度的重要因素。

设计质量不足,会导致概算偏差较大。一是思维方式的惰性,由于铁路施工任务量剧增,设计者、设计者、技术人员分散,部分设计者惯性思维较大、观念认识不足等因素,往往会在不考虑新时代旅客需求的情况下,将老图纸进行微改后用于新线的设计,导致后期变更频发。二是技术数据不完整,由于地铁线网规划、建设规划编制、规划编制、可信性研究等工作耗时较长,因此一旦拿到批复,就必须按照施工图纸进行建设,加上前期重视度不够,设计资料不全面,使得管钱改迁、征地拆迁、交通疏解、既有线改造等建设前期问题频出。例如,前期没有做好管线探测、构筑物勘察,地形图、控制测量部分落实不到位,征地拆迁地籍权属资料不全面,加固或托换房屋和构筑物基础设计方案和控制性管线征求意见不到位,以及穿跨越、河渠改移手续等前期工作落实不到位等,均可能会造成后续设计方案的较大变更。三是施工企业的设计和管理不够细致,具体问题包括:对勘察设计的深化、变更、交底、设计审查等管理不严格;施工现场不协调,不能及时进行总结和分析;设计图纸差、错、漏、碰多,设计质量的共性问题较为突出;整体的设计水平有待进一步提升;工程进度不能完全适应工程建设的要求。

设计深度不足,会导致概算编制偏离实际。在设计深度不足的情况下,技术经济专业人员只能根据经验估算指标,部分工程缺少进一步的技术经济分析。因此,要充分考虑拟建项目的实际情况和项目所在地价格水平,认真调查和分析研究影响造价的因素,合理利用定额、指标、价格等各项编制依据,提高设计概算的精确度。

二、地铁项目设计阶段投资控制核心技术

(一)限额设计

1. 限额设计理论

限额设计是指根据批准的初步设计任务和投资估算,在确保不超过投资额度的前提下保证建筑的使用功能,严格控制不合理的技术设计和施工图设计的变更。实施限额设计的主要目的是确定限额总量,指导设计工作。限额总量一般根据项目的概念、质量、定位和历史经验数据确定。整个项目将被划分为独立的单位项目,每个独立的单位项目将进一步被划分为专业工程。在此基础上,参考以往的经验数据,综合考虑影响工程造价的因素,针对每个专业项目,科学合理地逐层分解整个项目的总工程量。在实际的设计过程中,每个单元分配建设和专业建设是不固定的,有必要动态调整设计,增加和减少设计方案内容,并实现降低成本的目标分配设计单位法。

为了在设计阶段控制成本,限额设计必须做好横向控制和纵向控制,如图 4-2 所示。

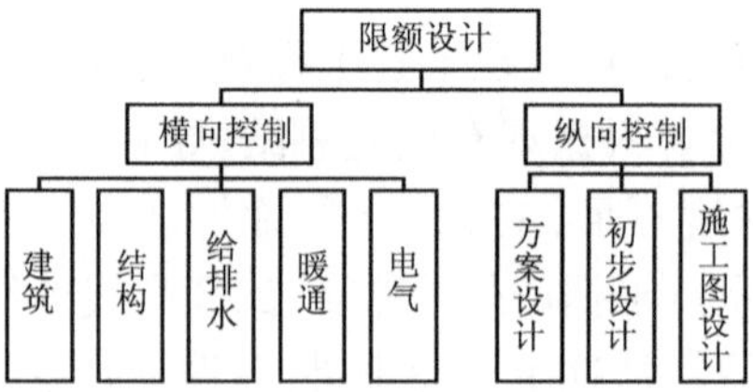

图 4-2 限额设计分类示意

(1)横向控制

限额设计的横向控制是指各设计环节的总体设计工作由不同的专业设计工作组成,根据各专业的特点可分为建筑、结构、给排水、暖通、电气等专业。各专业的限额设计目标根据各设计环节的总体限额设计目标而确定。原则上,如无特殊原因,本设计环节的总体限额设计目标应等于确定后各专业的指标设计目标之和。例如,方案设计环节的总体限额设计目

标可以划分为建筑专业的限额设计目标、结构专业的限额设计目标、给排水专业的限额设计目标等。同样，该分解方法也适用于各学科在初步设计阶段和施工图设计阶段的指标设计目标的分解。限额的横向控制需明确各方的经济责任，正确处理好责任、权利、利益之间的有机联系，必须建立起一套行之有效的经济责任体系，激励各方共同努力，共同达到成本控制的目的。这样才能保证产品的性能和经济性，达到技术和经济效益的统一。具体来说，主要包括两个方面。一是对设计单位实施限额设计内部责任制。这是一种以设计为基础的经济责任制，将设计指标细化到每一个部门，即每一个设计师、造价员都有自己的责任，在自己的权限范围之内进行工作。二是要建立针对设计单位的节奖、超罚制度。建设单位要对设计单位的职责进行明确。在设计单位进行定额设计时，不得随意增减，若确有必要，亦应在兼顾技术与经济效益的前提下考虑，由造价工程师进行审核后，再做适当调整。在设计单位编制完施工图后，按照工程造价预算，对其实施的项目进行监督。在与设计单位签约时，除了要考虑对设计单位完成限额设计的奖惩条款外，还要考虑相关行业的行业标准和市场状况，包括设计单位未能达到限额设计指标的惩罚条款。例如，某市经济技术开发区发布公告："由于设计错误造成的工程变更费用超过合同总价 15%的，其费用将减半；由于设计错误导致的工程变更费用超过合同总价 30%，则全部扣减。"

（2）纵向控制

限额设计的纵向控制针对的是方案设计、初步设计、施工图设计三个设计环节，以三者为主线，自上而下依次进行，如图 4-3 所示。纵向控制根据第一个设计环节的定额指标，确定第二个设计环节的定额指标。原则上，如果没有特殊原因，第二个设计环节的定额指标不应大于第一个设计环节的定额指标。例如：根据投资项目的估算，确定方案设计阶段的定额目标；根据方案设计阶段的定额目标，确定初步设计阶段的定额目标。一般情况下，在方案设计阶段确定的定额指标会比初步设计阶段和施工图设计阶段的大。

Ⅰ. 合理确定投资限额

限额设计的先进性是确保其获得较好的经济效益的关键，因此，在限额设计的初期，必须对其进行投资控制。投资限额的准确性与合理性将直接影响后续工作。合理地确定投资限额，应从两方面入手。一是做好项目的可行性分析。工程设计任务书中所列的投资限额是以工程可行性研究中的投资估算为依据的。投资估算额的精确度和科学性对投资限额的合理确定具有指导性意义。因此，要深入项目可行性研究，并对相关资料进行有效、全面的搜集，以确保设计资料的准确性。二是要严格执行投资预算，真实反映工程实际。在进行工程造价评估时，必须尊重科学、尊重事实、实事求是，避免人为地抬高工程成本，防止为了立项而故意漏项，压低工程成本，导致工程资金不足。要真正从实际出发，正确地处理问题，使得项目的总投资额、功能水平、建筑标准等相统一。

Ⅱ. 科学分配投资限额

投资额度的分配要科学、合理，不能由主管部门、开发商、设计单位任意确定。首先，要明确项目的技术经济指标，根据项目的具体情况，根据项目的具体情况，结合专家、经济主管等专家的建议，按照一定的原则，科学、合理地进行投资。限制限额不能设定得过高或过低。设定得过高则不能限制工程造价；设定得过低则会使限额被突破，使限额失去意义。

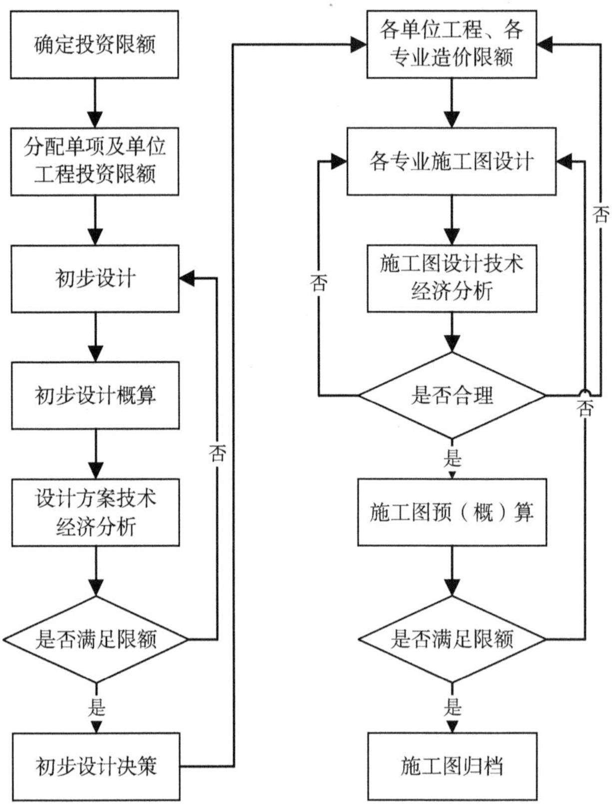

图 4-3　限额设计纵向控制实施过程

Ⅲ. 重视选择设计方案

通过对多个方案的比较，可以得到优选的设计方案。在确定设计原则和技术方案之前，设计单位必须了解相关工程的参考造价及工程量，严格按已分配的投资限额和数量进行设计。在设计工作开始时，总设计师要对设计任务书中所规定的设计原则和各项经济指标进行详细讨论，对工艺流程、关键设备、总图、主要建筑进行技术经济方案的对比和选择，并对设计任务书中的投资限额的可行性进行深入探讨。针对影响项目投资的主要因素，设计单位应根据需要对各专业的设计人员进行设计任务和投资控制。在此基础上，设计单位通过对各部门的分工，明确各部门的职责，把设计任务细化到每个设计者身上，提高设计者的功作效率。

Ⅳ. 合理分配施工图设计的限额

施工图设计是项目建设中的一个重要环节，也是设计单位的最终设计结果。设计单位要保证工程设计费用不超过设计指标，节约工程费用。施工图设计必须遵守的一条设计原则，即投资、原则、范围均严格遵守经批准的初步设计。由于受多种外部条件的限制，初步设计不能保证其全部的科学性和精确性，因而在工程设计、施工等各环节都会发生局部的变化，这些都是很正常的，经过核算、调整后，应在合理的范围之内。如遇工程规模或工程计划发生重大变化，则原先的初步设计已失去了指导作用，应修订或改写初步设计。对已修订或重新编制的初步设计方案和预算，设计单位须报请原主管机关核准。

2. 限额设计优化流程

运用限额设计理论对设计方案进行成本优化的流程如下。

（1）收集成本的基本信息

成本基本信息包括两个方面。一方面，成本基本信息是项目之前的成本数据，也是指导限额设计目标成本制定的重要数据。因为项目未来的成本可以由项目过去的成本很好地反映出来，所以过去的成本反映了项目人员在征地、处理前期手续、设计阶段、实施阶段的管理水平和成本控制能力。一般来说，每个项目的管理方法都有各自的特点，并且是在同一条线上的，所以项目前期的成本信息是建立限额设计目标成本时最重要的信息之一。另一方面，成本基本信息指其他项目的成本信息。每个项目都有自己的特点，如一些项目需要调整质量和绿化的投入，一些项目需要在市政道路和管道上增加投资等。所以，不能直接复制其他项目的成本信息，应对其进行分析和研究，并与项目前期成本数据进行对比，以确认项目前期成本数据的准确性，补充项目前期成本数据中缺失的内容。

（2）建立限额设计目标成本框架

应建立限额设计目标成本框架。首先，应建立成本框架，通过既往地铁建设经验与已批复的各地地铁线路造价指标，建立地铁项目的整体成本框架。其次，分析土建工程费用、机电设备费用、前期工程费等项目成本的主要组成部分，确定其对工程条件、建设方案和计价水平的影响。最后，利用收集的基本成本信息，将经批准的投资金额根据既定的成本一层一层地分解为各专业项目的目标成本和每个部门的目标成本，以建立限额设计目标成本（限额标准）框架，指导以后的设计工作。

（3）在限额设计目标成本框架下进行限额设计

根据限额设计目标成本框架，将每个专业项目和每个部门的目标成本规定在设计作业书上，引导设计者合理选择建筑材料，优化建筑材料成本，在满足设计规范的前提下，同时符合限额设计的目标成本要求。这并不是说，只要设计者按照目标成本的要求去设计，设计结果就可以一次性达到目标成本要求。一般来说，设计结果出来后，预算人员会对设计结果进行测量和计算。如果实测结果超出过目标成本，设计者会反复修改和改进设计结果。预算人员也会反复测量和计算设计结果，直到达到目标成本要求。我国 2020 年批复的地铁线路造价指标见表 4-6。

表 4-6　我国 2020 年批复的地铁线路造价指标

城市	线路	线路长度/km	站间距/ km	车辆编组	投资/亿元	造价指标/（亿元/千米）
北京	3 号线	37.4	1.39	8A	415.00	11.10
	12 号线	29.2	1.39	8A	324.00	11.10
上海	19 号线	44.5	1.39	6A	605.24	13.60
	20 号线	19.8	1.24	6A	393.54	19.88
广州	13 号线 2 期	33.6	1.46	8A	370.75	11.03
	10 号线	19.9	1.42	6B	210.88	10.60

续表

城市	线路	线路长度/km	站间距/ km	车辆编组	投资/亿元	造价指标/（亿元/千米）
深圳	16 号线	27.6	1.20	6A	275.30	9.97
	12 号线	40.0	1.38	6A	381.40	9.54
武汉	12 号线	59.9	1.66	6A	583.87	9.75
成都	8 号线 2 期	7.8	1.20	6A	79.09	10.10
	18 号线 3 期	14.3	1.79	8A	136.37	9.54

（二）价值工程

1. 价值工程理论

价值工程是一种被广泛认可的能够降低成本和提高经济效益的管理技术。价值工程是目前国际上普遍采用的一种方法，能有效减少工程在全生命周期的投入。

（1）价值工程的产生背景

美国制造业是价值工程理论的发源地。在价值工程理论出现以前，美国的制造业管理理论以工业工程管理技术（IE）、质量管理技术（QC）等为代表。以第二次世界大战时期的美国国防部来说，在价值工程理论出现之前，其购买武器的费用都是以成本+利润计算的。此时，美国国防部将产品性能放在首位，其次是交货期限，最后是产品成本。美国国防部会支付所有在武器供应阶段耗费的成本。第二次世界大战结束后，由于资源匮乏，人类社会面临着严重的社会问题，因此价值工程（VE）应运而生。

1947 年，美国通用（GE）公司的麦尔斯开始着手研究如何将原来的材料换成其他材料以减少成本。麦尔斯对产品设计提出改善方案，使成本大大降低，而产品所应具有的功能不减少。他把研究过程中使用的各种方法进行了分类，称之为价值分析。美国国防部海军船舶管理局在 1954 年引进了 GE 公司的价值分析技术，并把它重新命名为 VE。

（2）价值工程的内涵

Ⅰ. 价值工程的定义

价值工程是指在研究对象的整个生命周期内，通过对其功能进行研究，从而减少其生命周期内的成本，并保证建筑必要的功能得以可靠实现。价值工程的研究对象的生命周期分为建造期与使用期两个阶段。在整个生命周期中发生的成本可以分为建造期成本和使用期成本。研究表明，建筑的使用期成本常常是其建造期成本的数倍。例如，对一幢住宅楼的外窗寿命期成本进行测算，发现 30 年后，其维修的折现成本是建造成本的 4.35 倍。所以，价值工程的目的是在合理的使用期内，最大限度地提高建筑的效益。

Ⅱ. 价值工程的公式及解释

以功能为中心的价值计算是价值工程理论的核心。价值工程以建筑应具有的功能和它所需要的费用的关系为基础，公式为

$$V = F/C$$

式中：V 是价值系数；F 标识建筑应具有的功能；C 是实现这些功能的生命周期成本。

价值工程公式本身是效率的计算公式，即“效率=输出/输入”。

Ⅲ. 价值工程的价值提升途径

根据价值工程公式，价值可通过五种途径提高。

1）第一种途径是提高功能，降低成本。这是实施价值工程的最佳途径。例如，在设计阶段，采用性能好、可靠性高、维护性能好、安全性好、造价低的设备、构配件和工程技术等。当工业领域出现重大的设备、材料、技术革新时，往往采用这种方式。从价值工程学的角度看，应该把重点放在功能上，而非局限于现存的情况，从而实现根本的改善。

2）第二种途径是提高功能，成本不变。这种方法在施工过程中，通常是为了提高建筑的耐用性、可维修性，提高后期的运行和维修水平，同时不增加建造费用。

3）第三种途径是在少量增加成本的情况下显著提高功能。这种方式在销售界很常见，将支出水平提高一个档次，就能得到更好的性能，这就是性价比的提高。

4）第四种途径是在稍微降低功能的情况下大幅降低成本。这种途径减少了不必要的功能，但是确保了必需的功能。当涉及必需的特性时，要小心使用这种途径。

5）第五种途径是在保证原有功能不变的情况下降低成本。这种方法在施工中是非常普遍的。例如，在施工条件、工艺方法、采购条件不满足实际条件的情况下，对某些结构部件进行更换，以减少项目成本并确保其功能需求得到满足。

Ⅳ. 实施价值工程的基本步骤

实施价值工程整体上包括准备、分析、创新、实施四个阶段。

1）准备阶段，主要聚焦于搜集信息。首先，找出要搜集信息的对象。在确定对象时，要确定改善的先决条件和范围，并明确变化和不变的边界。其次，找出信息来源。建筑工程咨询的信息可以从建设单位、使用单位、相关咨询公司、建筑设备供应商等各方面收集。要获得高质量、真实和有效的信息，必须从有针对性的信息源中获取。最后，确定信息采集的基本原理。在收集信息时，应尽量避免泛化、概念化。所搜集的信息应以事实为基础，而不是一般的信息。

2）分析阶段，主要包括功能定义、功能整合和功能评价。

功能定义把对象的效用逐一区分和限定，并确定其意义。功能定义的最根本目标是确定对象的整个系统的组成以及具备的功能。这样可以看出对象的本质，方便设计。可以通过确定主体、确定原因、确定成分、确定数量、确定位置、确定时间等要素来进行功能定义。

功能整合是指功能定义所构成的各种功能不是独立的，而是多种功能的结合，以实现整体的功能。功能整合是将各种功能进行功能分类，从而决定其在系统中的作用。功能分类既可以决定什么是真正需要的功能，什么是不需要的功能，也可以决定前一阶段的功能定义是否正确，并有助于寻找一个可以提高价值的起点。功能分类将各种功能划分为“目的-方法”的关系，将达到目的的各种方法连接起来，构成一种树型的“目的-方法”图表。

功能评估包含功能成本分析、功能评价、改善范围确定。功能成本分析以功能为中心来分析其成本，即确定价值工程公式中的 V（价值）。第一步，理清实现功能的各组成部分之间的关系，并按照各自的贡献来分配相应的成本。第二步，把各项目的费用合计起来，得出该功能的总成本。功能评价是为了实现特定的功能，要考虑使用不同的方式来计算所需的成本。功能评价是指确定价值工程公式中的 F（功能）。要实施功能评价，必须从功能角度出发，摒弃现有方法，寻求新的实施途径。改善程度由价值工程公式的计算结果来决定。首先，要提高的是函数的价值 V 小于 1 的情况；其次，在实施过程中要注意更多问题；最后，要考虑在实施过程中所涉及的各种复杂的函数。总的来说，实施过程比较复杂，可能会出现一些新的问题。

2. 价值工程与限额设计结合

价值工程与限额设计结合使用为工程总承包建设项目的设计优化、成本控制提供了一种较优的理念和思路，既能使项目开发成本控制在投资限额之内，又能实现项目价值的最大化。价值工程与限额设计结合的控制效果如图 4-4 所示。

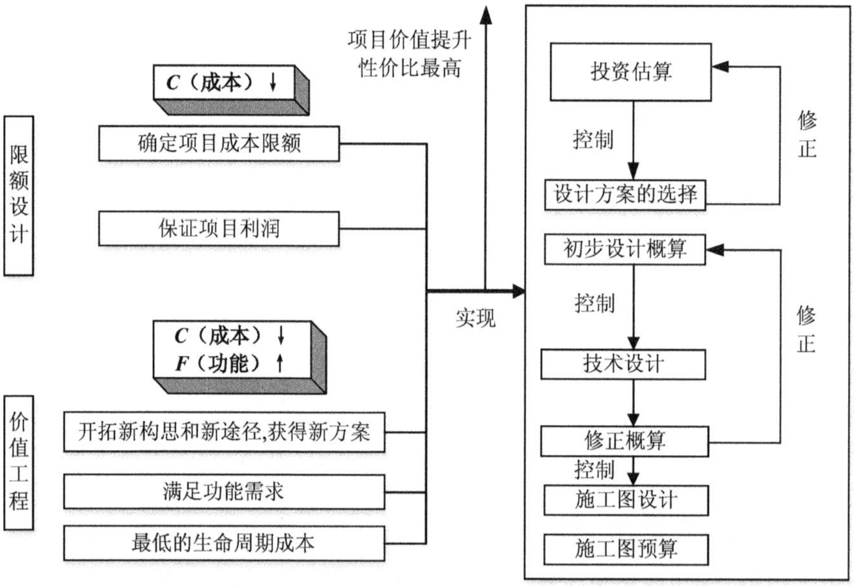

图 4-4 价值工程与限额设计结合的控制效果

价值工程与限额设计结合指从设计阶段开始，运用限额设计的方法，对工程成本进行控制，以发挥价值工程的作用，使其实现价值最大化。控制成本的最好方法是在设计初期就应用限额设计手段，通过控制工程量进行成本控制，并在建设工程各阶段采用相应措施及方法控制项目成本。在设计阶段，项目业主利用投资造价控制指标与经济性技术指标，实现对工程总承包项目的纵向和横向控制，推动总承包设计团队优化组织结构、提高设计水平，以最少的投入获得最大的效益。

（三）可施工性

1. 概念

美国建筑学会于 20 世纪 80 年代首次提出可施工性（constructability）的概念，并积极推进相关研究，其建议将施工的经验与知识运用于项目的规划、设计和采购中，以实现项目的总体目标。

2. 分类

在工程的建设过程中，可施工性问题可以概括地分为两类：第一类可施工性问题和第二类可施工性问题，如图 4-5 所示。

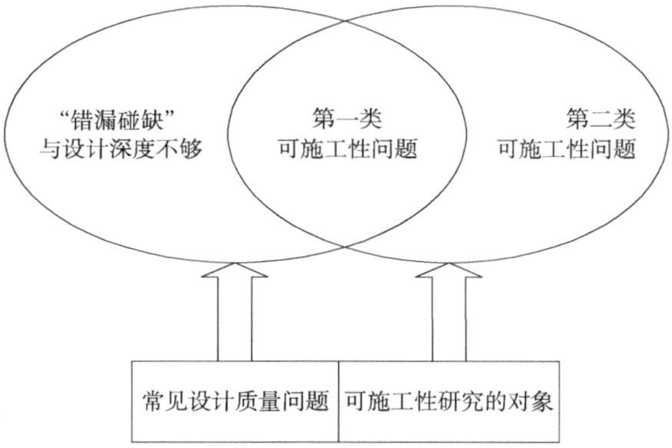

图 4-5　可施工性问题的分类

第一类可施工性问题是指导致“不便施工”“不能施工”等常见的工程质量问题，也称为工程施工问题。一般来说，工程施工问题一般都是直觉性的，是指在一个项目的建设中，由于设计上的原因，没有考虑到施工的方便，导致了施工难以进行。代表性的工程施工问题包括：梁板混凝土强度不同，造成施工困难；钢筋的密度过大，对混凝土浇注不利；剪力墙的门垛设计得太细，造成门套安装困难或不便；阳台护栏的预埋件因主体工程中没有设置护栏的竖杆间距而无法预留；安装时不能打膨胀螺钉，造成要拆下结构；钢筋品种太多或混凝土等级变动太大，不利于现场管理。

第二类可施工性问题是指与工程计划的总布局、时间安排相关的问题，也称为可施工性问题，是工程施工问题之外的问题。造成这些问题的原因，常常是设计者在进行设计时没有全面考虑施工后期的需要，如场外交通、加工车间、道路、设备、水电管网、电力设备等的总体布局不符合工程建设的实际要求。

3. 流程

开展建设项目设计的可施工性研究的基本流程可分为七步，如图 4-6 所示。

（1）第一步：成立可施工性研究小组

可施工性研究小组由项目经理组成，以解决项目存在的与施工无关的问题，并将施工知识和经验导入项目的基本理念，积极组织有丰富经验的施工人员参与，包括项目业主代表、专业负责人、项目经理、生产经理、安全经理、质量经理、商务经理、材料经理以及其他专家研究者。项目经理是可施工性研究小组的总负责人，其主要工作是建立一个完整的组织结构（图 4-7），健全相关的规章制度，明确项目可施工性研究的基本流程，保证项目达到预期目的。

（2）第二步：明确研究对象，确定研究原则

可施工性研究小组要对项目的投资、功能、规模、场地、设计等方面的相关要求和项目业主的实际需要进行深入分析，同时充分认识项目当地的自然、施工技术和社会条件，结合不同的工程类型，在保证满足项目业主要求的前提下，在约束的条件范围内，明确可施工性研究的对象为使居住、使用环境更好（包括美观）、便于施工、建筑资源消耗（包括能耗）更低、建筑成本更低的设计内容。

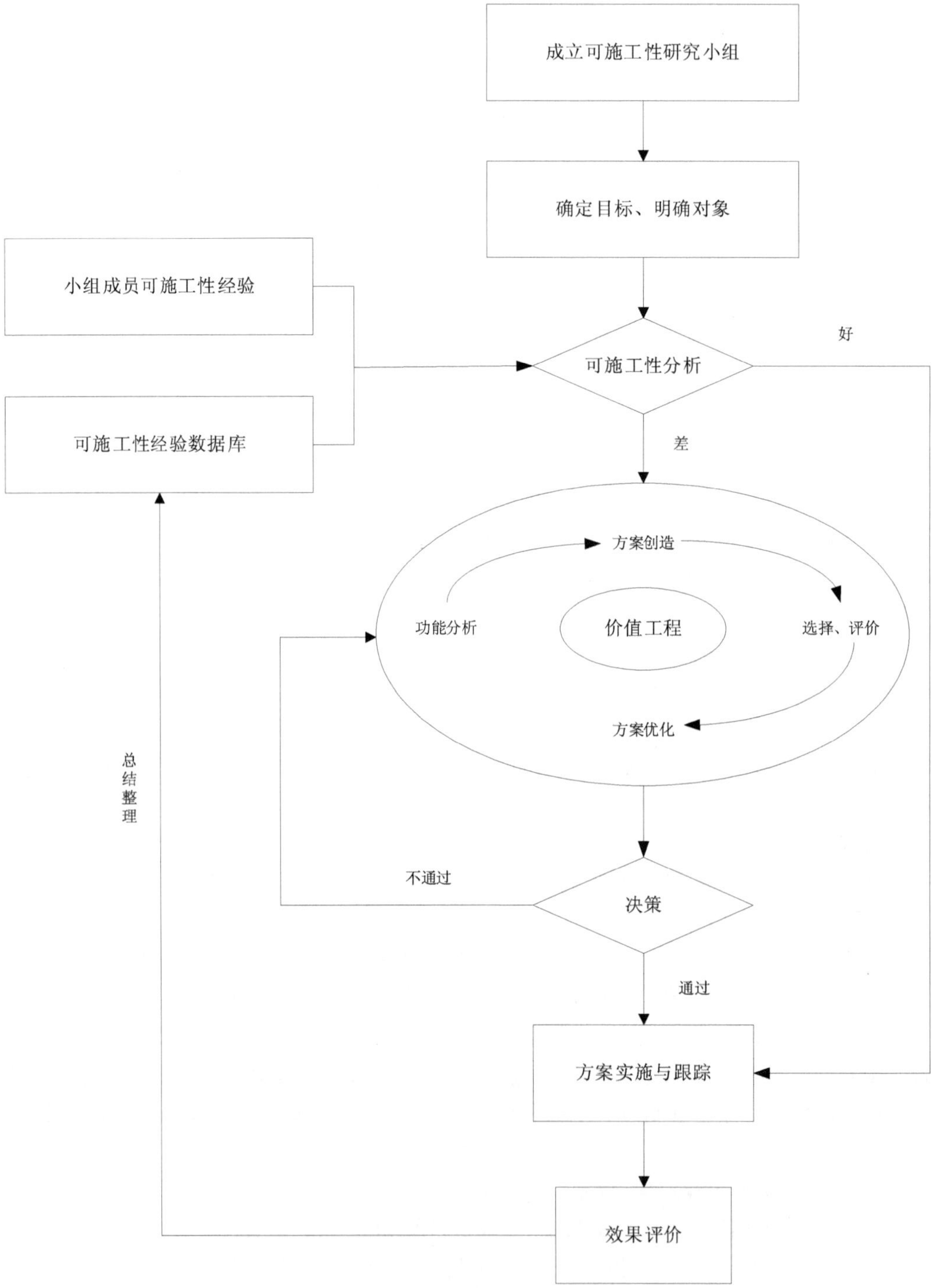

图 4-6 可施工性研究的基本流程

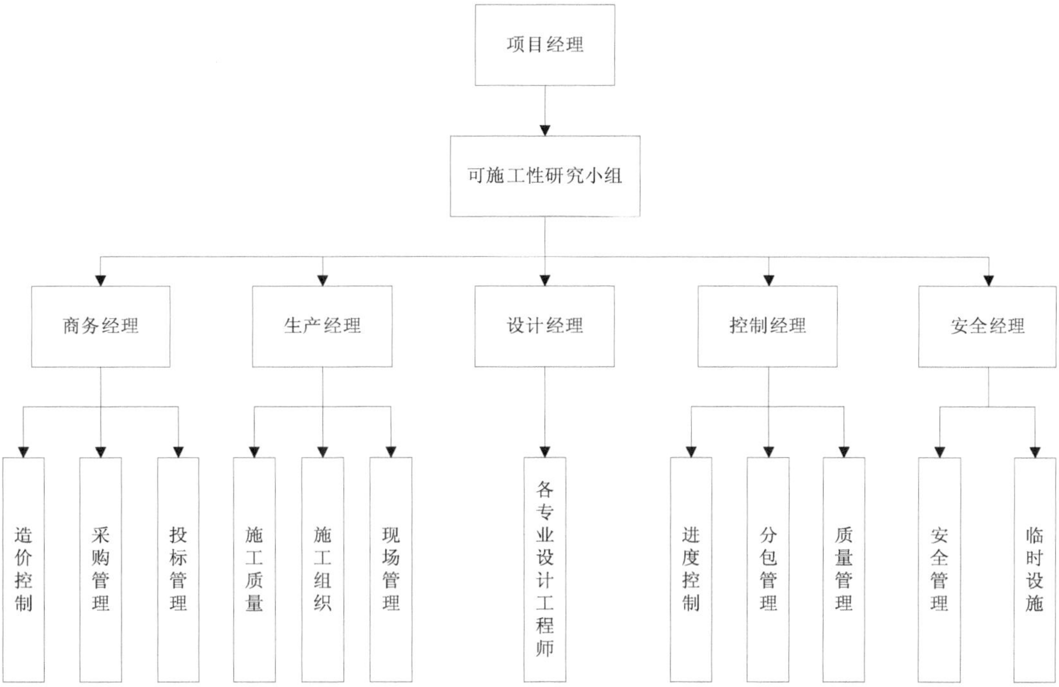

图 4-7　可施工性研究小组的组织结构

(3)第三步:研究优化可施工性的措施

利用可施工性研究小组成员的大量可施工性研究经验,搜集、整理、分析类似建筑的最佳数据,按内容属性、用途特点,将数据归类、存档。

(4)第四步:对可施工性的优化方案进行评估

通过综合评比并对各优化方案进行技术、经济评价,择优选择,最后确定最优方案。在确定了改善可施工性的最佳方案后,根据利益、工期、工艺技术的先进性与合理性等因素,运用价值工程、层次分析法,构建可施工性评估的指标体系,分析各种优化方案的优劣,以达到最佳的效果。

(5)第五步:应用可施工性研究的成果、提供跟踪服务

在实施中,吸收众多工地工人的智慧和宝贵的施工经验,对优化方案进行进一步优化,若发现不合理的地方则当场进行修改,并将相关资料提交可施工性研究小组,进行整理归纳。如在施工现场不能对不合理之处进行处置,应立即召集可施工性研究小组成员,利用团队经验、智慧,制定出一个施工可行、性价比高的方案,并指导建设单位人员实施。

(6)第六步:评价实施效果

实施效果是指可施工性研究的成果,实施效果的好坏决定了可施工性研究的成败。在工程完工后,将该工程建成后的实际效益,即经济、社会效益等,与前期预计和建设前的相比,以达到总结经验、不断提高项目的可施工性的目的。

(7)第七步:建立可施工性经验数据库

从以前的建筑工程中,得出一些可施工性的最佳方案,并将已有的可施工性研究成果导

入数据库,将其转化为“可再生资源”,从而实现知识的分享与再利用,并提高科研工作的效率。最终完成工程的可施工性作业指南和其他指南。

可施工性研究具有优化方案、缩短工期等优点,可以为项目业主和建设单位带来更大的利益,如果按照总的回报来算,最多能拿到20倍的回报。

第三节 设计阶段投资控制要点

一、设计方案比选,选择最佳方案

价值工程在地铁项目中的应用思路是用最少的成本实现项目的必要功能。价值工程主要包括三个要素,分别为价值、成本和功能。价值 V 在实际应用中指性能价格比;功能 F 指项目所能满足用户预期需求的程度,可通过评价指标的量化进行功能评价;成本 C 指在全寿命周期内通过汇总价值分析对象的建设成本和运营期成本。

在设计阶段选择价值工程进行方案优选,主要包括以下几个步骤:第一,确定优选对象,根据设计任务书的要求以及限定的造价限额,选择优选设计方案;第二,确定优选设计方案需要的全寿命周期造价,根据资金时间价值原理将利用不同估算方法计算出的工程建设期和运营期的费用进行汇总,作为全寿命周期造价;第三,进行功能分析,根据价值工程原理将地铁项目中不同项目所包含的功能进行定义,进而进行功能整理,得出功能系统图;第四,确定各种功能的权重,利用层次分析法确定各种功能的权重系数,对项目各种功能的重要程度进行评价;第五,得出各设计方案的成本系数、功能系数和价值系数;第六,分析上一步得到的价值系数,优选设计方案,将价值系数最大的设计方案作为备选的最优方案。

此外,也可用可控成本法实现高价值输出。以深圳地铁的相关实践为例。深圳地铁6号线长圳车辆段在设计中,打破常规,让车辆段真正显示出了国际范。在深圳地铁6号线初步设计时,车辆段按传统做法,设有综合楼、维修楼、运转楼、公安派出所等多个建筑物,建筑物数量多、占地面积大。此时的车辆段综合楼和公寓设计方案只满足了日常的生产、办公和生活的需求,与深圳土地紧缺的现实并不相匹配,且与深圳提出的绿色建设、花园式车辆段相去甚远。2015年,深圳地铁建设总部接手地铁6号线后,深入贯彻TOD理念,通过用房整合以及生产办公分离等手段,让零散的建筑群向城市综合体方向迈出了一大步,以综合楼为主,将公寓、食堂、文娱设施和休闲广场等因素融为一体,不仅方便了员工办公和生活,同时节约了约28 000 ㎡的占地面积,使得长圳车辆段地块具备了极大的商业开发价值,践行和发展了“地铁+房地产”的理念,为各地的轨道交通可持续发展提供了新的思路。在长圳车辆段的综合楼及公寓的第一轮方案设计中,设计团队考虑在建筑中融入立体绿化、太阳能光伏板和光导管采光等新能源、新材料和新技术,结合车辆段的功能布置,通过多方案的创新和比选,力求打造一个绿色、环保的花园式地铁之家,虽然较其他的车辆段建筑已有了较大的进步,但在建筑造型上,依旧摆脱不了常规车辆段工业建筑的理念限制,未能实现车辆段建筑质的飞越。通过与相关单位和部门多次交流,以实现车辆段建筑真正体现深圳国际化大都市鲜明特色为目标,后续设计单位拿出了具有时代特色、体现地铁文化内涵、符合国际化和时尚化的建筑方案。新方案为深圳呈现了集约用地、利于轨道交通可持续发展的车辆段;为城市打造了新的工业建筑形态,将车辆段的工业建筑融入国际化和现代化的城区,将工业建筑美学推向新的高度。

二、稳定初步设计,减少设计变更

(一)压实建设单位各部门前期工作,为设计阶段提供翔实资料

建设单位的设计部门应组织物探、勘察单位加强对物探、水文、地质勘察工作的管理,确保工作深度和质量。重视客流量预测、提高勘察精度,合理确定站点规模和位置。客流量预测分析决定了车站规模、位置及运营能力设计,因此,要重视客流量预测分析的科学性和严谨程度,合理确定站点规模和位置,避免因为客流量预测与实际情况偏离较大导致站点设计的规模偏离实际而造成的损失。当前,有些城市地铁项目因客流量预测过于乐观,导致预测量远高于实际量而造成站点设计规模偏大;也有些城市因客流量预测较为保守,导致换乘站规模小,造成站台、站厅严重拥堵。另外,进行站位定点与布置时,要考虑站点布置的经济性,详细勘察沿线地下建筑物和构筑物,并落实其权属、重要性及拆迁的可能性,尽量减少拆迁、改迁量,比选出经济适用的方案。

建设单位的房屋土地征用部门要做好征地拆迁调查工作,摸清拆迁难度,明确拆迁范围。在拆迁过程中,合理确定拆迁范围是控制好拆迁费用的第一步。地铁站点位置确定后,建设单位要通过调整出入口、风亭位置和角度来避免拆迁或减少拆迁量,另外,还要充分利用技术手段来减少拆迁量。在确保安全的情况下,对于距离基坑较近的建筑物或构筑物,建设单位可通过加固地基等方法来避免拆迁。在隧道施工时,除切实影响上盖建筑物或者构筑物安全的必须拆除外,建设单位可采用两侧同时施工、同步掘进或挖掘、加强支护、加密检测的方法,节约费用。例如,西安地铁 1 号线 S 站通过改变风亭位置避免拆迁一栋民房,节约费用 6 000 多万元;L 站旁一栋距基坑 5 m 的 8 层楼和 J 站旁一栋距基坑 2 m 的单位家属楼,均因采取基坑围护灌注桩加长,加大桩直径,加强第三方安全检测等方法,保证了楼房安全,避免了拆迁,节约费用 7 000 多万元。

建设单位的工程管理相关部门要做好园林绿化迁移、交通疏解、管线改迁等综合前期调查和准备工作。项目管理部要做好周边环境调查,对各施工点位的人文环境、进场条件进行评估。

建设单位的设备管理部门要做好与运营单位及相关单位的前期对接工作,抓好设备生产的过程控制,确保设备准时出厂,并通过现场监造、定期巡检、电话沟通等手段,及时掌握所需设备的生产状况。如果发现了设备的质量问题,尽量避免在紧急情况下向供应商催促。在签约后,要有专门的人员进行管理,并保持与项目经理的联系和沟通。掌握生产动态,及时与生产企业技术人员沟通,掌握生产过程中的质量管理、设备缺陷的处置,监督生产者的生产过程。对于没有监理工程师的工厂,应建立定期的监督检查制度,以便及时了解工厂的生产进度,使设备生产进度与合同的工期保持一致。

通过上述手段,确保建设单位的各项前期调查工作尽可能准确,并与设计单位充分结合,为后续开展设计工作奠定好基础。

(二)提前介入,充分沟通,制定稳定的初步设计方案

在设计的各阶段,建设单位可提前介入沟通,同时充分了解规划、发改委、住建、人防、消

防、环保、卫生防疫、城管等部门的要求,及时进行沟通协调,将政府各相关部门的要求传达给设计单位,要求设计单位在图纸中正确、完整、仔细地表达出来。在项目前期,建设单位的设计部门可提前介入并对接设计单位,参与专题评审,充分落实上级主管部门的要求,尽量从源头避免设计方案及设计路线的变化。设计阶段建设单位主要协调关系如图 4-8 所示。

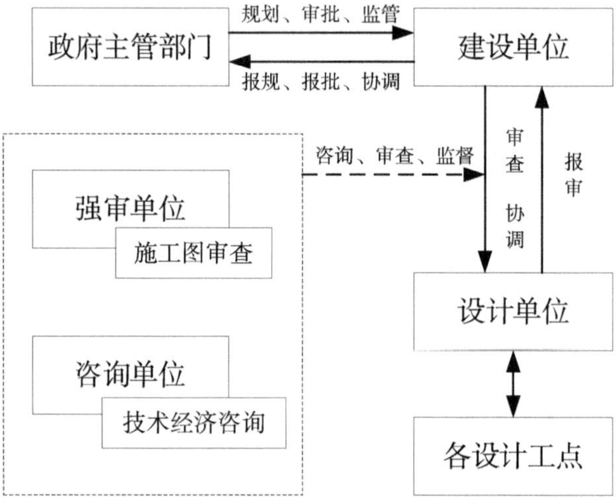

图 4-8 设计阶段建设单位主要协调关系

同时,建设单位的设计部门应提前介入设计单位的设计审查工作,了解设计单位的设计情况。在设计初期,设计部门、项目甚至是公司层面的项目评估可以利用设计团队和高级团队的智慧,最大限度地减少设计方案和设计路径的变动。由于很多设计变动问题往往带来颠覆性结果,因此在设计初期,项目团队应给予足够重视。

除此之外,在设计体系中,设计流程的严格执行、质量程序的认真贯彻是保证初步设计方案稳定性的重要保障。无论是设计单位还是地铁公司,都应在项目团队中强调此项工作的重要性,并将与设计、施工等有关部门的协作,落实到各专业负责人身上。分阶段检查设计条件、设计成品,进行改进,确保设计方案的稳定性。

三、下达设计限额,分级控制概算

地铁公司在开展限额设计时,一是要保证初步设计方案的稳定性,二是在设计的各阶段根据投资估算控制概算。分级控制概算的方法:将各阶段的投资限额和实际数额进行比较,分析和审核各阶段投资限额的科学性,在确保工程质量的同时兼顾经济性,从而将总投资控制在限额范围内,提高投资效益。

(一)设立投资目标,总体控制设计

建设单位应首先建立投资和设计目标。以天津地铁集团为例,其采取"限额控制、动态跟踪、集团统筹、分级管控"原则,根据数额变动程度对各阶段的投资限额进行分级管控制,并要求设计单位按照分解出来的投资限额开展设计,同时还对其他子项较多的投资做出调整。因此,设计单位不能简单套用过去的数据和标准来设计图纸。

(二)下达限额设计,控制造价水平

通过对比分析同类型地铁项目投资控制数据及设计方案,合理地为设计优化提供方案与路径。以北京地铁项目为例,北京地铁4、5、10号线建设项目的投资构成情况见表4-7。

表4-7　北京地铁4、5、10号线建设项目的投资构成情况

项目	北京地铁4号线	北京地铁5号线	北京地铁10号线
前期工程费用	17.45%	15.88%	15.68%
土建工程费用	39.90%	41.21%	44.39%
机电工程费用	16.69%	14.89%	17.17%
车辆费用	12.40%	14.25%	8.72%
其他费用	13.56%	13.77%	14.12%
合计	100%	100%	100%

数据来源:许丽丽.建设标准对地铁造价的影响研究[D].北京:北京交通大学,2007:19-21.

由表4-7可以看出,北京地铁项目的投资构成比例大致如下:前期工程费用为16%左右,土建工程费用为41%~45%,机电设备工程费用为15%~18%,车辆费用为12%~14%,其他费用为14%左右。其中,土建工程费用的占比最大,因此分析土建工程的造价形成并针对具体项目制定相应的投资控制措施是十分重要的。地铁项目的土建工程主要包括车站工程和正线(区间)工程。相关研究表明,影响地铁土建工程费用(土建造价)的因素如下。

1. 车站站位的选择

合理的站位选择可以有效吸引客流,同时可以减少房屋的拆迁工作。在北京地铁4、5、10号线的建设过程中,每个车站都经过了至少2个方案的站位备选,通过技术经济分析确定站位。

2. 车站建设规模的确定

车站建设规模的确定依赖于地质、环境、客流、列车编组等因素。北京地铁4、5、10号线的客流量预测方法采用了四阶段法和土地利用法。目前,我国地铁项目建设规模的决策主要以预测的远期客流量为基础,但是北京地铁的建设方向是向郊区发展,同时随着机场专线及城郊线路的陆续建设,换乘点逐渐增多,使很多车站的功能发生转移,原来的一般站可能变成换乘站,而一些大型换乘站的核心作用也将被逐渐削弱和分散。合理的列车编组也是影响地铁规模的重要因素,6车编组的有效站台长为120 m,5车编组则为100 m,如能采用5车编组,仅土建工程费用一项,地铁全线就可以节省2亿元左右。表4-8中列出了某地铁站点的技术经济指标。

表4-8　某地铁站点的技术经济指标

序号	项目名称	单位	指标值
(一)	车站主体(不含换乘节点)	—	—
1	主体围护结构	m^3	29 941.52

续表

序号	项目名称	单位	指标值
2	车站土方	m^3	186 955.50
3	道路土方	m^3	18 702.82
4	混凝土支撑	吨	8 056.99
5	钢支撑	根	403.08
6	格构柱 460 mm × 460 mm	项	33.00
7	降水	m^3	37.00
8	内部钢筋混凝土结构	m^3	45 595.42
9	内部结构防水	m^3	29 911.58
10	下三层素混凝土回填	m^3	1 561.00
（二）	车站换成节点	m^3	3 124.50
（三）	出入口通道及风井	m^3	2 382.36
1	2 号出入口及 3 号风井	m^3	860.45
2	3 号出入口及加腋	m^3	492.18
3	1 号风井	m^3	212.17

数据来源：夏越平. 哈尔滨市轨道交通 2 号线一期六标段建设项目成本控制研究[D]. 哈尔滨：哈尔滨理工大学，2019.

3. 车站的埋深与地下管线处理

北京地铁 4 号线的覆土厚度为 3~15 m，5 号线为 3~10 m，10 号线为 2~18 m。由此可以看出，北京地铁的埋深极不均匀，主要因为受到的条件限制太多，如既有线路、桩基、地下管线、地下河流等。在项目实际中，推荐车站尽量采用浅埋，如不能浅埋，则采用适宜的施工方法降低造价。

4. 车站结构形式与施工方法

应根据场地工程地质条件、水文地质条件及城市总体规划要求，结合周围地面的既有建筑物、管线及道路交通状况，通过技术经济、环保及使用功能方面的综合比较，合理选择施工方法及结构型式。关于施工方法前文中已经讲述了。在结构型式方面，从建设时间顺序看，车站的结构型式呈现由侧式向岛式的发展趋势，北京地铁 10 号线则发展了分离式车站和端头厅车站，更加适应了地理环境和地质条件，使车站结构形式多样化。

四、引导设计优化，多途径降低造价

（一）加强可施工性分析

设计的简化有利于提高施工效率，改善项目的可施工性。安全性、可操作性、可维护性、美学功能等目标，经常对项目的可施工性研究造成一定制约。然而，在不牺牲其他项目目标的情况下，适当地修改设计可以提高施工效率，改善项目的可施工性。聘请有经验的施工人员对设计方案进行评审，可以帮助评价设计方案是否过于复杂、是否有利于提高施工效率。

1. 建设单位早期参与设计并提供建议来帮助设计单位优化施工要求

虽然在制订施工计划时，要熟悉施工图纸，明确工程特点和施工任务，充分研究施工条件，进行技术经济对比，但在设计图还没有完全成型之前，有经验的施工人员可以根据工程经验，及早地对今后出现的问题做出正确的预测。

在设计阶段，建设单位要尽可能提前了解项目的技术条件，了解工艺制造的要求和设计意图，为设计单位在主要结构和关键分项方面提供施工计划的初步构想。

2. 先进施工方法的实施需要设计单位的配合

合理的设计方案及施工材料的选择，为预制、滑模、预拼装等有价值的先进施工方法的选择提供良好的基础。理想的施工方法往往能节省成本和时间。在设计准备阶段，由于没有足够的施工经验与知识，设计单位在设计方案的选择上常常不考虑先进施工方法，从而错失这些机会。

（二）采用标准图纸设计引导设计优化

通过对地铁的设备系统、材料类型、施工细部构造、尺寸和标高等方面的规范化管理，可以提高现场施工效率，使项目的可施工性得到很大提升。此外，施工相关的标准和规范是国家和有关部门组织专家经过反复研究、试验才得以确定的，其经历了多次的实践考验，只要设计人员运用得当，就能确保设计质量。而且，由于是标准化设计，可以大批量生产，不仅能提高工程建设速度、保证生产质量，还能节约大量原材料。因此，采用标准化设计是控制工程造价的有效途径之一。

1. 一般车站的标准化设计

一般车站又称为标准站，指功能单一、结构简单的一般性车站。其中，地下 2 层 10 m 宽岛式站台车站，因使用效率高、结构简单、经济合理等优点，在地铁项目中得到广泛应用。然而，目前各地的 2 层岛式站台车站很多采用了不同的设计方案，即使是同一条线路，设计方案也可能不尽相同。在一般车站的建筑设计上，应尽量做到标准化，以达到方便旅客乘坐、方便车站管理和合理控制车站规模的目的。进行标准化设计时，厅层、公共区、站台层公共区、设备区等各要素的功能与形态应基本相同，内部空间布局也应有一定程度的重复。在国内的地铁项目中，A、B 型列车已经得到了广泛应用，6B 编组、7B/6A 编组的实际有效站台长度为 120 m 和 140 m。

2. 车站大厅公共区域的标准化设计

车站大厅（简称站厅）公共区域是旅客集中的区域，分为非付费区和付费区两大部分。非付费区具有布置售票机、进站检票机、出站检票机、客服中心等功能要求；付费区具有布置自动扶梯、无障碍电梯等功能要求。为了实现站厅公共区域的标准化设计，应从以下几个方面加以考虑。

（1）功能分区

站厅公共区域的最大功能是聚集旅客。旅客包括进站旅客和出站旅客两类。一般情况下，进站旅客的进站流程为进站、买票、验票、等待、上车。为更好地组织旅客和避免人员交叉，一般将付费区布置在站厅公共区域的中间，而将非付费区布置在站厅公共区域的两边，并在站厅公共区域的一端布置 2.4 m 宽的通道，使两边的非付费区相通。

（2）非付费区布置

非付费区是将车站所有出入口与购票、检票、问询、过街等联系起来的区域，在设计中要使各进站口和检票口之间的距离基本保持一致，在售票机前预留排队空间，保证排队人员不会对人流造成任何影响。因此，较为合理的方法如下：在车站二楼与设备管理间之间，设一台售票机，位置为有连通通道的一侧；将客户服务中心设在售票机前面 1.5~2 m；将进站检票口和出站检票口设于站内，进站检票口设在有连通通道的一侧，出站检票口设在没有连通通道的一侧。

（3）付费区布置

付费区是从站厅到月台之间的空间，它的功能是把站厅和月台联系起来，需要设置楼梯、电梯、无障碍电梯。在站台长度为 120 m 或 140 m 的情况下，在设计自动扶梯时，要尽可能地保证各区域的客流均匀分布。根据测算，在 1 组自动扶梯的上、下工作点的横向间距约为 9 m 的情况下，若放置 2 组自动扶梯，则会导致乘客在站台中部或两侧聚集；若设置 3 组自动扶梯，则可确保乘客相对均衡地到达站台层。因此，对于 6B、7B、6A 编组站台，应该有 3 套楼扶梯（2 套为楼梯+自动扶梯，1 套为楼梯+无障碍电梯），楼扶梯之间的距离为 1~2 m。

五、做好设计管控，严控设计质量与进度

（一）严格设计审查，管控设计质量

建设单位应在初步设计的基础上进行设计优化，最大限度地减少实施阶段的设计变更，提高施工图预算的准确性。

1. 加强设计联络

建设单位应确定设计协调例会制度，定期召开设计例会和各类专业技术协调会。检查各分项设计工作完成情况，督促各设计专业按时间节点提资工作，这样各分项设计单位也能及时发现设计工作中存在的问题。由项目业主、总体组一同协商解决的办法，可确保设计工作顺利推进。同时，建设单位应协调相关专业与各机电系统专业的接口关系，组织集中会签。根据进度要求，总体组应明确各机电系统专业间、土建与各机电系统专业的接口关系，按时提供相关资料。建设单位还应集中组织各系统专业进行相关专业会签工作，有效节省各专业设计人员在往返图纸和反馈意见过程中所花的精力和时间，从而使项目顺利地进行到总体审定阶段。

2. 深化接口设计

机电设备系统的深化设计应具有开放式结构，协议和接口都应标准化。施工深化中还应做好与给排水、供电、通风、空调、电梯、通信、信号等设备的接口确认。智能控制系统与变配电设备、发电机组、冷水机组、热泵机组、电梯、通信设备、信号设备等大型设备之间以接口方式的通信，应事先商定通信协议。当智能控制系统和大型设备的控制采用非标准通信协议时，必须由设备供应商提供数据格式，并通过智能控制系统承包方进行转换。

例如，空调工程承包方在供应空调设备时，必须提供各种通信卡、通信协议和接口软件，以满足监测和控制的要求。地铁信号系统除联锁和 ATS（列车自动监控）子系统国产化率比较高以外，ATP（列车自动保护）、ATO（列车自动驾驶）子系统的核心技术主要还是依靠国外的成熟技术。而国外与我国在文化、理念方面存在的差异，导致其系统设计理念、安全

认识及安全定义与我国有所差别。因此,接口规范无疑是设计阶段项目管理的重点。

3. 严控设计变更

设计变更不但会对工程建设标准和施工质量产生重大影响,而且会引起投资大幅变化,同时也会使投资控制更加困难。在项目实施过程中,设计资料的不准确、项目业主对使用功能的调整、外界环境的变化,都会导致原设计变更。天津地铁集团根据该问题制定了严格的变更审批流程,加强设计变更管理。在进行设计变更前,应进行详细的调研和分析论证,分析变更的原因、可能造成的影响,根据批准程序做出变更。若决定变更,则必须一次变更到位,以防止"反复变更",并在变更执行期间对其进行动态跟踪和管理。在项目实施后,应及时确认和调整受影响的合同价款,妥善处理纠纷,保证后续工程顺利进行。项目业主在一定程度上,可以通过合理的设计变更,灵活地调整设计方案,使其更好地适应建设条件和使用功能,在一定意义上,设计变更也是一项节约投资的重要举措。但在进行设计变更时,应注意以下几个方面。

首先,要对变更的合理性进行审查。对于设计单位报送的设计变更,均要在总体设计单位和设计咨询单位共同签署后报业务主管部门进行审查。审查的重点可总结为五点:设计变更的必要性、技术合理性、变更范围、工程量及投资变化、引起的连带变更。其中,涉及新增的工程量及投资变化须由业务部门的投资控制人员审核确认,并从工程实施的角度提出审查意见后签署。此外,设计变更审查还包括但不限于以下内容:检查是否存在对同一专业、同一内容、同一类型、同一地点等发生的设计变更拆分现象;检查申请变更的依据是否充分;检查是否有相关政府文件(会议纪要)、公司会议纪要、地质勘查报告等文件作为变更的依据;检查上述变更依据文件内容是否与具体变更内容保持一致。

其次为有效控制和管理设计变更,应制定明确的责任与奖惩措施,并让参与地铁建设的相关单位充分学习、了解。

严控设计变更的具体措施如下。

(1)责任界定

在设计变更审批程序中,要明确各单位的职责及其比例,可采用建立建设单位与设计单位职责清单的方式(表4-9)进行界定。为解决设计变更之争议及责任之争议,须将各方意见载入有关会议纪要,并于工程变更的批准程序中予以明晰。

表4-9　建设单位与设计单位职责清单

建设单位		管理范围	设计单位	
主要管理职责	侧重点		侧重点	主要管理职责
分阶段确定相应深度的限额设计目标,按限额投资检查限额设计完成情况	确定限额指标	设计阶段投资控制	限额设计措施	根据批准的初步设计概算,对施工图设计阶段进行投资分解,通过制定经济评价体系、方案优化、推行标准化与模块化设计等措施,严格进行投资控制,确保完成限额设计指标

续表

建设单位		管理范围	设计单位	
主要管理职责	侧重点		侧重点	主要管理职责
检查设计单位是否提供了符合约定质量要求的、完整功能的设计文件	检查总体质量	设计质量控制	制定技术标准并审查	根据初步设计制定的施工图设计文件技术质量标准来编写各工点、(系统)的设计文件
审定工点、系统设计的设计评价指标,通过审阅图纸对设计质量把关,检查成果文件的设计深度及质量	审查工点质量			
检查设计单位是否按进度计划及要求开展管理工作,是否落实了进度控制的各项措施,资料的互提是否按时进行	控制出图节点	设计进度控制	落实具体设计过程管理	制定设计进度计划表,并将进度计划贯彻落实到单项设计单位,对设计全过程进行进度控制
根据设计管理流程组织开展相应的施工图审查	审查	设计管理流程制定	过程互提	归口管理工点、系统设计单位的资料、成果、过程性文件等的传递
检查设计是否体现了项目业主意图	核定技术标准	设计阶段管理要求	建立工作制度	建立各项工作管理制度,包括组织管理、技术管理、计划管理、质量管理、互提资料、内部检查和协调、例会制度等,制定技术管理制度与执行程序
			“三控”程序与措施	制定对工程施工图设计的质量控制、投资控制和进度控制的程序和措施,并组织实施与管理
			组织工作会议	定期召开设计总体工作例会,检查设计工作质量和完成情况,布置设计工作,协调、处理设计工作中出现的问题
			验收资料管理	配合建设管理要求,参与各分部工程、(子)单位工程、单项工程和工程验收,核实并提供设计资料
协调设计管理工作中存在的重大技术分歧,落实政府主管部门有关方面的要求、指示,并检查执行情况	落实重大技术要求	设计工作技术协调	设计接口指导	协调项目与城建和规划之间、各工点设计之间、各系统设计之间、工点与系统之间的技术问题和接口处理
			总体技术问题	对所有在工点、系统设计中未包含,又是整个工程设计所必须考虑的问题进行总体协调
审核和审定是否进行设计变更	确认变更	设计变更	审查变更内容	依据项目业主的管理办法审查设计变更,并制定变更台账
组织设计单位,协调解决现场发生的重大施工技术问题	解决重大技术问题	施工配合	牵头处理日常技术问题	定期进行施工现场巡检,及时解决施工中出现的技术问题

(2)赔偿处理

勘察、设计、监理、咨询等单位不尽职,审查、把关不严或不尽职,导致建设项目的虚假变更或变更后不能按批准的变更方案执行,给项目业主造成损害的,应按勘察费、设计费、监理费、咨询费的倍数作为勘察、设计、监理、咨询等单位的违约赔偿,从合同款中扣除。由勘察、设计、监理、咨询等单位引起的设计变更,造成投资增加或工期延长的,责任单位按照增加投资及赶工增加投资的一定百分比承担责任。

（3）不予支付

由于承包方的原因造成的设计变更，进而造成投资增加或延迟的，承包方将对此负有完全的责任，可采取不予支付的方式进行处理。

（4）优化奖励

属于优化设计、创新设计、技术创新等的设计变更，在重要线路上节约资金或缩短关键节点的时间，由设计主管单位根据合同或公司的奖励计划提出建议，并按节约的资金的一定比例奖励主要设计人员。

（二）制定时间节点，管控设计进度

在地铁项目的全过程中，项目的设计管理是关键，设计管理的质量直接关系到项目的工期、质量和投资。抓住设计管理中的主要矛盾："刀口向内"，建设单位应及时下达各种设计指标，与设计单位积极沟通，快速解决设计中的疑难问题。

1. 设计进度控制要点

分阶段进行项目的进度计划控制；编制并实行每月的设计工作报告；明确设计工期，对施工图审查程序及时间要求进行严格的控制。在此期间可抓住矛盾的主要方面——四个关键。

1）抓关键少数。根据地铁设计的特点和管理方式，要取得高品质的设计成果，就需要有优秀的设计人员，所以设计总包和设计人员的参与是保证设计品质优良的基础和关键。

2）抓关键程序，设计管理制度是一个复杂的系统，要把握好其中的要点，进行有效的管理。设计时间控制见表4-10。

表4-10　设计时间控制

设计成果		参与主体	要求完成时间
总图精细化设计		建设单位、设计单位、工点	总体设计阶段完成构想
通用图深化设计		建设单位、设计单位	施工图设计开展前
车站标准化	车站站台宽度	建设单位、设计单位	总体设计阶段完成
	车站柱网布置	建设单位、设计单位	初步设计开展前
	车站楼扶梯数量与分布	建设单位、设计单位	初步设计开展前
	车站公共区布置	建设单位、设计单位	初步设计开展前
	车站设备管理区模块化	建设单位、设计单位、设备单位	初步设计开展前
	车站净高	建设单位、设计单位	初步设计开展前
	公共厕所布置	建设单位、设计单位	初步设计开展前
车站相关	资源共享	建设单位、设计单位、专业单位	总体设计阶段完成
	换乘站	建设单位、设计单位	总体设计阶段完成
	综合开发	建设单位、设计单位、专业单位	总体设计阶段完成
	车站导向与装修	建设单位、设计单位、专业单位	土建施工图完成后
	车站无障碍与人性化	建设单位、设计单位	初步设计过程中
	出入口、风井、冷却塔、电梯	建设单位、设计单位、专业单位	主体施工图开始

3)抓关键专业。地铁项目涉及的专业很多,但每个时期的工作重点不同,要根据项目的进度进行管理,项目初期的工作重点是线路,之后是施工和结构。在建设城市的第一条地铁线路时,轨道供电制式、车辆选型等应该重点抓。

4)抓重点工程。为做好地铁项目设计管理工作,应抓住重点工程。例如,要重视换乘站、配线站、物业发展站的规划和设计,并做好危险管理,尤其加强对靠近敏感建筑的深基坑、邻近或跨越重大民生工程设施的管理。

2. 设计进度控制措施

1)应制定合理的设计进度目标,既要考虑项目前期、施工前期、实施阶段及验收后运营阶段设计全过程的进度控制目标,也要考虑各项工作所需的时间,除了设计,还有各项报批、流程、沟通、更改所需的时间,尽可能地细化进度目标,以便对设计进度进行控制。

2)审核设计单位的设计进度表,并对其进行监督。在设计项目启动后,定期进行资料采集(与项目部、设计单位联系),对照施工进度,监测设计进度,及时发现问题并进行整改。当设计进度已大大滞后,不能改变原有计划时,应调整进度,以达到控制的目的,并对整个设计流程实行动态管理。

3)按合同要求及时、准确、完整地提供设计所需要的基础信息。

4)择优选择设计单位,平时注重搜集设计资料,建立优秀设计机构、优秀设计师数据库,在设计招标过程中,可以根据数据库,邀请多个设计机构参加设计招标,保证设计招标的顺利进行。优秀的设计人员在提高设计速度、提高设计质量、降低设计成本、缩短设计工期方面能起到积极的作用。

5)做好项目协调工作,规划好开工时间,配合设计部门的工作,保证项目的正常进行。

6)加强对设计变更的管理,开展相关调研、经常沟通协调,尽量减少设计变更,保证项目进度。

第五章　基于初始信任+合理风险分担的招标阶段投资控制

第一节　招标阶段工作内容

招标作为一种公开化、规范化、程序化的采购方式，把竞争机制引入建筑市场，是建设项目管理不可或缺的组成部分。招标是为了挑选一个比较有实力、有能力并且负责的承包单位，进而与其签订一个较为科学合理的承包合同，对于缩短工程周期、确保工程质量和降低工程造价都具有十分重要的意义。

地铁属于城市交通基础设施，《中华人民共和国招投标法》规定，地铁项目建设必须进行招标。地铁项目的投资大、工程持续时间长，建设过程中所面临的风险多。项目能否顺利进行、工程质量能否保证、工程成本是否在合理的区间内、完成时间能否在规定时间内，这一切都关系到招标中的风险能否得到有效控制。招标程序是相应法律法规规定的招标过程中各环节承前启后、相互关联的工作序列。招标程序对招投标各方具有强制约束力，任何一方违反法定程序都需承担法律责任。根据《中华人民共和国招投标法》和《中华人民共和国招投标法实施条例》（国务院令第613号），以及各政府主管部门制定的法规、规章、制度等，结合地铁项目实际，地铁项目招投标流程如图5-1所示。

一、招标准备阶段

（一）项目业主报建

由地铁项目业主根据工程建设的需求，向政府工程管理部门提出申请，在取得了相关许可文件后，递交招投标管理机构进行审核。审核通过后，将资料归档并进入下一环节。

（二）成立招标小组

由建设单位招标主管部门相关人员组成招标小组，确定招标的方式，合理划分标段。根据《中华人民共和国招投标法》的规定，招标方式分为公开招标、邀请招标。

大型建设项目一般采用公开招标的形式。但对项目业主而言，此种形式存在一定弊端，因为在公开招标过程中，资格预审和评标不仅工作量较大、招标成本较高并且招标周期较长。在这种方式下，由于项目业主对中标单位了解度不够，会增加日后双方协调难度，增大承包方在履行合同时违约的风险。若采取公开招标的形式，则须对投标人的资质、信誉、管理、经济、技术等各方面进行严格审查，重点对其整体实力进行评估。

（三）编制招标文件

招标文件通常由招标代理组织编制，包括投标须知、标段划分、工期要求、工程施工技术要求、工程施工设计方案、评标方法、投标文件规范格式、合同条件等。招标文件编制好后，提交给有关部门,审核通过后,就可以发售招标文件了。

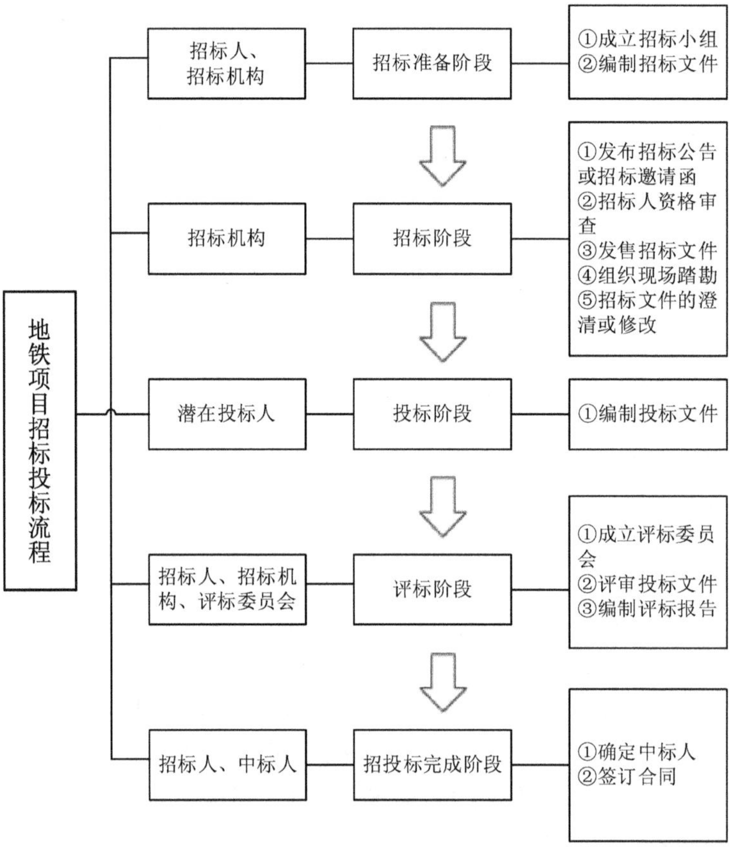

图 5-1 地铁项目招投标流程

二、招标阶段

(一)发布招标公告或邀请函

经有关部门批准,招标人或招标代理机构可在招标网站上发布招标公告或招标邀请函。

(二)投标人资格预审

由于参与地铁项目的工程承包单位众多,其总体技术水平和工程技术水平存在很大差异,因此需要对投标人的资质进行综合审查,以确定其是否满足该项目的工程需求。为了了解潜在投标人的资质、业绩、技术水平和有关资料,招标人或招标代理机构应按规定对其进行资格审核。

(三)发售招标文件

合格的潜在竞标者可以购买招标文件。

(四)组织踏勘现场

招标人组织潜在投标人对工程现场场地、影响施工的地质气候情况等客观条件进行现场勘察,进行现场踏勘时所有投标人必须一同前往。投标人应对招标人的招标目的、现场周边环境、现场实际情况进行深入了解分析,以获取有用的信息并据此决定投标报价的策略。

在勘察过程中，如有任何疑义，投标人应汇总后统一递交招标人或招标代理机构。

(五)招标文件的澄清与修正

对于勘测现场出现的疑问，由招标人负责解答，并在招投标各方都了解的前提下，对招标文件进行补充和修正。

三、投标阶段

(一)编制投标文件

投标文件的编制是投标过程的一个重要环节，也是决定最终是否中标的一个重要因素。投标文件将按照招标文件中所列的实质性要求和条件做出响应。投标文件的内容应包含拟派的项目经理和技术人员的简历、业绩、所需的机器设备等。如果招标人在中标后，将部分非主体或非关键性工程分包出去，则招标文件应载明。

(二)递交投标书

投标人必须在招标文件规定的投标期之前将投标书送到投标处。未在规定期限内递交的投标文件将被拒绝。

四、评标阶段

(一)成立评标委员会

按规定成立评标委员会，评标委员会由招标人和有关技术经济方面的专家组成，成员人数为5名以上的单数，其中技术经济方面的专家不能少于全体人员的2/3，其对招标文件进行评审，并向招标人推荐中标者。评审专家名单由相关单位指定。由于地铁项目是一项技术含量高、专业技术含量高、施工难度大的工程，评标专家可以由招标人直接指定。在开标前，评标专家的信息应保密。

(二)开标

开标指在投标人提交投标文件截至后，招标人依据招标文件规定的时间和地点，开启投标人提交的投标文件，公开宣布投标人的名称、投标价格及其他主要内容。招标人负责组织开标并邀请所有投标人。

(三)投标文件评审

由评标委员会根据评标方法，对投标人提交的投标文件进行评审。

(1)开技术标

在对标书进行密封检查后，进行开标、唱标、填写技术标开标一览表，并由招标人和有关工作人员签名确认。

(2)清标

开标前由招标人指派3~5人组成清标小组。开标后，清标小组汇总每一份招标文件的技术方案，并对其提出的问题进行初步的整理，初步判定投标文件是否响应招标文件的要求。对建设项目的清标工作，不但使建设项目标准化，而且使工程招投标工作的效率和质量得到了明显的提高。

(3)商务评审

技术标书的评审结束后，由招标人或招标代理机构的工作人员负责组织商务开标会。

评标委员会按照招标文件的规定进行符合性审查,合格的投标方可进入商务评审。

(4)编制评审报告

评审委员会将依据评审的结果,编写一份评估报告并推荐 1~3 个中标候选人,提交给招标人,由招标人决定中标者。

五、定标阶段

(一)确定中标人

招标人根据有关法规,对符合招标文件和评标委员会评定的优胜者,颁发中标通知书。

(二)签订合同

中标候选人在投标后 30 天内与招标人签订合同。在签订合同时,应保证合同符合法律法规,不能存在法律漏洞。合同订立 2 天内中标人到现场进行交底,形成交底记录。招标人或招标代理机构应安排专人,采取有效措施及时收集、整理、保管招标过程中产生的有关文件、材料。

通过对招标阶段工作内容的梳理,为实现招标阶段投资控制,招标人应聚焦在对投资控制影响较大的合理标段划分、承包方选择、合同条款设计等关键问题上。

第二节 招标阶段问题与核心技术

一、地铁项目招标阶段投资控制问题

(一)标段划分的合理性问题

标段划分是否合理对投资控制目标能否实现影响巨大。标段划分是招标前期的一项重要准备工作,既是对工程施工的具体实施阶段的总体规划,同时也是项目业主在地铁项目实施阶段对项目进行总体控制的标准和依据。项目的标段划分体现了项目业主在施工中的思想和理念,并给出了具体的实施流程和方法。

从投资控制角度分析,标段划分的质量直接关系到招标人对投标人的资质要求,而标段划分是否合理,对整个招标过程能否形成有效的竞争,乃至能否顺利进行影响巨大。同时标段划分不仅关系到项目的后期施工难度,也关系到整个项目的施工质量。

合理的标段划分不仅扩大了潜在投标人范围,提高了招标的市场竞争程度,为各承包方创造了一个公平竞争的舞台,也促进了各建设单位之间的良好竞争,使建设单位在施工过程中充分发挥自己的专长,对保证工程质量和缩短工期有很大的帮助。合理的标段划分可以有效降低建设单位的管理和协调的难度,同时能够缓解建设单位的资金压力,如果招标方资金不足可以先部分招标,资金也可相应逐步到位。

分理的标段划分会给项目的实施带来很多好处,但不合理的标段划分也会给项目的实施带来诸多不利影响,尤其是对项目后期的施工管理影响很大。在传统标段管理模式下,划分的标段普遍不大,一般采用“一站一区间”或“两站一区间”的规模进行划分,缺乏对承包方的吸引力,即使中标后也不能引起承包方的足够重视,其投入的设备、人力资源相对有限。同时,这也加大了各标段的管理和协调工作量,加大了各标段间施工接口的难度,加大了建

设单位管理和协调的难度。

地铁项目的标段划分工作具有高度的专业性和管理性,其划分的合理性直接关系到工程的成本、专业接口的数量以及工程管理的难度。因此,合理的标段划分应尽量选择有竞争实力的合作单位,这样不仅可以确保招标人或项目经理的综合协调能力,还可以使各合同方的资源得到最优化分配,实现最大限度的利用,从而在项目施工中形成良性的竞争和比较,促进项目的发展,更好地实现建设目标及投资控制目标。

(二)项目业主与承包方间的信息不对称问题

在招标阶段,项目业主与承包方间的信息不对称,容易造成投资失控风险。

首先,在招标过程中存在信息不对称。项目的招投标阶段是项目业主与承包方互相选择的过程。一方面,项目业主应充分考虑承包方的资质、业绩、报价和技术水平;另一方面,承包方要求项目业主的信誉高、实力强、手续齐全等。在此期间,双方掌握的资料并不完全对等。

在这样的非对称性信息条件下,投标的运作往往是无效的。假定在这样的情形下,投标的承包方企业的能力水平不同。能力差的承包方在资质、技术、管理、业绩和声誉上都要比能力强的承包方差。但一些能力差的承包方,往往会隐瞒一些对自己不利的资料。招标人因为不知道承包方的真正实力和技术,所以往往不能做出正确的判断。此外,一些能力差的承包方会故意降低报价,用不实的信息欺骗项目业主,使其做出不正确的决策,从而导致项目业主在信息上处于不利地位。

其次,在工程合同执行过程中,存在信息不对称性。在项目业主通过招标方式选定承包方后,只有承包方才真正了解自身的能力、管理水平和人员素质,其工程成本、材料选用质量、施工工艺等方面的信息都是保密的。相关信息项目业主不可能了解到。而项目业主对于承包方是否投入了大量的精力、是否存在偷懒行为、是否损害了自身利益等,更是无从知晓。因此,项目业主在信息上仍然处于弱势地位。有些不良承包方为了谋取利益,在履行合同时,往往会损害项目业主的利益,从而影响项目的质量,如偷工减料、寻找合同漏洞、设置陷阱、恶意索赔,使项目质量处于合格与不合格的灰色地带,甚至联合其他承包方一起欺骗项目业主。很明显,这对项目的质量、投资、工期等都有很大影响。

最后,在项目签订阶段,项目业主与承包方之间存在信息不对称性。相对来说,承包方具有较大的信息优势,项目业主仅了解其财务支付能力、合同控制能力、技术变更意图、施工标准和意图,但不清楚承包方的管理水平和技术能力。与项目业主相比,承包方的主要信息优势如下:

1)承包方自身的综合管理能力、质量控制能力、施工技术条件;

2)承包方自身的资质、信誉和财务状况;

3)承包方以往的项目成果和业绩;

4)承包方拟派往招标项目的管理人员和施工人员的素质水平;

5)承包方施工专用设备及试验检测仪器的情况。

因为承包方对上述信息基本是保密的,所以项目业主很难完全了解,而且项目业主也很难了解承包方对项目的理解、对项目的应变能力、资金能力、投标报价的真实性等。项目业主与承包方信息不对称情况示意如图 5-2 所示。

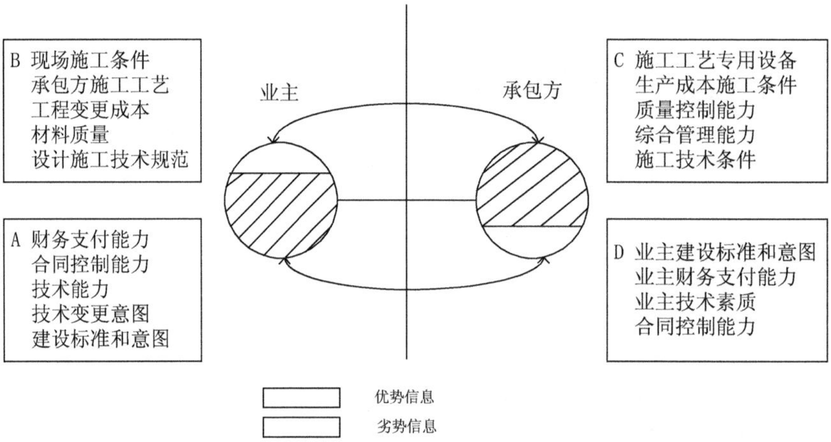

图 5-2 项目业主与承包方信息不对称示意

项目业主在交易过程中处于信息不利的地位，不了解潜在承包方的实际情况，导致事与愿违，选择不到合适的承包方，产生承包方的逆向选择问题。从信息经济学的观点来看，如果双方签订合同前信息不对称，那么项目业主就不可能了解承包方的全部信息，如资质、能力等，从而使项目业主更倾向于认为所有的承包方都是劣质的，而不是与其友好合作的。这就使得优秀承包方为了确保自己的利益，不愿意与这样的项目业主合作，导致劣质承包方最终中标，这就是工程招投标市场中的逆向选择现象。承包方以盈利为目的的机会主义行为和逆向选择现象不仅损害了发包方的利益，造成投资失控的风险，也会为整个社会带来危害。

（三）地铁项目的高度复杂性和不确定性问题

地铁项目具有高度复杂性和不确定性，对投资控制提出了更高要求。改革开放以来，随着我国经济和地铁行业的持续发展，地铁项目的数量和规模呈现了逐渐增长的态势。并且近几年，随着地铁行业不断改革，社会分工不断细化，受到商业竞争与项目环境的影响，地铁项目越来越复杂，不确定性越来越高。

地铁项目属于大型基础设施建设工程，之所以具有高度的复杂性和不确定性，是由于其具有投资大、周期长、施工难度大、专业参与单位众多、信息量大等特点。这些特点决定了地铁项目呈现出高度的复杂性和不确定性。同时，由于人、材、机等要素所组成的工程实施体系处在一个动态的、不断变化的环境中，各要素之间的交互作用以及系统的动态变动，使地铁项目的复杂性不断提升，同时也增加了不确定性。

随着我国城市众多轨道交通项目的实施，地铁项目投资和建设规模逐渐扩大，涉及的项目也逐渐增多。这些不确定因素叠加在一起，导致了地铁项目风险较高。

“对不确定性缺乏有效的应对措施，是导致项目失败较为重要的因素”。地铁项目处于动态变化的内、外部环境中，使发承包双方时时刻刻遭受不确定性带来的干扰，导致发承包双方面临较大的风险管理压力。因此，如何针对不确定性做出快速适应反应，成为一个实现项目管理的关键问题。

二、地铁项目招标阶段投资控制核心技术

(一)基于交易成本理论的大标段招标模式

1. 建设项目的交易成本

(1)交易成本理论概述

以交易作为基本分析单位的交易费用理论,对企业的经济行为进行了研究。当前学术界对“交易成本”定义时,从不同的视角出发,得出了不同的结论。一些研究者从宏观层面对国民经济体系进行了深入剖析,阐明了交易成本在宏观层面的重要性;也有研究者从微观层面对个别公司的交易行为进行了分析,并对交易行为中的交易成本进行了分析。两种结论没有对错之分,只是他们的关注点不同。

地铁项目对于技术的高要求和极长的交易过程,会带来大量的不确定性。同时项目业主与承包方之间存在信息不对称,承包方容易产生机会主义行为。本书提出了建设项目交易成本的概念,即建设项目交易成本是指参与方为确保工程合同的正常进行而支付的全部费用。工程合同的交易内容决定了其产生的交易成本属于工程成本,其与我们通常所说的生产成本有所区别。

(2)地铁项目交易成本的构成

本书将地铁项目的交易成本的发生阶段分成筹建准备阶段、设计阶段、实施阶段,并逐一分析每个阶段可能发生的交易成本。

Ⅰ. 筹建准备阶段的交易成本

筹建准备阶段为签订合同的过程,该阶段的交易成本包括合同签订前的搜寻成本、承包方选择时的决策成本以及合同签订时的谈判和契约签订成本。

1)搜寻成本,对应项目招标前的阶段。通常,地铁项目业主会公布项目的详细信息和需求,并在设计、施工、采购、监理等方面进行招标。项目业主对不同行业的不同投标人进行一次审查和甄别,内容通常包括投标人的资质、信用、相似项目、技术水平等。这些行为产生的成本均由项目业主承担,而其是减少项目不确定性的最佳途径。因此,部分交易成本的产生是合理和必然的。

搜寻成本的计算公式为

$$C_1 = Q + F$$

式中:Q 为承包方情况考察费,即项目业主考察承包方情况时发生的费用,考察内容包括承包方信用、履约能力、过往业绩、技术能力等;F 为项目业主收集承包方信息费,发布招标信息等产生的交易费用。

2)决策成本,对应项目招标的决策阶段。在对承包方进行了详细的考察后,项目业主开始进行初步筛选,留下符合条件的承包方,并进一步挑选合适的承包方。在该阶段,项目业主将重新检查承包方,主要检查的内容包括投标报价、施工组织条件、资金实力等。对承包方的筛选是通过对所有的信息进行综合分析而实现的。但此阶段的工作,通常需要有较高的专业水准的团队来完成。通常项目业主都会委托专业的招标单位并请专业人士来协助完成此阶段的工作。因此,在这个阶段,也会产生很多交易费用。

由项目业主确定最佳承包方时的成本用 C_2 表示,其中包含了项目业主委托招标、组织

专家评审等活动产生的费用。这些费用基本可以与项目业主的招标费用相对应,决策成本涉及的具体费用包括代理招标服务费、建设工程交易费、资料费、其他投标费用等。该类别的成本可以归入直接成本,能够被直观地衡量和分析。

3)谈判和契约签订成本,对应项目招标的收尾阶段。当选定了一个最佳承包方并敲定了合同的价格之后,招投标双方就要开始谈合同的内容了。由于工程建设过程中存在着许多不确定因素,因此通过协商将其纳入合同,可以大大降低项目的不确定性。然而,项目设计涉及的范围很广,因此合同谈判的时间会很长,而且需反复多次,每次合同谈判都会涉及组织费用。此外,项目业主会通过聘请专家来提升自身的专业水平,从而导致产生大量交易费用。

谈判和契约签订成本的计算公式为

$$C_3 = N + T$$

式中:N 为合同双方谈判的费用,主要指组织整个谈判过程所发生的费用;T 为契约签订费用,主要指签订合同时保障相关活动进行而产生的交易费用。

Ⅱ.设计阶段的交易成本

项目设计阶段是一个具有连接功能的阶段,项目的工程质量和成本均由项目设计阶段决定。在设计阶段,设计者确定工程造价、确定生产率、解决与设计相关的工程质量问题。设计阶段的交易成本指项目业主在设计与建设过程中的沟通费用。有调查显示,项目总成本 70%~90%的变化都是在设计阶段出现的。在项目设计阶段,设计者根据项目业主的需求,不断做出调整和改进。这不但需要项目业主和设计者之间的充分交流,还需要参与方严格参与。该阶段的交易成本主要表现为沟通成本。

沟通成本是指双方在进行各种信息交流中而引起的费用。在这里,不仅指项目业主与设计者之间的交流,也包括项目业主与建设单位、监理方的交流。各方面间的全面交流对整个项目的实施是有益的。参与地铁项目的各方在交换设计方案的意见时,所产生的沟通成本用 C_4 表示,包括参与方之间的出差费用、文件邮寄费用、设计方案研讨会的费用等。

Ⅲ.实施阶段的交易成本

在形成一套完整的设计方案后,接下来的工作就是把它转换为一个工程实体,标志着建设的开始。实施阶段的交易成本是在项目的建设组织与管理中产生的。在此期间,项目业主要经常与建设单位、监控方进行沟通,以保证工程建设的顺利进行,因此会产生巨大的沟通费用。项目业主要对项目的建设进行监控,确保工程质量,这也会产生很多监理费用。建设单位存在投机性,可能导致工程建设发生问题,也会造成巨额的拖欠费用。

1)沟通成本。由于地铁项目本身的特殊性,在建设过程中,参与方既要面临管线改迁、地质条件复杂等外在问题,又要面临各种突发事件、变化;同时,项目内部存在信息传递不及时、不精确等情况,可能造成工程方面的问题。解决这些问题的办法是适时地进行沟通,而这些都会产生巨大的沟通成本。

该阶段的沟通成本指项目参建各方在施工过程中沟通所产生的交易成本,用 C_5 表示,包括参建各方人员往来的出差费用、文件邮寄费用、召开技术方案专题讨论会的费用。

2)监督成本。在项目施工过程中,项目业主将投入很多监控手段,以确保项目能够按合同约定的要求顺利进行。在通常情况下,建设单位会委托第三方进行监督,或由项目业主

自己进行监督，因此会产生监督费用。监督的目的在于预防建设中的投机性行为，确保工程质量和工期。监督成本的计算公式为

$$C_6 = E + D$$

式中：E 为项目业主雇用监理所需的费用，具体体现在项目建设中的监督管理服务，这部分费用也是交易成本中的一种直接费用；D 为由项目业主自己进行监理所产生的成本，包含了项目业主为其员工提供的培训，以及直接审核所产生的成本。

3）违约成本。在经过充分的交流与监管后，由于项目业主自身能力的限制以及承包方的职业道德问题，依然可能存在大量的违约现象。项目业主在察觉到此类行为后，常常会采取维权措施，进行项目索赔。在情况非常严重时，甚至需要更换合同方，这将产生大量的交易费用。违约成本的计算公式为

$$C_7 = R + M$$

式中：R 为由项目业主提出索赔引起的费用，即项目业主在发现建设单位违反合同约定时，进行索赔时所产生的费用，其是一种直接费用；M 为项目业主更换合作单位时产生的费用。

通过以上分析，本书将地铁项目的交易成本按照工程的阶段划分为 7 类共 11 项，见表 5-1。

表 5-1　按阶段划分的工程交易成本

工程阶段	名称	符号		含义	包含费用举例
筹建准备阶段	搜寻成本	C_1	F	项目业主搜寻潜在总承包方的费用	招标信息发布费
			Q	能力和信用考察的费用	资格预审文件费、履约能力考察费等
	决策成本	C_2		项目业主筛选承包方的费用	代理招标服务费、建设工程交易费、资料费用、招投标费用等
	谈判和契约签订成本	C_3	N	谈判的费用	信息收集费、谈判活动组织费等
			T	契约签订的费用	工程保费
设计阶段	沟通成本	C_4		设计阶段沟通协调的费用	出差费用、文件邮寄费用等
实施阶段	沟通成本	C_5		实施阶段沟通协调的费用	—
	监督成本	C_6	E	项目业主聘请监理的费用	工程监理服务费
			D	项目业主自身的监督行为发生的费用	员工培训费、质量检查费
	违约成本	C_7	R	索赔行为引发的费用	索赔与反索赔费
			M	项目业主更换合作单位的费用	工期损失费、重新招标费

2. 地铁项目大标段招标模式

（1）地铁项目大标段招标模式的基本特征

Ⅰ. 各标段招标范围扩大

以往，为了确保对工期的控制，地铁项目往往采取小标段招标模式，将项目分为若干个小标段，各小标段分别进行招投标。在此模式下，一条地铁线路往往由多个施工总承包方共

同完成。然而,随着我国经济社会的发展,项目管理水平越来越高,小标段管理模式的效率低下、管理成本高、资源浪费等问题越来越突出。此外,小标段工程规模较小,投标人竞争激烈,买卖资质、证照,围标,串标,违法分包转包的违法现象经常发生,工程质量和安全也得不到保证。

针对上述问题,地铁公司在工程承包模式上进行了创新,即采用铁路、高速公路建设广泛采用的大标段招标模式,发挥大型承包方的优势,将以前的几个小标段合并为一个大标段,使项目投资和工程管理的风险得到了很好的分摊。同时,大标段招标模式充分利用大型承包方的内部管理优势,建立一种“建设单位-总承包方-工区”的建设管理模式,不仅能够充分利用总承包方管理的优势,同时也保证建设单位对工程的约束力,尽可能地发挥承包方的专业优势和规模效应。

Ⅱ.对承包方提出更高要求

在标段划分上,大标段招标模式,将多个专业划分到一个标段,使得各标段的技术难度加大,所以只有几家大型建筑公司才可以完成,投标门槛会更高。这些大型建筑公司拥有丰富的管理经验、先进的技术,能够在复杂的环境下,确保工程的质量和工期。因此,在招标过程中,项目业主对投标企业的资质、财务、业绩、人员素质等都有了更高的要求,以满足大标段工程的施工需要。

Ⅲ.参与工程各方关系不同

在大标段招标模式下,建设单位、监理单位之间的合作将会越来越密切,相互依赖程度也会越来越高。单纯的契约雇佣关系不能描述大标段管理中各方面的关系,它们的关系是建立在协作基础上的,甚至比伙伴关系还要密切。

随着合同标段规模的扩大,合同各方所投入的机会费用和沉没费用也随之增加,因此双方都不愿意承担因违约所带来的损失。从该点来看,大标段招标模式使建设单位与监理单位之间的联系更加紧密,至少在共同的利益面前,能够更好地达成共识。

(2)地铁项目大标段招标模式对交易成本的影响

Ⅰ.对筹建准备阶段交易成本的影响

在小标段招标模式中,项目分为土建、车辆、机电、装饰、房建等专业,这主要是受地铁各专项工程特点和施工承包市场细分的影响。此外,项目业主还需要确定项目的设计单位、建设单位、监理单位等。这样做结果是项目业主会与各方之间频繁地发生交易。因此,项目业主必须反复完成整个招标过程,直至所有的分项和专业的招标工作结束。这样的过程需要耗费大量的人力和物力,搜寻成本也会很高。同时,多次招标导致的谈判费用很高,而且会带来更多的不确定性。这样就会使项目业主的交易费用大幅上升。

在大标段招标模式下,原来的部分建设项目整合为一个工程,使各工程专业不再单独进行招标,降低了项目业主的招标成本,减少了交易次数,也降低了寻找潜在承包方的成本。在此模式下,项目业主和承包方是合作伙伴,协商起来比较容易。同时,整个项目的承包方数量少,所需的谈判次数也少,这样可以降低项目业主在谈判中的交易费用。

Ⅱ.对设计阶段交易成本的影响

在小标段招标模式下,项目业主与设计单位针对施工、供应商、监理等方面,进行直接的沟通和协调。在设计阶段,这些沟通和协调包括项目业主与设计单位的直接沟通、以项目业主作为中介的设计单位与建设单位之间的沟通。在项目业主和设计单位的直接沟通中,项目业主必须对工程的技术性和经济性提出要求,从总体上把握项目,同时要协调项目参建各方之间的沟通情况。在这个沟通过程中,项目业主要在参与各方之间持续地进行协调,若各参与方之间的沟通不顺畅,就会造成交易费用的上升。

在大标段招标模式下,项目业主在提交了设计需求之后,剩下的工作就交给了总承包方司。这样可以减少项目业主和设计单位之间的直接联系,降低了沟通成本。而由经验丰富的总承包方进行具体的沟通工作,会得到更多的有用信息和更完整的信息流,避免了项目业主因为专业原因造成的信息不对称。因此,在设计过程中,项目的不确定因素和有限理性减少,极大地减少了沟通费用。

Ⅲ.对建设期交易成本的影响

1)沟通、协调成本。

在小标段招标模式下,标段多,各标段之间互相独立,资源的调配、管理和协调工作都由项目业主来完成,这极大地提高了项目业主的成本,而且必然造成资源浪费。同时,由于人力资源不足、技术水平较低,项目业主在项目实施过程中所起到的作用很有限,常常无法达到预期的效果。

在大标段招标模式下,各种专业实现了整合,使整体的管理结构更加简化,结构更加清晰。同时,分包专业的减少,缓解了建设单位之间的矛盾,能更好地实现团结和分配资源。在大标段招标模式下,项目业主一般只需要与一个总承包方签订合同,其他分包工程由总承包方具体负责,如图 5-3 所示。项目业主的直接管理目标从全部的专业承包变成了单一的总承包,从而使项目业主可以集中精力进行整体管理。项目业主自身的专业性不是最强的,管理和协调才是最终目标。因此,大标段招标模式使项目的交易成本大大降低。

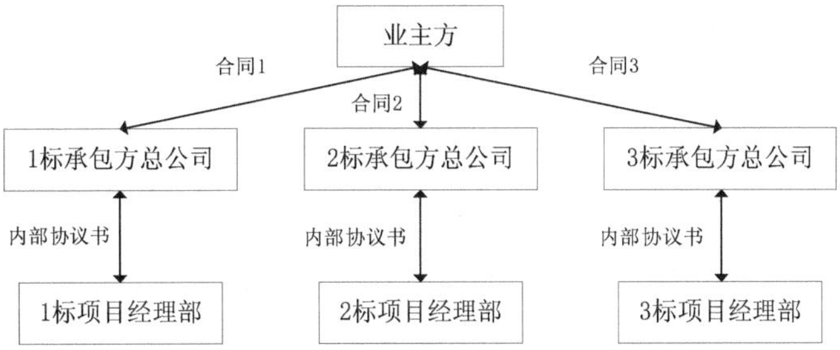

图 5-3 地铁项目大标段建设模式项目业主方管理界面

2)监督成本。

在小标段招标模式下,由于标段划分较少,项目业主需要承担的子项目、投资均较多,人力、技术等方面的问题导致工程质量没有保证。在大标段招标模式下,项目业主不用再关注多个子项目,只需将注意力集中在监理方身上,充分发挥监理的作用,保证工程质量。这种模式有助于减少项目业主的日常监督费用。

在降低交易成本的基础上,采用大标段招标模式具有以下优势:一是可以解决设计、采购、施工等相互制约、相互脱节的矛盾,使设计、采购、施工等工作能够统一安排、系统优化;二是可以对项目的质量、成本、进度进行有效控制,从而有效提升项目建设质量、缩短工期、减少成本投资。

(二)基于初始信任的承包方选择

1. 初始信任在投资控制中的定位

项目的招投标阶段是承发包双方形成合作关系的开端。在该阶段,项目业主通过资格预审、招标评审等对承包方的基本情况进行了解,选择出最满意和与项目最匹配的合作伙伴来承担项目的建设工作,并与其形成正式的合同约定。

作为城市基础设施的重要组成部分,地铁项目与其他行业项目一样,其发承包模式也随着国家经济和基本建设模式的发展而发展,由小标段招标模式向大标段招标模式转变。与大标段招标模式相对应的承包模式包括大标段施工总承包模式和大标段工程总承包模式(主要指 EPC 或设计-施工总承包等)。由于地铁项目的建设周期长、体量大、投资控制难的特点,在大标段工程总承包模式下,项目业主对于设计的可控度会出现一定程度的下降,较难确定合理的概算下浮率以保证投资可控,因此目前应用大标段工程总承包模式的地铁项目仍然较少。

大标段施工总承包模式以线路发包为原则进行标段划分,同标段内包含了土建、机电、车辆段等多专业。项目业主将施工部分全部发包给一个总承包方并与其签订合同,大大减少了项目业主的管理工作量。并且,这种模式利用施工总承包方丰富的管理经验,对下级分包方的界面管理以及施工过程的管理控制更加到位,提高了建设项目的管理绩效。

项目业主(发包方)采用大标段招标模式选择施工总承包方,通过总承包方的集团优势进行项目集成建设,利用其行政管理经验管理复杂的界面,以降低项目实施过程中的交易成本。因此,采用大标段施工总承包模式的基础是在招标过程中,发包方要对工程总承包方有较高的信任度,通过合作确保工程的安全、质量、工期和投资目标的实现。

(1)招标阶段发包方与承包方初始信任的形成

契约经济学理论认为,信息不对称会导致机会主义行为的产生。而项目治理领域的观点认为,信任是对信息不对称的重要治理机制。基于项目的全生命周期对建设项目的发包方和承包方之间的信任进行分析,可以发现该种信任应为组织间的信任,其在项目建设的不同阶段具有差异性。在地铁项目的建设过程中,项目业主与承包方之间存在着两种不同的信任:一种是在资格预审阶段建立的静态初始信任;另一种是从初始信任演变而来的动态信任。可见,信任是一种动态的演化过程。

地铁项目的整个生命周期包括招标、签订合同、建设等阶段,而信任则是在项目招投标和合同签订、施工过程中逐渐形成的。对项目业主(发包方)而言,判断承包方的信息准确性十分重要。所以,在资格预审阶段,对承包方进行资格预审并对其进行细致的审核,既是获得承包方信息的一种重要手段,也是提高发包方对其形成初始信任的一种重要手段。

(2)初始信任对合同柔性具有积极作用

对于项目合同的柔性,其往往与关系方法、合作者之间的良好关系、谈判技巧和技能等相关词汇相关联,而初始信任会对合同柔性产生正面影响。Haarala 等研究发现,建立在初始信任基础上的合作有助于建立柔性合同条款(简称柔性条款),并且其认为,在更好的理解的基础上,可以将柔性引入合同的签订进程,从而应对未来的不确定因素。在建筑业中,信任关注的是组织中的成员,相互信任有助于项目的顺利执行,制定解决不确定因素的灵活条款，可以提高工作效率，维护项目业主与承包方的长期稳定关系。这说明初始信任水平对合同条款的选择有一定影响，而当初始信任水平较高时，发包方就会更愿意签订柔性大的激励合同。

在上述分析的基础上，天津理工大学公共项目与工程造价研究所（IPPCE）研究团队对信任和合同柔性的关系进行了深入研究。尹贻林认为，基于机会主义、道德风险预期，柔性条款的设置不仅需要发包方和承包方双方对项目不确定性的认可，还需要发、承包双方之间有较好的互信水平。娄黎星通过实证研究发现，发包方和承包方之间的初始信任可以使设置柔性条款的概率增大。柯洪等把初始信任分为能力信任和善意信任，并通过结构方程实证研究得出，能力信任和善意信任都对合同柔性有积极作用。一方面，善意信任可以增强发包方和承包方之间的信息沟通，从而降低可感知的机会主义风险，促进柔性条款的设置；另一方面，能力信任可以促使发包方鼓励承包方发挥自身的能力优势为项目提升价值，从而促进发包方在设置合同条款时，为承包方留出更多的柔性空间。

由此可知，地铁项目采用大标段施工总承包模式，决定了发包方需要选择一个初始信任度较高的总承包方，而初始信任程度越高，所订立合同的柔性越大。

2. 招标阶段的初始信任划分及模型构建

在建设项目中，发包方和承包方签订合同，在一段时间内形成一种委托-代理关系。Das 和 Teng 把交易中的风险划分为过程风险和结果风险，并认为信任和控制是一种有效的降低风险的方法。建设项目也存在上述两种风险，其中，对过程风险的认知建立在对他人信用程度的判断之上，而对结果风险的认知则建立在对他人能力的判断之上。在发包方和承包方合作过程中，契约和法律的规定为双方提供了相关的制度保证。Williamson 提出，以制度为基础的信任在工程交易中占有很大的比重。基于以上分析，本书将信任分为三个层次：能力信任、诚信信任、直觉信任，三者的信任程度逐步增强，进一步阐释和衡量初始信任的概念。

（1）能力信任

能力信任指基于能力的信任，具体来说是被信任者对其所需的特定能力的肯定预期。在项目管理中，能力信任是指项目业主对具备满足其需求的服务和资源（如经验丰富的项目经理、施工技术人员、施工技术、施工设备等）以及能实现项目预期目标的承包方的信任。

能力信任是在被信任的一方拥有一定的能力之后才产生的。同样，为了赢得信任，被信任方必须在技术、市场、管理等各方面都达到信任者的要求，并确保具有其所需要的资源和能力，从而确保项目的工期和质量。

因此，本书定义了以能力为基础的信任，即项目业主对承包方具有满足其能力需求、完成项目所必须的资源和能力的认知。

（2）诚信信任

诚信信任指基于诚信的信任，具体来说是施信方对于受信方能够及时、高效地进行信息交流、信守承诺、遵守合同规则的良好预期。在建设项目中，以信用为基础的信任主要指项目业主对于承包方或承包方对于项目业主能够诚实发布信息、信守承诺、遵守合同规则等特征的认知与预期。如果承包方利用项目业主提供的土地勘测数据或工程量清单的漏洞或错误进行不平衡报价，或者项目业主在工程合同中采用无限风险或类似无限风险的语句，诚信信任就遭到了破坏。

诚实守信是社会道德和经济伦理中的基本原则,诚实守信要求做到坦诚相待、恪守信用,这也符合市场经济中的基本法则。作为建设项目的信任主体,发、承包双方的信誉既是经济道德的基础,也是企业在市场上立足的基础。诚信可以说是一个企业赖以生存的基础,失去诚信就会失去市场和效益。因为诚信是道德的一个重要组成部分,所以在许多案例中,它被单独地当作一个维度来进行研究。本书中,我们将诚信和能力视同处于同一维度来研究。

对建设单位来说,其承担的诚信义务包括及时准确地与项目业主进行信息交换、遵守对项目业主的各项承诺、履行与项目业主签订的各项合同等。在工程施工中,项目业主往往无法随时或对任何环节进行监视,而有效的控制和监督的成本也过于高昂。所以,在发、承包双方的合作中,双方的信誉度很重要,而信誉度也是评估和选择合作伙伴时的一个重要因素。

因此,本书定义了建立在诚实信用之上的信任,即承包方必须及时准确地向项目业主传递信息,遵守与项目业主的承诺,并履行合同规定的义务。

(3)直觉信任

直觉信任指基于直觉的信任,具体来说是一种因彼此的信仰、友谊和情感而产生的信任。在复杂的环境中,直觉(特别是专业人士的直觉)是可以信赖的。尤其在建设项目中,发、承包双方往往是第一次进行合作,难以对对方的能力、诚信做出有效的评价。在这种情况下,凭借直觉做出主观判断也是非常关键的。

因此,本书定义了建立在直觉之上的信任,即项目业主需要承包方必须符合其某些主观的评价指标,如承包方的信誉、以往的经验等。

基于上述分析,本书建立了基于初始信任的招标招标管理概念模型,如图 5-4 所示。

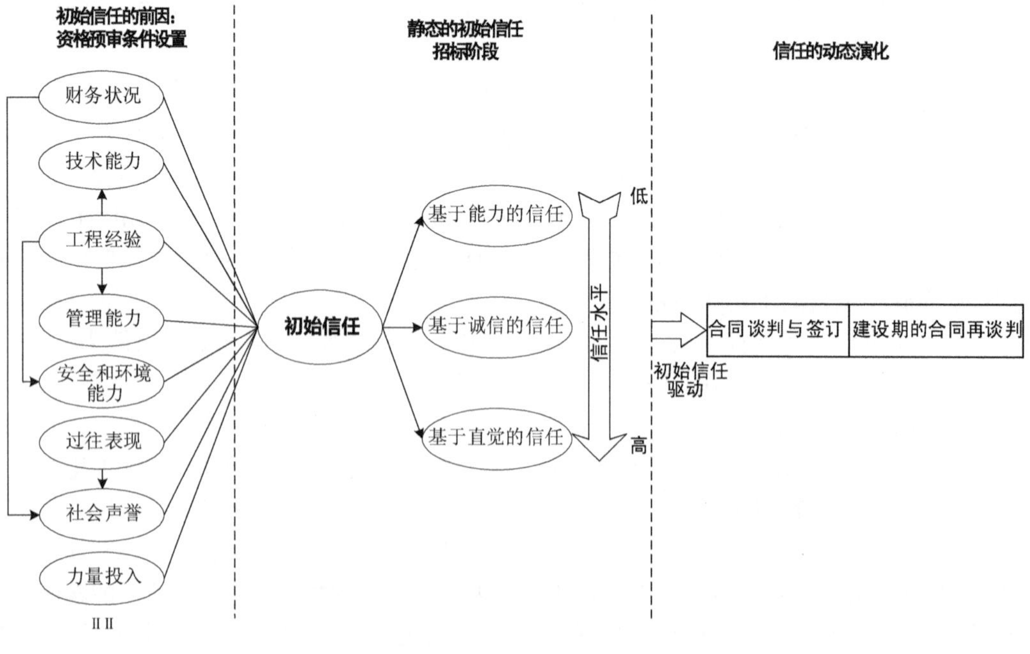

图 5-4 基于初始信任的招标管理概念模型

（三）基于柔性的合同条款设计

1. 柔性合同概念界定

理论上，为了减少双方的争议，降低以后的谈判费用，合作双方一般都会选择签订"完备合同"。但是，由于建设项目的复杂性，发、承包方式的改变，新技术的出现及发、承包双方的有限理性，发、承包双方已逐渐认识到合同的天然不完备性。在此背景下，将柔性注入合同，以降低早期签订费用和后期谈判费用，成为一种不可避免的选择。文献研究发现，大多数研究者对"柔性"的理解都比较接近，其特征是"不确定性"和"应变能力"。

合同柔性是一种应对意外情况的手段。与刚性条款相比，柔性条款具有更好的适应性，能最大限度地减少工期、成本、质量等方面的变动。同时，从风险分担角度看，使合同具备柔性是合理风险分摊的一个重要组成部分，在柔性条款的约束下，承包方在合同条件发生变化时，可以得到相应的补偿。

合同柔性体现在多方面，均是为了应对不确定因素，使合同具备激励性，保证项目成功。合同中的激励元素体现在方方面面，如项目的工程质量、工期、价格调整、再谈判分析等，考虑了风险偏好、收益共享、控制权让渡柔性等内容。因此可以看出，形成合同柔性就是通过设置柔性条款，在利益相关方之间形成"弹簧"，在不确定风险事件出现的时候，承受压力最大的一方就会有"弹性空间"来帮助脆弱的一方，从而将风险控制在可控范围内；而承受能力较差的一方则需要牺牲自己的部分利益，对另一方进行补偿。

根据以上概念，合同柔性的作用是在合同所规定的时间内，针对合同条件的不确定性，合同双方能够迅速、经济地对不确定因素做出反应；合同柔性的特征是在合同条款中，对合同价格（款）进行快速、经济和有效的调整。

2. 柔性合同的核心要素及维度构成

合同柔性与合同刚性的约束作用不同，它主要是通过适应功能来实现协作的。1998年，Harris 最早提出了合同柔性的要素，包括重新谈判条款柔性、价格浮动条款柔性、时间柔性、终止条款柔性以及激励柔性。随后，许多研究者对合同柔性的内涵进行了探讨，并提出了相应的合同柔性要素。已有的研究结果表明，合同柔性在建设项目管理中的作用是正面的，但在描述合同柔性的状况时，存在模糊不清、缺少可操作性的问题；在论述合同柔性的关键因素时，大部分研究者把焦点放在了柔性条款的核心内容上。

还有一些研究者利用合同适应性、相机合同等概念来描述合同柔性，认为合同适应性表现为合同当事双方在合同签订时，考虑合同执行期间可能出现的各种突发事件，设置相应条款。例如，合同价款调整程序就是一个典型的能够表现合同适应性的条款。合同柔性是在合同签订阶段建立的，其效果体现在在项目执行阶段为保证内部合同的价格与外部经济条件相协调而采取的应对措施。本书总结了国内外研究者针对合同柔性的认识、合同柔性的核心要素、合同柔性的维度划分等方面的研究，见表 5-2。

因此可以得出，在供应链中，关于合同柔性的研究较为成熟，但多用"契约柔性"来代替。研究者所探讨的合同柔性本质上就是合同中的弹性条款。目前，关于建设项目合同柔性问题的研究多集中在工程合同的不确定问题上，而关于合同柔性的关键因素的描述和划分还没有形成共识。合同柔性状况与项目管理情景有着紧密的联系，合同各方之间的关系和合同柔性的平衡态势是其最优的表现。所以，确定合同柔性的关键因素和维度是衡量建设项目合同柔性的重要依据。本书围绕三个维度展开了柔性合同的关键因素。

表 5-2 合同柔性的分类

作者（年份）	研究视角	定义或描述	核心要素	维度划分
Harris（1998）	外包合同	应对合同控制之外存在着的可能会引起合同状态发生变化的不确定因素	再谈判条款柔性、价格浮动条款柔性、时间柔性、终止条款柔性和激励柔性	合同条款的柔性
Tsay（1999）	供应链契约	交易双方通过在契约中规定每期订货计划的最大波动率，规定供应商应满足契约中规定的最高上限供应量的义务，从而抑制采购商高估市场需求、供应链过多的现象	数量柔性契约	合同条款的柔性
Schuster（2002）	供应链契约	在契约中采购商承诺在未来各期向供应商购买定量的产品和一个期权，购买的这个期权赋予采购商在未来调整订单的权利	带期权的数量柔性契约	合同条款的柔性
刘茂松，陈柏福（2006）	供应链契约	契约柔性实质上是具体交易契约的柔性条款	数量柔性契约、质量柔性契约、时间柔性契约	合同条款的柔性
怀劲梅（2006）	外包合同	设计柔性外包合同的基本方法是在合同中写入允许对合同进行修改的内容	不完全合同；激励型合同；签订合同变更程序协议；分阶段执行的系列合同	合同条款的柔性
梁永宽（2008）	项目管理	在合同中设定一个能够允许偏差的容忍区间或宽恕原则，描述在突发事件发生时的可能解决方案，可以有效地预防突发性事件带来的损失	设定允许偏差的容忍区间和宽恕原则	合同条款的柔性
Athias，Saussier（2007）	PPP项目	将价格的调整分为基于事先约定调值公式的自动调整过程和基于重新谈判的协商调整过程	价格柔性条款	合同价格柔性
Haarala，Lee（2010）	缔约过程	柔性条款则提供了一个非刚性特征的风险与收益分配的合作框架，而不是仅仅试图把风险分配给对立的另一方	风险与收益分配的合作条款	合同缔约全过程的柔性
Dong，Chiara（2010）	PPP项目	为了使基建项目更具有经济效益，长期不可逆转的合同必须独创性的加入柔性设计。通过将柔性注入合同结构，来提升PPP项目的经济效益	通过给利益相关者提供相机索取权来调整整个项目周期中的风险分配	时间柔性维度和权利柔性维度
Levin（2010）	PPP项目	可调价格柔性形成了对承包方的动态激励	价格补偿机制	价款调整条款
吕文学，花园园（2010）	建设项目	工程争端的事前预防比目前常见的事后解决更具优越性	设置争端早期警告制度	合同条款的柔性
石莎莎，杨明亮（2011）	PPP项目	激励要素可以促使合同参与方向实现预期目标、提高绩效水平的方向努力，从而提高合同柔性	激励要素	合同条款的柔性
骆亚卓（2011）	建设项目	交易双方在订立合同时多大程度上考虑到合同履行过程中可能会发生的意外事件，并对这些可能出现的意外制定应对措施的相关条款	合同价格调整程序	价格调整条款

续表

作者（年份）	研究视角	定义或描述	核心要素	维度划分
Susarla（2012）	信息及技术外包合同	柔性条款设计可以减少对再谈判的依赖，减少再谈判的租金	合同柔性是指事前决定权，包括：提供一个调整事后贸易条款结构的柔性条款；终止在再谈判期间授予顾客议价能力的方便权利；允许供应商运用合同关系外知识的运用能力权利	合同条款的柔性
谭志加（2012）	BOT公路特许经营合同	BOT 柔性合同的问题是选择一个 BOT 变量组合使预期的社会福利最大化，在私人公司的参与约束下，把事后调整策略考虑进去	BOT 合同中的特许期、费用、补贴规格、通行容量	完全柔性合同、局部柔性合同和刚性合同
Cruz，Marques（2013）	PPP项目	合同条款中柔性反应机制的注入对风险不确定性的应对及项目价值的维持具有重要作用	嵌入项目的实物期权，给予特许经营方依据项目情景进行调整的权利	战略期权、战术期权和操作期权
娄黎星（2014）	建设工程	柔性合同支持下的项目风险在参与方之间的有效转移可以提升合同行为效率	合同条款中设计调价、变更、索赔以及合理化建议、节约成本的分享、工期的提前、质量提高、安全以及环境的改善等激励条款	合同柔性分为合同条款的柔性和合同治理柔性
杜亚灵（2014）	建设项目合同	柔性可以注入建设项目合同的权利配置、风险分担、价格、工期甚至质量等方方面面	价格调整条款、价格补偿机制；重新谈判机制；纠纷预防与解决机制；合同激励要素	合同条款的柔性
柯洪（2014）	建设项目合同	合同柔性本质是价格柔性，是指在确保合同风险控制的前提下，为应对项目不确定性，承、发包双方根据价格形式与合同条款的约定快速、经济、有效地调整合同价款的能力	合同价款调整事项：变更、索赔、市场价格波动与法律变化	合同价格柔性

（1）权利维度条款的柔性要素

权利维度条款的设置是指在合同条款中事先设定某种规则，给予承包方调整价款和索赔的权利。在交易的外在条件改变时，交易双方根据合同规定的规则，在合约规定的时间内迅速、经济地做出反应。

Ⅰ.合同价款调整的权利

在项目施工合同中，给承包方进行调整合同价款权利的大小，反映了承转者的职责和权利分配方式的差异，同时也反映了柔性的不同。该柔性条款的设置可以通过工程变更、价格波动和法律变更等方面来体现。

1）工程变更是指在合同履行过程中，当合同状态发生变化时，为保证项目顺利实施所采取的一种对原合同进行修改和补充的措施。出现工程变更时，初始合同中承、发包双方的责任与权利的格局被打破，在新的情况下，应寻求建立新的平衡，寻求新的公平合同。由于工程变更导致的价款调整条款是体现合同柔性的最重要的一环，它通过在合同条款中对承包方进行价款调整，使承、发包双方的职责和权利得到平衡，从而提高项目管理绩效。

2）由于法律变更而发生的调整是发包方的风险，这种风险是发包方自己承担的，应给予承包方针对法律变更进行价款调整的权利。关于市场价格波动是不是合同价款调整的原因，要根据发包方、承包方在工程合同中的约定确定。如果在合同中规定合同价款不因成本因素的影响而调整，承包方需要承担全部成本改变的风险，从而降低了合同柔性。

Ⅱ.索赔的权利

在工程实施过程中，索赔通过承、发包之间工程责任的再分配维护了承发包双方的，特别是承包方的利益。通过合同条款的设计，赋予承包方索赔的权利，明确约定承包方可向发包方进行索赔的范围，同时也就明确了承、发包之间的责任划分。合同条款赋予承包方索赔的权利越多，表明合同柔性越大。

（2）关系维度条款的柔性要素

由于环境复杂、交易费用高，买卖双方所订立的合同通常仅能提供较为灵活的管理框架，而不能全面地将各类风险纳入合同。所以，在建设项目中，合同治理需要借助其他机制来实现，如引入关联要素。麦克尼尔（Macneil）把关系型合同理论作为研究合同问题的角度和方法，他认为，要理解关系合同，就必须把交易置于关系的“情境”之中。从这一点上来说，所有合同都属于关系型合同。关系维度条款设计是指基于合同各方对彼此的利益目标的理解和双赢的远景，在条款的制定上仅仅为合同双方建立一个共同的期望和重新协商的框架，而没有设定具体的行动计划。在关系维度中，柔性条款的核心内容是合作谈判与利益分享。

Ⅰ.共同协商

Turne（2003）认为合同治理不仅需要激励和保障措施来应对提前预想到的风险，还必须有足够的柔性来处理无法预测的情况，而这种柔性就是通过相互协商来实现的。对于不确定的未来形势，交易双方都想要有弹性、灵活的应对措施，因此倾向于联合磋商，即在开放的条件下进行权利和义务的调整。在出现不确定情况时，如果双方的权利和义务都严格按照原来的合同规定履行，那么这将给双方带来负面结果，此时交流就变得必不可少了。在合作伙伴关系的基础上，交易双方建立了一个共同的项目目标，并健全了协调与交流机制，共同应对项目遇到的问题，并承担相应的风险。

Ⅱ.利益共享

柔性条款为交易各方提供了一种风险和收益分配的合作框架，并强调了风险分担的重要性，而非单纯地将风险分摊到对方身上。大型、复杂的建设项目牵涉多个利益相关者，由于其经营目的有所差异，容易产生矛盾，影响项目进行。交易双方以整体利益最大化为决策起点，通过互动的方式使利益整体化，而不是单纯的分配。利益分享是为了创造、维持和促进合作伙伴间的融洽关系，使每一方参与者都从内在自发地为该项目奋斗。在合同条款中，通过建立针对因提高质量、节省成本或缩短工期而产生的利润的分享机制，给予承包方一定的报酬，以应付可预见的契约期限内的不确定性，从而达到了合理的风险分摊和利益分享的目的。

(3)争端处理维度条款的柔性要素

争端处理维度指在合同条款中预先设定的一种纠纷预警与第三方治理机制。相对于事后的争端处理,争端的事前防范机制可以及早发现问题,并能有效防止争端产生,从而减少解决争端的交易费用。在合同履行过程中,当双方产生争端时,应引入第三方治理机制,而非在合同订立时制定全面条款。

Ⅰ.早期预警

早期预警是指任何一方在发现影响工程质量、成本、工期的潜在事件后,都应立即通知另一方,并采取相应的措施,以降低损失。早期预警条款主要针对不可抗力、文物和化石、地下障碍物、安全事故等突发事件,条款主要涉及突发事件的范围、应遵循的原则、处理过程等。运用早期预警思维,能够在较短的时间内发现问题,为争端寻找最优的解决办法,降低争端的发生率及其对项目的影响。

Ⅱ.第三方治理

如遇争端,最好的解决方式是友好协商,沟通无效时,可通过调解、诉讼、仲裁等方式予以解决。此外,争端虽然可以在事后通过协商解决,但协商会产生"折减效应",使双方产生一种心理上的折减效果,这时候引入第三方治理对争端进行调解,可减轻当事双方的心理负担,对于维护各方的利益至关重要。设计争端解决机制不仅可以降低交易费用,而且可以增强合同的柔性,从而提高执行效率。

基于各项目所采用的交易模式不完全相同,合同内容也不尽相同,但是柔性条款的核心要素却基本一致的结论,本书提出柔性条款核心要素的基本框架,如图5-5所示。

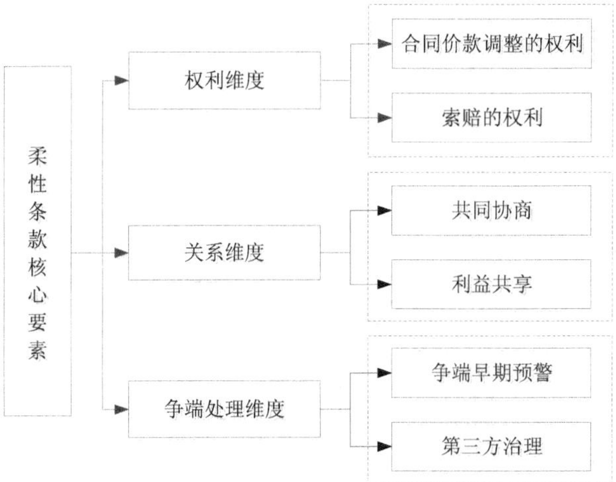

图5-5 柔性条款核心要素的基本框架

3. 柔性条款的作用机理

(1)风险视角下的柔性条款作用机理

合同条款的柔性往往体现在风险分摊上,基于柔性合同的项目风险在参与方之间的有效转移,可以提升合同的执行效率。在项目实施中,对不确定事件导致的合同状况改变进行补偿的一个重要条件是在发包方和承包方的初始合同中,引入一定的柔性,以灵活的方式规避项目建设中的不确定风险。由于建设项目的阶段性特点，在合同执行过程中，常常会出现一些不确定的事件，从而导致项目的进度处于一种动态的变化状态，这就要求在初始合同中增加一定的柔性，以确保对不确定事件导致的合同状况改变进行补偿。合同执行过程中，对于合同不完整所导致的合同状况改变，必须采取事后治理的方法来弥补，其关键在于能否事先向合同注入柔性。

基于合理风险分担的视角，以社会交换理论为基础，地铁项目应该进行"契约柔性分析"，将柔性注入不可逆合同并给予各利益相关方相机索取权，以便调节整个项目周期中的风险。在项目合同中，各利益相关方通过引入彼此依靠的内生性合同，构建一种"弹簧"机制。针对不确定事件，具有较高风险承受力的利益相关方可以利用"弹簧"帮助承受能力弱的一方将风险降至可以接受的程度，而承受能力较弱的一方则需要牺牲一些利益来为自己的竞争对手提供补偿。

（2）激励视角下的柔性条款作用机理

针对合同柔性，不同利益相关者所持的观点与其所面对的奖励有关。与项目目标有关的奖励，会使利益相关者更好地实现柔性。合同条款的柔性表现在价格补偿机制上，合同应该具有显著的柔性特征，从而可调整价格，对承包方形成动态激励。例如，在地铁项目中，可通过引入价格补偿机制来改善项目的采购效率，从而形成一种动态激励机制。研究者通过引入关系契约变量，发现合同柔性对项目参与者的关系契约具有一定影响。

（3）项目绩效改善视角下的柔性条款作用机理

作为一种可有效应对项目的不确定性的手段，设置柔性条款能够提高项目管理的绩效。有针对性地将柔性注入合同，可推动管理柔性的实现，使承包方在面对风险时，可以在没有征得项目业主同意的情况下，自行做出合理行为，以达到对不确定因素的迅速响应的目的。

此外，合同柔性能够提升项目的净现值，研究者运用实物期权模型评价在合同中预先注入柔性对净现值的影响。结果表明，注入合同柔性的主要目的在于解决不完备合同所带来的各种不确定性，通过事后价格分配机制，实现有效的定价和成本恢复；合同柔性是联系合同事前激励和事后价格分配的桥梁。

第三节　招标阶段投资控制要点

一、大标段招标模式有助于加强项目业主的投资控制

（一）由小标段管理到大标段管理

1. 大标段招标模式优势分析

传统地铁项目大多采用分标段划分的建设管理模式，项目业主根据专业特征对不同的专业工程分别进行招标。在这种管理模式下，项目业主对项目的管控力度较大，导致的多界面管理造成整个项目的交易成本陡增，且涉及的利益主体方众多，项目参与方之间容易出现职责关系不明确、项目资源配置不到位、施工现场管理混乱等问题。同时，分标段划分的建设管理模式也对项目业主的管理能力提出了很高的要求。此外，标段划分必须合理，否则会导致项目业主的协调管理压力大幅增加。

从标段划分和界面优化的角度，将原本独立施工的工程内容进行合并，采用大标段招标模式，并引进总承包方，可有效解决分标段界面管理复杂的难题，降低项目业主的交易成本。第一，作为一个大标段的总承包方，其对施工领域的理解要比项目业主深，在信息获取方面要比项目业主有一定的优势，这有助于降低整个项目实施过程中的交易成本。第二，总承包方和单个承包方的业务属于一个互相依赖的专业领域，按照交易成本原理，一次性交易与频繁交易相比能减少建立和运作的费用并能相对地减少交易费用。第三，项目业主不必对每个专业分包方进行监督，由总承包方对各施工区域进行管理，极大地减少了项目业主的交易费用。

大标段管理的优势体现在两个方面。一方面是管理协调的优势：在大标段招标项目实施过程中，发包方与一个总承包方签订合同，由总承包方负责常规模式下多个标段的工程内容，项目业主的管理协调任务转移给了总承包方，大大减少了管理工作量；总承包方凭借自身的管理经验和集团优势，对下级分包方以及承建工区的管理更加到位，可以提升效率。另一方面是资源配置的优势：采用大标段管理方式，总承包方可以利用规模效应，有效地优化资源配置；总承包方在标段内全面统筹规划轨道、设备安装、隧道工程的资源利用，兼顾工程的整体进度和各施工界面之间的衔接，确保各工程之间的资源均衡；总承包方能有效地调动体系内的所有优秀资源，提高施工的技术实力和设备的先进性。

2. 施工总承包模式是平衡交易成本与管理成本的“两全”方案

发包方和承包方在协同不同专业工作时具有很大难度，造成管理费用增加。因此，在不增加管理费用的前提下，要实现大标段管理，既要减少投机性的交易费用，通过专业化分工提高施工效率，又要满足时间、成本、质量三种管理要素的需求，这是一件十分困难的事情。采用大标段招标的施工总承包模式可以解决上述难题，这种模式将设计工作从“集成”中剥离出来，利用施工总承包方自身的集团优势在降低交易成本的同时减少项目管理费用。

（二）地铁项目招标方式选择

招投标制度已被广泛应用于我国的工程、货物和服务等领域。目前，我国工程中采用的招标方式归纳起来主要为公开招标和邀请招标。

邀请招标与公开招标相比，只需要发一份邀请函。被邀请方（投标方）应为具有招标项目能力、信誉良好的特殊候选人，而选择中标者的过程就是资格审查。与公开招标相比，邀请招标更容易成功。标准的邀请招标的特征：招标方通常会对投标方的目标有一个大致的了解，其目标符合招标方的需求；投标方对中标抱有很大的期望，积极地参与竞标；没有三个以上的竞标方，相对于公开招标，更容易成功；与公开招标相比，邀请招标能节约一些时间和成本。

地铁项目是市政基础设施项目，具有投资大、技术复杂、建设周期长等特点，属于资金密集、技术密集的系统性工程，满足采用邀请招标的相关规定。结合地铁项目的工程特点和难易程度，其适宜采用大标段招标模式，这使选择初始信任水平高的总承包方成为关键。相关理论和实践表明，对于初始信任程度高的承包方宜采用邀请招标的方式，即择优选定可以满足项目建设要求且施工经验丰富的总承包方。本章的前面小节归纳了资格预审与初始信任之间的关系，认为在资格预审阶段，对承包单位进行资格预审并对其进行细致的审核，既是获得承包方信息的一种重要手段，也是提高发包方对其形成初始信任的一种重要手段。因此，对于初始信任度较高的总承包方候选人，在资格预审时合理地制定资格预审指标就非常重要，有利于择优选定总承包方。

二、基于初始信任的资格预审指标设置

（一）地铁项目招标方案内容分析

1. 基于初始信任的资格预审指标分析

建设项目的建设周期主要包括招投标、签订合同、建设等几个阶段，而初始信任则是在招投标、承包方进场时形成的。因此，项目发包方在该阶段如何获得承包方的有效信息，就显得尤为重要。在资格预审阶段确定相关指标并对承包方进行评审，是发包方获得承包方信息的一种重要手段。在大标段投标模式下，柔性合同订立体现了发、承包双方之间的信任和互利，而基于合同柔性解决项目中不确定性因素导致的合同变动问题也是建立在信任基础之上的。所以，在实施大标段管理模式时，项目的发、承包双方必须建立起互惠互利的信任机制，而建立初始信任的第一步就是资格预审，资格预审的关键在于建立资格预审指标体系。

（1）资格预审指标体系研究

资格预审是发包方对承包方完成项目建设的能力的评价过程，也是项目业主通过资格预审建立初始信任的过程。本书总结现有法律、法规及相关规范，得出资格预审的基本指标，再根据研究者对资格预审指标的研究成果，进一步完善资格预审指标体系。基于不同研究者划分资格预审指标时采用的划分原则或标准不一致，本书通过对资格评审指标进行分析和归纳，结合大标段招标项目的特点，提出适合地铁项目的资格预审指标体系。

Ⅰ. 国内外关于资格预审指标设置的政策要求

现行的法律、法规、规范及试行办法对资格预审指标的要求主要指在传统招标模式下项目业主对承包方的一般需求。本书整理了国内外关于资格预审的相关法律、法规、政策文件、试行办法，提取出关于资格预审指标设置的要求，所涉及的国际材料包括《土建工程采购资格预审文件》《亚洲开发银行贷款采购指南》《国际复兴开发银行贷款和国际开发协会信贷采购指南》《FIDIC 招标程序》，国内材料包括《经营性公路建设项目投资人招标资格预审文件（2011 年）》《标准施工招标资格预审文件》《房屋建筑和市政工程标准施工招标资格预审文件》《公路工程标准勘察设计招标资格预审文件（2011 年版）》《中华人民共和国招投标法》《中华人民共和国招投标法实施条例》。国内外相关法律、法规和文件对于资格预审指标设置的要求，见表 5-3。

表 5-3 国内外相关法律、法规和文件对于资格预审指标设置的要求

名称	机构/国家	资质	资信	经验	信用	营业执照	财务要求	业绩要求	信誉要求	获奖情况	项目经理	技术能力	项目总工	融资能力
土建工程采购资格预审文件	世界银行			√			√							
标准施工招标资格预审文件	中国	√					√	√	√		√		√	
亚洲开发银行贷款采购指南	亚洲开发银行			√			√					√		

续表

名称	机构/国家	资质	资信	经验	信用	营业执照	财务要求	业绩要求	信誉要求	获奖情况	项目经理	技术能力	项目总工	融资能力
中华人民共和国招投标法	中国	√			√		√	√			√	√		
FIDIC 招标程序	FIDIC						√				√		√	
经营性公路建设项目投资人招标资格预审文件（2011 年）	中国			√			√		√					√
房屋建筑和市政工程标准施工招标资格预审文件	中国	√					√	√	√		√		√	
国际复兴开发银行贷款和国际开发协会信贷采购指南	世界银行			√			√					√		
公路工程标准勘察设计招标资格预审文件（2011 年版）	中国	√						√	√		√		√	
中华人民共和国招投标法实施条例	中国				√		√	√			√			
名称	机构/国家	组织机构	注册资本	诉讼仲裁	质量体系	技术人员	设备情况	管理体系	与合作方关系	安全生产许可	不履约历史	在建项目	管理/其他人员	
土建工程采购资格预审文件	世界银行			√							√			
标准施工招标资格预审文件	中国						√						√	
亚洲开发银行贷款采购指南	亚洲开发银行						√						√	
中华人民共和国招投标法	中国					√	√							
FIDIC 招标程序	FIDIC	√		√		√		√				√	√	
经营性公路建设项目投资人招标资格预审文件（2011 年）	中国		√											
房屋建筑和市政工程标准施工招标资格预审文件	中国						√				√	√		

续表

名称	机构/国家	资质	资信	经验	信用	营业执照	财务要求	业绩要求	信誉要求	获奖情况	项目经理	技术能力	项目总工	融资能力
国际复兴开发银行贷款和国际开发协会信贷采购指南	世界银行					√	√						√	
公路工程标准勘察设计招标资格预审文件(2011年版)	中国													
中华人民共和国招投标法实施条例	中国					√	√							

Ⅱ. 中国各地区关于资格预审指标设置的政策要求

国内各地区关于资格预审指标设置的政策要求见表 5-4。

表 5-4 国内各地区文件关于资格预审指标设置的政策要求

名称	资质	资信	经验	信用	营业执照	财务要求	业绩要求	信誉要求	获奖情况	项目经理	技术能力	项目总工	融资能力	组织机构	注册资本	诉讼仲裁
河北省房屋建筑和市政基础设施工程招标资格预审文件范本	√			√	√		√		√	√						
重庆市房屋建筑和市政工程标准施工招标文件	√				√	√	√			√						√
江苏省房屋建筑和市政基础设施工程施工招投标人资格审查办法	√					√	√		√	√						
浙江省公路工程施工资格审查文件范本(征求意见稿)	√				√	√	√	√		√						
江西省房屋建筑和市政基础设施工程施工公开招投标资格预审试行办法	√				√	√	√	√	√	√						

续表

名称	资质	资信	经验	信用	营业执照	财务要求	业绩要求	信誉要求	获奖情况	项目经理	技术能力	项目总工	融资能力	组织机构	注册资本	诉讼仲裁
湖北省建设工程施工投标资格预审文件	√				√	√		√								√
广东省公路工程施工招标资格预审文件范本	√				√	√	√	√		√						
四川省房屋建筑和市政基础设施工程施工招标资格预审评审办法编制指导意见	√				√	√	√	√						√		

Ⅲ.现有的研究文献关于资格预审指标设置的要求

目前,已有的关于资格预审指标的研究较多也较为成熟,对相关研究进行梳理后发现,资格预审的主要指标包括财务能力、资质、信誉、工程经验、管理能力、人力资源水平、技术能力、组织架构、诉讼与不良纪律、设备情况、违约情况、项目经理、在建项目等。

资格预审是发包方对承包方是否具有完成建设项目能力的一种确认,同时也是承包方获得初始信赖的过程。通过分析现有的相关法律、法规、规范及研究研究结果,可以得出,财务能力、信誉、工程经验、技术能力、管理能力、承包方资质、设备情况、人力资源水平、诉讼与不良记录是我国目前使用最多的资格预审指标。

(2)初始信任的影响因素

关于信任的影响因素,研究者的看法不尽相同。国内外研究者对该问题进行了大量的归纳和整理,本书在对我国有关信任的影响因素相关研究进行梳理后,认为信誉与能力是两大影响因素。在我国的建筑业背景下,项目业主与承包方之间必然会发生反复的协作,因此本书对初始信任影响因素的确定是建立在发、承包双方以往存在合作基础上的,最终确定的初始信任影响因素包括承包方资质、管理能力、力量投入、社会声誉、安全和环境能力、技术能力、过往表现、工程经验、以往合作经历、自然社会环境、项目周期。

(3)初始信任影响因素的确定

本书通过对广泛应用的资格预审指标进行再分析,将资格预审指标分为财务能力、信誉、工程经验和业绩、技术能力和管理能力五大类,并确定了具体指标。

如图 5-6 所示,财务能力,主要包括财务状况、财务稳定性、银行信贷和担保额度、财务投标能力、投标人资质;信誉,通常指获奖情况、不良记录及诉讼情况、资信水平、履约及违约情况、失败经历、与合作方的关系;工程经验和业绩,主要包括近几年类似工程已完合同额、近几年类似工程在建合同额、质量优良率,这 3 个指标的考察期通常为 3 年;技术能力,主要包括主要技术人员情况、机械设备资源、信息技术,工艺和工程技术;管理能力,主要包括组织机构(公司和项目)、管理体系(质量、安全、健康)、信息化程度、管理控制能力(质量、成本、进度、风险)。

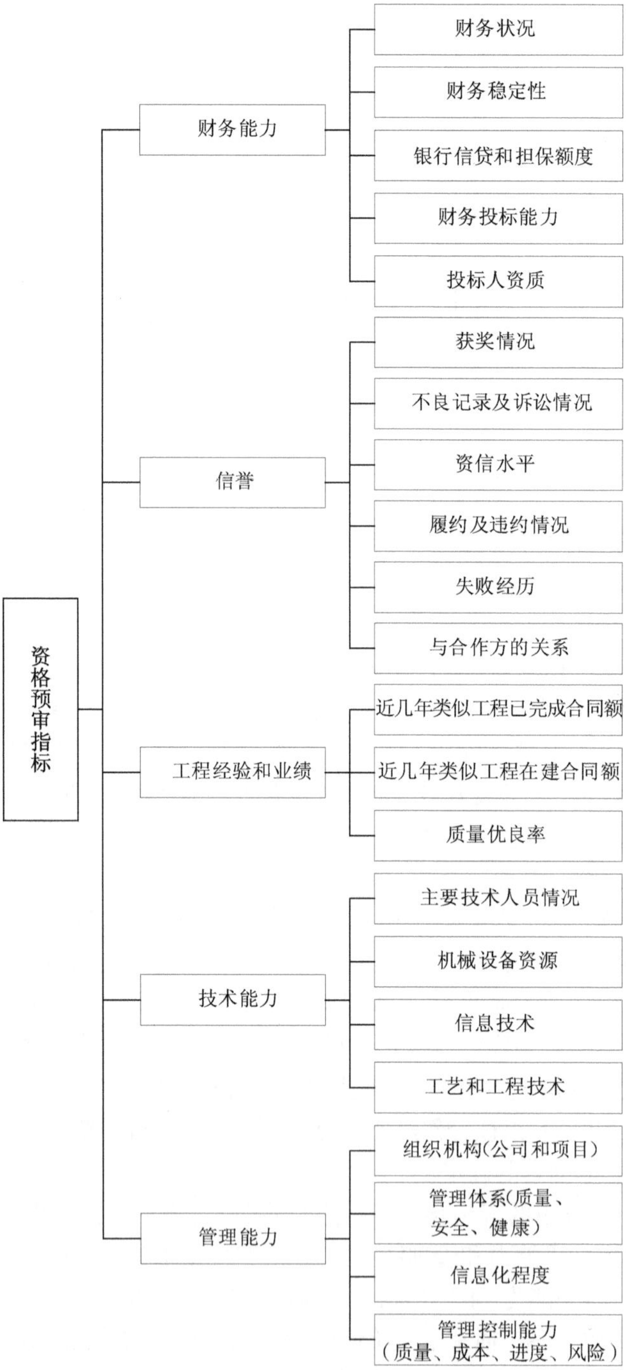

图 5-6 常见资格审查指标设置

综上所述,可将得到的五大类指标应用于地铁项目的大标段招标阶段的资格预审,以获得初始信任程度较高的总承包方。

2. 基于资格预审指标的初始信任等级划分

如前所述，地铁项目进行大标段招标时，发包方对总承包方的初始信任主要是在资格预审阶段形成的。接下来，通过已确定的资格预审指标，对不同的初始信任水平进行划分。本书认为，地铁项目进行大标段招标时，资格预审的必备条件包括营业执照、承包方和项目经理的资质等级、项目经理承担的业务数量、安全生产许可证。同时考虑除了承包方自身的客观条件外，发包方对承包方的主观判断也会影响初始信任。据此，在资格预审的必备条件的基础上增加了影响发包方对承包方的主观评价的定量评价指标。不同等级的初始信任资格预审指标的设置，见表 5-5。

表 5-5　不同等级的初始信任资格预审指标的设置

<table>
<tr><th>等级</th><th colspan="2">资格预审指标</th></tr>
<tr><td rowspan="2">低度信任</td><td>必备条件</td><td>1)营业执照(有效);
2)资质等级(符合招标文件要求);
3)安全生产许可证(有效);
4)企业和项目经理承担过类似项目</td></tr>
<tr><td>定量评价指标</td><td>1)财务能力:近 3 年承包方未出现连续亏损情况。
2)管理能力:具有与该项目相应的管理架构和公司组织管理架构。
3)信誉:近 3 年履约过程中无不良行为,无质量、安全事故。
4)技术能力:具有与该项目相适应的管理人员、技术人员和机械设备</td></tr>
<tr><td rowspan="2">中度信任</td><td>必备条件</td><td>1)营业执照(有效);
2)资质等级(符合招标文件要求);
3)安全生产许可证(有效);
4)近 3 年企业承担的类似工程获得市优工程或者省优工程;
5)近 3 年企业获得省级相关部门颁发的重合同守信用证书;
6)近 3 年项目经理承担的类似工程获得过市优工程或者省优工程,企业承担的工程获得过文明工地或标化工地;
7)近 3 年项目经理获得过优秀项目经理称号;
8)近 3 年项目经理获得过优秀建造师荣誉证书</td></tr>
<tr><td>定量评价指标</td><td>1)财务能力:财务状况、财务稳定性、银行信贷和担保额度、财务投标能力。
2)管理能力:企业获得 ISO 质量管理体系认证。
3)企业获得 ISO 环境管理体系认证。
4)企业获得 ISO 职业健康安全管理体系认证。
5)具有信息化程度、质量、成本、进度、风险等方面的管理能力。
6)工程经验与业绩:近 3 年完成的类似项目、正在施工和新承接项目、完成工程的优良情况。
7)信誉:获奖情况(已在必备条件中提及)、不良记录及诉讼仲裁情况、资信水平、履约情况、失败经历、与合作方的关系等。
8)技术能力:项目管理人员、机械设备资源、信息技术、工艺和工程技术</td></tr>
</table>

续表

等级	资格预审指标	
高度信任	必备条件	1)营业执照(有效); 2)资质等级(符合招标文件的要求); 3)安全生产许可证(有效); 4)近3年企业承担的类似工程获得国家级奖项或者省级奖项; 5)近3年企业获得过国家级相关部门颁发的重合同守信用证书; 6)近3年项目经理承担的类似工程获得国家级奖项或者省级奖项,企业承担的工程获得过安全文明工地称号; 7)近3年项目经理获得过优秀项目经理的称号; 8)近3年项目经理获得过优秀建造师荣誉证书
	定量评价指标	1)财务能力:财务状况、财务稳定性、银行信贷和担保额度、财务投标能力。 2)管理能力:企业获得ISO质量管理体系认证。 3)企业获得ISO环境管理体系认证。 4)企业获得ISO职业健康安全管理体系认证。 5)具有信息化程度、质量、成本、进度、风险等方面的管理能力。 6)信誉:获奖情况(已在必备条件中提及)、不良记录及诉讼仲裁情况、资信水平、履约情况、失败经历、与合作方的关系等。 7)技术能力:项目管理人员、机械设备资源、信息技术、工艺和工程技术。 8)发包方对承包方主观评价:合作的经历、发包方的口碑

通过对表5-5进行分析可以发现,在低度信任水平下,发包方对承包方的评价标准都是客观、理性的指标。随着信任水平的提高,发包方开始重视承包方的主观指标,口碑、合作经历这两个主观指标的具体评价内容见表5-6。

表5-6 发包方对承包方的主观评价指标

序号	主观指标	具体评价内容
1	口碑	近3年对承包方在质量、工期、进度、合作态度、声誉、安全文明施工等方面的评价
2	合作经历	承包方与发包方是否有成功的合作经历

对于地铁项目的业主而言,一方面需要对承包方进行监管,预防投资失控风险;另一方面需要与总承包方形成信任的环境,激励总承包方在保证工期的情况下保质、保量地完成施工。因此,在招标资格预审阶段对高度信任承包方进行遴选时,应适度增加主观指标的分值,这样有利于合理地选择总承包方。而在产生初始信任的前提下,依据本书前文的分析,可将初始信任的三个维度与常用的资格预审指标相结合,如图5-7所示。

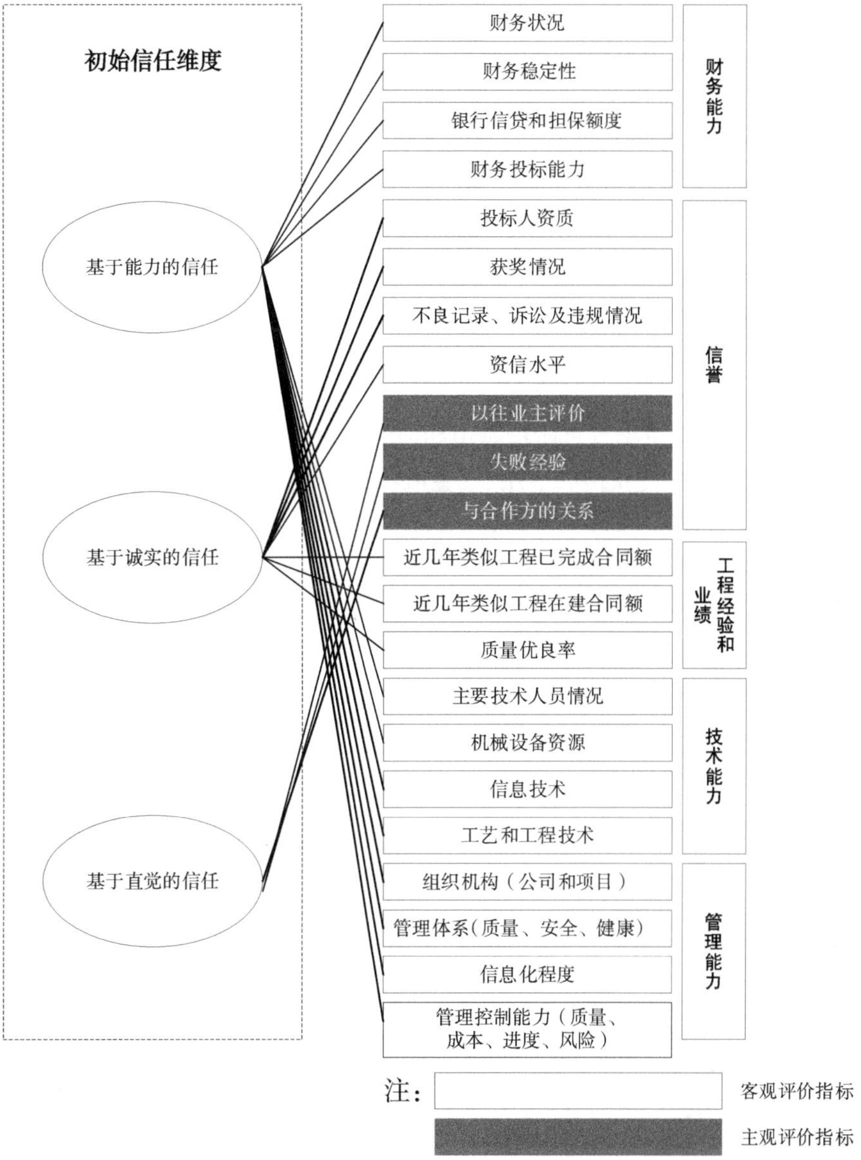

图 5-7　初始信任的三个维度与资格预审指标相结合

(二)地铁项目资格预审指标设置

如果地铁项目采用大标段招标模式,所选择的总承包方必须具备相应的能力,以满足发包方的建设要求。资格预审指标实质上是主观指标和客观指标两方面的综合。进行资格审查时,项目业主在充分考虑资格预审标准的条件下,要尽量做到少而精,只需给评审委员会一个合理的选择标准,由其选出几个入围的候选者,如果标准过于复杂,不但很难实现,实用价值也不高。对项目业主而言,施工总承包方的报价已不再是评判的唯一依据,还要考虑几个关键因素。首先,施工总承包方的竞争力的关键是经验,包括以往的业绩、资源、设计、建设和管理技能;其次,评审委员会会考虑施工总承包方设计的创新和精良情况及为项目带来的价值和与项目业主的目标是否一致。

基于以上分析，地铁项目招标阶段资格预审指标分别从基于能力信任的资格预审指标、基于诚实信任的资格预审指标、基于直觉信任的资格预审指标三个维度进行设置，从而达到遴选信任度较高的总承包方的目的。

1. 基于能力信任的资格预审指标设置

叶飞等的研究表明，能力信任有利于形成善意信任①。也就是说，在能力信任建立后，发包方认为承包方已经采取有效措施保证项目顺利完工。这样，发包方就会认为承包方能够在不伤害自身利益的前提下，采取措施来维护发包方的利益，从而产生对承包方的善意信任。同时，在对承包方建立起良好的信任后，发包方也会积极寻找证据，证明其具有完成工程的能力，相信其有能力保证项目顺利完工，并由此建立起对其能力的信任。

总体上，能力信任在资格预审阶段是由相应的财务、技术和管理能力来决定的。财务能力通常包括财务稳定性、可获得的信用、现金流等；技术能力包括技术解决方案、管理技术、现有工程量等；管理能力包括管理资源、合同管理、现场管理、质量管理等。考虑到地铁项目具有高投入（必须具备足够的资金支持）、高技术水平（对技术水平的要求高）、复杂的承包方管理界面（必须具有很强的管理和协调能力）的特点，可设置如下的基于能力信任的资格预审指标，见表5-7。

表5-7 基于能力信任的资格预审指标设置

序号	资格预审指标设置	合格要求	设置目的	能力要求
1	近3年财务报告应经具有法定资格的中介机构审计	提供经具有法定资格的中介机构审计近3年财务报告	保证投标人财务状况良好	财务能力
2	企业总资产50亿元人民币或以上（或等值货币）、净资产30亿元人民币或以上（或等值货币）（以经审计的××年财务报告为准）	提供具有法定资格的中介机构审计的××年度财务报告	保证投标人的经济实力足以支撑本项目的资金需求	财务能力
3	项目经理应具有市政公用或铁路或建筑专业一级注册建造师执业资格（注册单位为投标人或联合体主办方），持有有效的安全生产考核合格证（B类），或能够提供省级建筑施工企业管理人员安全生产考核信息系统安全生产管理人员证书信息的打印页	提供有效的注册建造师执业资格证书及安全生产考核合格证（B类）或打印页	保证投标人项目经理的技术能力	技术能力
4	专职安全人员须具有安全生产考核合格证（C证），或能够提供省级建筑施工企业管理人员安全生产考核信息系统安全生产管理人员证书信息的打印页	提供有效的安全生产考核合格证（C证）或打印页	保证投标人保证安全生产的技术能力	技术能力
5	投标人按规定的格式及内容要求签署了《投标申请人声明》	提供《投标申请人声明》	保证投标人满足招标人需求	管理能力
6	单位负责人为同一人或者存在控股、管理关系的不同单位，不得同时参加同一项目投标，也不得与其他单位组成联合体分别参加同一项目投标（联合体内各成员之间不受本条限制）	按投标文件格式提供《组织机构表》	保证联合体投标人的组织架构符合要求	管理能力

① 善意信任：信任一方认为被信任一方对自己关心，并且在环境改变时，被信任的一方仍然会考虑到信任一方的利益。善意信任是本书中的高信任度的表现。

续表

序号	资格预审指标设置	合格要求	设置目的	能力要求
7	招标接受联合体投标，联合体主办方必须满足上述所有资格条件要求，联合体成员不得超过 4 家	提供《联合体协议书》	保证联合体投标人满足招标人要求	管理能力

2. 基于诚实信任的资格预审指标设置

基于诚信的信任是指发、承包双方彼此在及时、高效地进行信息交流，信守承诺，遵守合同规则时产生的信任。建设项目管理中的诚实信任指项目业主与承包方间有诚实发布信息、遵守承诺、遵守合同规则等方面的认识和期望。若承包方使用项目业主所提供的土地勘测数据或数量表中存在的缺陷或差错，造成不均衡报价，或项目业主在工程合同中使用了“无限”等条款，则诚实信任将被破坏。

通常在资格预审阶段，诚信信任与资信条款所设定的信誉指标、工程经验和工作表现相一致。信誉指标通常包括承包方过去的表现、与项目业主和供应商的关系、违约和诉讼。鉴于地铁项目所需的建设和管理水平高（要求承包方具备相应的资质）、项目情况复杂、专业技术含量高（需要类似项目的施工经验），设置基于诚实信任的资格预审指标，见表 5-8。

表 5-8　基于诚实信任的资格预审指标设置

序号	资格预审指标设置	合格要求	设置目的	能力要求
1	必须是在中华人民共和国注册的合法企业，并持有有效的工商行政管理部门核发的营业执照，依法经营	提供有效的工商行政管理部门核发的营业执照	保证投标人的合法性	承包方资质
2	持有建设行政主管部门颁发的安全生产许可证（在有效期内）	提供有效的安全生产许可证	保证投标人满足安全生产资质要求	承包方资质
3	具有承接本工程所需的市政公用工程总承包壹级（及以上）资质	提供有效的资质证书	保证投标人具有相应的资质	承包方资质
4	自 ×× 年 1 月 1 日以来至少在国内承揽过（含在建）不低于 28 km 的城市轨道交通工程（含地下车站和盾构区间）1 项（注：包括控股或具有管理关系的下属公司）	提供合同协议书或竣工验收证明，如合同协议书或竣工验收证明不能反映评审指标，须另提供可证明能力技术指标的其他资料（如项目业主证明等）	保证投标人具有类似工程的施工经验	工作经验

3. 基于直觉信任的资格预审指标设置

基于直觉的信任是一种因彼此的信仰、友谊和情感而产生的一种信任。在复杂的环境中，直觉尤其是专业人士的直觉是可以信赖的。尤其在建设项目中，发、承包双方往往是第一次进行合作，难以对对方的能力、诚信做出有效的评价。在这种情况下，凭借直觉做出主观判断是非常关键的。

本书所述的基于直觉信任的资格预审指标是指项目业主需要承包方必须符合某些主观条件的评价指标，如承包方的信誉、以往的经验等。基于此，设置了基于直觉信任的资格预审指标，见表 5-9。

表 5-9 基于直觉信任的资格预审指标设置

序号	资格预审指标设置	合格要求	设置目的	能力要求
1	自 ×× 年1月1日以来至少在国内承揽过(含在建)不低于28 km的城市轨道交通工程(含地下车站和盾构区间)1项(注:包括控股或具有管理关系的下属公司)	提供合同协议书或竣工验收证明,如合同协议书或竣工验收证明不能反映评审指标,须另提供可证明能力技术指标的其他资料(如项目业主证明等)	保证投标人具有类似工程的施工经验	工作经验
2	在本公告发布时,投标人未在以往项目中违约,被招标人书面拒绝投标	未在被拒绝单位名称内	保证投标人过往表现良好	过往表现

三、加强招投标阶段工程造价管理,合理控制投资

(一)招投标阶段工程量清单编制规范化

招投标阶段在项目的生命周期中占有举足轻重的地位,在招投标阶段有效地控制项目成本,是工程造价管理的关键。招标方编制招投标阶段工程量清单时,应按照以下几个方面进行:根据《建设工程工程量清单计价规范》(GB 50500—2013)编制工程量清单;根据国家、省级、行业建筑主管部门颁发的计价办法以及相关规定,编制工程量清单;按项目的实际情况编制施工设计文件;在编制工程量清单时,应该遵守和建设项目相关的标准、规范以及相关技术资料等;编写工程量清单时,不仅应该编写招标文件,还应该编写答疑纪要以及补充通知;结合施工场地的具体情况、项目的实际情况,科学合理地编制施工方案。为确保招投标过程中工程量清单的编制工作的标准化,编制人员必须具备下列条件:熟悉工程量清单的相关内容、熟悉招投标文件、熟悉工程量计算的相关规则、了解工程施工图纸、全面了解施工现场的具体状况以及施工组织设计的特点、明确材料与设备的来源状况、计算分项与分部工程的工程量、计算分项与分部工程的综合单价、计算税金与规费、汇总工程的全部费用、计算项目总成本。

(二)合理编制招标控制价,控制投资

招标控制价也被称为最高限价,它的功能在于限制竞标单位的出价,使其不超过预先设定的价格。将招标控制价机制引入招投标,是我国建设项目投资控制的一种创新,这不仅可以提前发现工程超出概算的现象,也可以有效地避免竞标单位恶意串通,哄抬价格。由于地铁项目的特殊性,其产业集中度较高,且存在潜在供货商数量少的问题。因此,在招投标过程中,难以实现完全的竞争。在此背景下,编制一套科学、合理、适当、严格的招标控制价,对于项目成本控制具有十分重要的意义。在确定控制价格时,要注意以下三点。

(1)工程伴生资源的价值分析

在地铁项目中,基坑开挖和隧道开挖产生的土石方量高达数十万立方米,在编制投标报价时,将其作为垃圾丢弃是不合理的,要充分利用,以便节省投资。

(2)风险处理费用的合理确定

由于地铁项目的周围环境和工程本身的特性,会产生一些风险源,如穿越高铁、输油管道、特殊地层、车站基坑建设等。在施工中采取了防范上述风险的措施,势必会导致项目成

本的增加。如果不将风险处理费用列入招标控制价,则会为今后的合同定价带来潜在风险。在编制地铁项目的施工图时,一般都是由设计部根据已知的风险来制订风险管理计划,然后将对应的分部分项目的清单归类到图纸上。但是,在投标阶段,由于不能确定所有不确定风险,因此不能按照施工图来制定分项工程量清单(措施清单)。鉴于这种情形,在制定工程量清单和控制造价时,一定要按照实际经验为暂估价或模拟工程量清单预留充足的费用空间。

(3)专用措施费的精准测算

地铁项目的施工现场具有地域跨度大、施工设备投入大等特点。而且,大部分的地铁项目会经过闹市区,建筑和道路上的车辆会对施工造成很大的影响。此外,有些区间位置偏远,市政设施不完善。鉴于这种情况,不能按标段划分编制工程量清单,而应按各车站、各区段的具体工程情况,设立专门的措施项并进行成本核算。

(三)严格落实投标报价的清标工作

清标工作分两个阶段进行:第一阶段为报价核算,主要审查投标人的报价有无计算错误、缺项、增项、换算评标价(如果有)、在投标中(暂估价、暂列金、措施费等)不符合招标文件规定的内容;第二阶段为报价分析,主要分析和测算工程总价、单价和主要设备、材料等要素的合理性,重点是对不均衡报价进行分析,选择最有可能的中标第一候选人进行典型的报价偏差分析。

(1)第一阶段:报价核算

控制要点:①检查投标人对标书是否高度响应;②检查投标文件中有没有改变工程量清单的内容;③检查报价有无计算误差;④检查投标文件中有无缺项、漏项;⑤对投标文件中存在的重大偏离报价进行分析,并向评审委员会报告。

(2)第二阶段:报价分析

控制要点:①对工程方案的可行性进行评审,重点审查总承包工程;②对于价格差异大的项目,在比较分析时,一般会将各投标单位的报价单价与各有效报价的平均值和招标控制价进行比较,找出价格差异大的项目,尤其是工程量大、费用高的项目;③对市场价格进行比较,根据以上数据得出的价格差异比较大的项目,并与同类工程的市场价进行比较。

地铁项目招标阶段的投资控制是一个极其复杂的系统工程,在此阶段应严格进行工程造价管理,科学控制投资,保障合同履约阶段顺利完成。

四、不同柔性状态下合同条款的设计策略

(一)刚性条款与柔性条款的实现

虽然合同中存在着大量的不确定性,但其固有的不完整性,使得没有一种合同能够预测所有不确定性因素。这主要是由于存在工程环境的复杂性、合同双方的有限理性等影响因素,所以合同双方在合同履行之前订立的合同不可能将合同执行过程中的一切细节都用条款的形式表达出来。

参与建筑工程的各方往往会签订一份长期合同,其具有严格的合同结构。一般认为,签订合同的双方存在着利益冲突,而过分苛刻的合同条款则强调了双方的利益冲突,并促使双方必须采取精确的、一成不变的刚性条款来避免风险。但是,这种严格、正式的法律合同,在

商业合作中会传递出一种不信任的危险信号,将使双方的信任关系受到损害,并更容易产生投机行为。合理的合同刚性可以让发承包双方感到自己的权利得到保护、结果可以预期,进而增强他们在事前进行专用性投资的动机。然而,过于僵化的合同在履行过程中并不能很好地解决诸多不确定因素,以及由于重新谈判丧失项目价值增值路径。

由于过于严格的合同条款不能解决建设项目中的不确定性问题,所以在合同条款设计上要考虑合同履行中存在的不确定性因素。在高不确定性环境下,为了提高决策的灵活性,必须在合同结构中注入柔性,以保证交易的顺利进行。在该背景下,将柔性理念引入项目的合同治理,突出合同柔性的作用,为合同各方提供决策支持,以提高建设项目管理的绩效。

同时,设置柔性条款的目的不是唯一的,每一种柔性合同都具有控制、经营合作和适应改变的功能。也就是说,合同应该具有刚柔并济的特点,根据各种不确定因素,不同的条款会呈现不同的柔性状态。归根结底,设置柔性条款是指在合同中,交易双方为以后的状态补偿预留了一定的调节余地,并为补偿提供了相应的条款基础。设置柔性条款时,应该采用奖励与补偿相结合的方法来适应合同的变动,刚性条款应该通过限制投机行为来保障条款的实施。

1. 柔性条款为状态补偿提供依据

柔性条款是与实施状态相关的一种自适应条款,包括激励条款和状态补偿条款。

例如,在深圳轨道交通 5 号线 BT 项目合同中,交易双方都设定了激励利益分享条款,以实现状态补偿,其 29.2 条规定"为保障本工程自始至终能优质高效地进行建设,甲乙双方经协商共同设置以下奖项(具体奖励管理办法双方另行协商确定)"。该协议设立了"安全、文明施工奖""劳动竞赛奖"等多种形式的奖项,对承包方进行动态激励,激发了承包方的工作热情,增强了其履约意识,有效地抑制了承包方的投机行为,解决了合同持续期间的不确定性问题。设定具有激励性的柔性条款以实现状态补偿,本质上是通过理解并满足被激励对象的需要而设计合适的奖励形式,从而指导其行为。

设计柔性条款也是实现状态补偿的一种方法。仍以深圳轨道交通 5 号线 BT 项目合同为例,其为交易双方都设定了具有补偿性质的调节条款,以实现状态补偿。条款规定,如果发生涉及价款构成的法律变更、重大工程变更、物品价格波动等,可对价款进行调整,承包方也有权提出索赔。这种补偿方法可以归纳为变更、调价、索赔三种。其中,变更主要是通过调整价款来修正和补充原有的合同,确保项目的顺利进行;调价的目的是通过调整市场价格或利率使风险处于可接受的范围内,从而有效地降低风险对合同价款的影响;索赔的目的是通过调整合同价款来补偿承包方不应该承受的损失,从而使合同价格达到新的平衡。建立具有补偿属性的柔性条款以实现状态补偿,本质上是针对合同履行期间可能出现的变动情况,在初始合同中注入状态补偿机制,从而对投资的失控风险进行控制。

2. 刚性条款保证柔性条款的实现

虽然合同柔性是实现合同状态补偿的一个重要条件,也是一种有效的方法,但是,它也有一定的局限性,如会导致机会主义行为的产生,所以合同柔性需要刚性条款的约束才能发挥最大效用。深圳轨道交通 5 号线 BT 项目合同尽管设计了激励利益分享条款,以实现状态补偿,但也提出了"本条款的最终解释权归发包方所有",并以刚性条款的形式对发包方的权利进行解释,从而在一定程度上抑制了承包方的机会主义行为,实现了保护权利意识的刚性与促进事后效率的柔性之间的平衡。尽管合同条款中明确了通过调整价款来获得状态补偿，但同时也对支付条款做出了明确的规定，如条款 4.5.2 规定“本合同的任何变更、索赔、其他项目和竣工结算以及补充协议，经发包方审核后可作为年底付款依据，发包方按审核价款的 80%予以支付，未支付部分在政府审计完成后按审计结果进行结算和计取投融资费用，承包方应无条件接受深圳市有关部门审计结果”，这就对合同价格的支付进行了制约与限制，从而确保了调节类柔性条款的有效实施。

所以，在柔性条款的设计上，应采用奖励与补偿相结合的方法，而刚性条款则应通过抑制机会主义行为，保证柔性条款的实现。在没有刚性条款的约束下，条款的清晰性不能约束机会主义，在紧急情况下也不能保障工程的顺利进行。如果没有刚性条款的限制，就会大大降低柔性条款的实现力度。

刚性条款和柔性条款的实现见图 5-8。

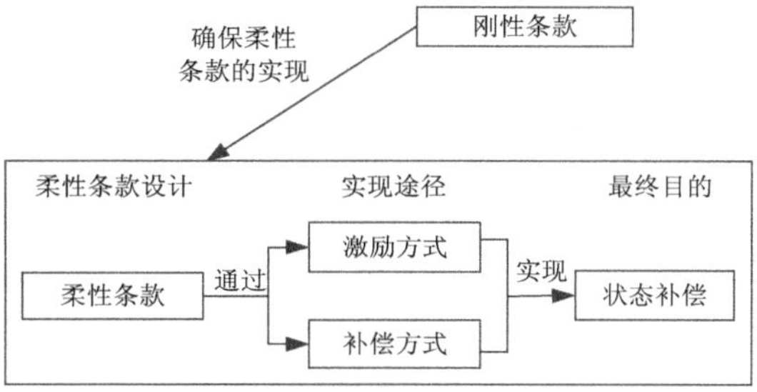

图 5-8　刚性条款与柔性条款的实现

（二）合同条款设计的建议

在设计合同条款时，要把项目背景、项目业主目标、合同柔性状况等看作一个整体，并依据项目业主对合同的控制和协调职能的目标，运用合同柔性状态描述性指标来设计具有不同柔性的合同条款。

1. 对于地铁项目而言，每个环节都是唯一且不可复制的

发包方应该清楚地认识到，任何一个具体的环节都应该单独考虑，做具体分析之后选择或设计最适合的合同条款。对于特定的建设项目而言，其合同条款不应只是简单的选择，而应是设计的产物。即使选择现有的合同范本，也应在专用合同条款中注入柔性，根据项目业主的目标和建设项目的特征设计出柔性程度合理的合同条款。

2. 在制定柔性条款时，不应只注重条款本身

合同不是一个静止的概念，因为其不仅体现合同订立阶段，交易双方博弈形成的条款，还体现交易过程中双方的态度。合同柔性具有时间和空间上的间断性，尽管在合同订立阶段就已将合同柔性注入条款，但柔性条款在项目的执行阶段，以及在处理项目的不确定因素时，才会显示其作用。所以，承包方不应简单地把设计柔性条款视为订立合同阶段的工作，而应有全局观念，并把重点放在如何在合同签订后的治理中发挥柔性条款的有效性方面。

3. 合同条款的制定要充分考虑刚性条款与柔性条款之间的配合作用

在制定合同条款时，应充分考虑合同对各方的控制作用，以及合同对维护合作关系、项目经济效益的作用。若以控制与保护功能为主导，则由承、发包双方按合同柔性状态描述性指标，设计柔性较低的刚性合同，并对合同各方的行为与选择进行约束与限制，其中包含责任条款、项目绩效目标、惩罚与奖励，可以不设预警制度、不设承包方索赔，引入较少柔性要素。若以适应性与协调功能为主导，则应重视合同条款中各方关系维度的设定，根据合同柔性状态描述性指标，设计具有高度柔性的全柔性合同或局部柔性合同，而合同条款的设计应侧重于条款的动力激励与基于柔性的再协商设计，力求在合同订立阶段能够充分考虑执行过程中可能出现的种种问题，并提前制定有效的对策。而在条款设计中，必须考虑刚性条款和柔性条款的相互影响，虽然柔性条款可以为状态补偿提供基础，但其必须以刚性条款为保障。

（三）柔性条款优化方案

地铁项目合同的柔性条款设计主要从三个维度进行：权利维度、关系维度和争端处理维度。

1. 权利维度

在权利维度设计柔性条款，主要是赋予发、承包双方在设计变更、工程变更、法律变更、价格变动等方面的权利，并允许承包方对相应损失进行索赔。通过相关条款设计，使发、承包双方在一定条件下可以做出价款调整，为以后的状态补偿预留余地和基础。

2. 关系维度

在关系维度设计柔性条款，主要指设计共同协商条款和利益共享条款。共同协商条款设计是指对于奖励管理办法不规定详细的细节，而是提出了一种较为灵活的约定，约定具体的奖励条款由双方共同商定；约定各方可就完工项目的价值进行共同协商。可在合同条款中做出如下规定：如果承包方提出的方案合理并使合同价格降低、工期缩短、经济效益提高，则由发包方按照国家有关规定给予相应的奖励。利益共享条款是指在合同中引入关系要素，以达到对承包方的激励作用，从而有利于维护发、承包双之间的关系。

关系维度条款的设计常常很粗糙，通常不会就双方的具体行动方案达成一致，只是为各方建立一个共同的期望和重新协商的机制或过程。合同双方通过联合办公、共同协商等方式，使这些条款有效地发挥作用，促进合作、降低机会主义行为的发生。

3. 争端处理维度

在争端处理维度设计柔性条款，主要指预先设定争端预警和第三方治理机制。争端预警包括对不可抗力、安全等不确定事件的处置机制，包括应急事件范围，应遵守的原则、程序等。采用争端预警机制，可以及时发现问题，并为解决问题提供更多时间。第三方治理机制主要指以诉讼方式解决争端，如果合同双方无法通过友好协商解决争端，则双方可以向其所在地具有管辖权的法院提起诉讼，引入第三方加以解决。

第六章　基于风险控制+状态补偿的实施阶段投资控制

第一节　实施阶段工作内容

一、施工前准备阶段工作内容

地铁项目具有工程规模大、投资金额大、复杂程度高、涉及面广、交通组织复杂等特点，因此地铁项目在施工前必须做好充分的准备工作，具体包括设计交底、合同交底、精细化制定工程筹划方案等。

(一)设计交底

1. 设计交底概述

地铁项目的设计交底是在建设单位主持下，由设计单位向各施工单位(土建建设单位与各设备专业施工单位)、监理单位以及建设单位进行的交底，主要说明地铁项目的特点、设计意图与施工过程控制要求等。

地铁项目开工之前，设计交底工作即应开展，由监理部门决定开会时间并发通知，建设单位、监理单位、设计单位及施工单位等的相关人员都应参加。

2. 设计交底的必要性

设计交底的目的是让参与地铁项目的各方都能理解项目的设计思想、概念和要求，包括采用的设计规范，确定的抗震设防烈度、防火等级，地基结构，内外装修及机电设备的设计要求，主要建筑材料、结构、设备的要求，新技术、新工艺、新材料、新设备的使用要求，以及施工中需要特别注意的问题，从而使各方掌握项目的主要技术要求，确保工程质量。同时，为减少设计中的错误、遗漏和矛盾，应尽可能在施工前找出图纸中存在的质量隐患和问题，以便更好地满足施工现场对于施工图纸的具体要求，避免返工浪费。作为最直接的依据，施工图纸对施工单位、监理单位开展工作至关重要。

3. 设计交底的工作原则

设计交底是确保地铁项目工程质量的先决条件，是确保地铁项目顺利进行的关键。所以，在进行设计交底时，必须遵守下列原则。

1)设计单位必须提供完整的施工图，相关的图纸也必须完整、齐全。如果是建设单位急需的专业图纸，可以提前进行交底与会审，但在所有图纸都到齐后，还要进行统一交底与会审。图纸会审环节不得有遗漏，即使在施工期间，对于新补的图纸也要进行交底和会审。

2)在设计交底和图纸会审前，地铁的建设、监理、施工单位及相关单位应提前安排相关技术人员自审，对施工图进行初步审查，并进行必要的计算。

3)在进行设计交底和图纸会审时,应由设计单位派出主要设计人员参加,并且要由建设单位对施工图进行确认。在施工图没有得到批准的情况下,不能交付施工。

4)当建设项目及施工图直接涉及设备制造厂家时,设备制造厂家也应被邀请入会,和设计单位、建设单位以及监理部门的代表一起进行技术交底与图纸会审。

4. 设计交底的内容

(1)施工图的设计依据

施工图的设计依据包括地铁项目的初步设计文件、主管部门对设计的基本要求、采用的主要设计规范、市场供应的主要建筑材料情况等。

针对地铁项目的设计工作,其结构设计应优先遵循《地铁设计规范》(GB 50157—2013)的规定。结构设计还应遵守其他相关国家标准中的强制性规定,行业标准、地方标准或推荐性标准的相关规定。设计时,采用的规范体系应配套使用,避免设计理论规范互相压配。在使用设计规范时,贯彻《建设工程质量管理条例》与《工程建设标准强制性条文》的规定,并注意所用规范的地区与时效的适用性。下面列出应遵循的部分设计规范:

1)《地铁设计规范》(GB 50157—2013);

2)《建筑结构荷载规范》(GB 50009—2012);

3)《建筑抗震设计规范》(GB 50011—2010)(2016年版);

4)《混凝土结构设计规范》(GB 50010—2010)(2015年版);

5)《混凝土结构工程施工质量验收规范》(GB 50204—2015);

6)《混凝土结构耐久性设计规范》(GBT 50476—2019);

7)《混凝土外加剂应用技术规范》(GB 50119—2013);

8)《钢筋焊接及验收规程》(JGJ 18—2012);

9)《地下工程防水技术规范》(GB 50108—2008);

10)《地下防水工程质量验收规范》(GB 50208—2011);

11)《城市轨道交通地下工程建设风险管理规范》(GB 50652—2011)。

(2)施工注意事项

施工注意事项应包括基础处理及主体工程施工的质量要求、进度要求、对建筑材料的要求、主体工程设计中采用新技术、新方法对施工的要求等。

地铁项目的施工工艺一方面受工程地质、轨道交通功能、开挖宽度等诸多因素制约;另一方面,还会对地下空间的开发利用和运营效果、城市规划实施等造成直接影响。但对于不同的施工工艺,其施工要求也不尽相同。以盾构法为例,施工过程中应着重注意以下几点。

Ⅰ. 不良地质盾构施工的注意事项

处于承压水砂层的盾构,如果正面压力设置不足、缺乏必要的砂土改良措施、盾尾密封性被破坏,会导致盾构迅速沉降和隧道损坏。

当盾构上部为硬黏土,下部为承压水砂层时,一方面黏土坚硬,难以顶入,另一方面水砂层由于压力不够无法疏干而出现液化流失,会造成盾构突沉。

对于穿越地层的透镜体、岩洞、桩基、废弃构筑物等障碍,如果未能提前发现并采取相应的应急措施,则导致盾构推进突沉偏移、盾尾注浆损失,造成地表沉降过大,盾构无法继续进行。

Ⅱ. 盾构进出洞的注意事项

盾构在工作井出洞或进洞时，在凿除预留孔洞的钢筋混凝土挡墙后，再用盾构机具切开孔洞进行加固。在此期间，洞口土体和加固土体暴露的时间较长，而且由于施工工艺和施工扰动的影响，很容易造成洞口土壤侵蚀或塌方。如果遇到含水砂性土层、沼气等原因形成的含气层，很容易出现大量的泥沙涌入井中的情况，从而致使盾构机进洞突沉或者出洞磕头，甚至导致隧道严重变形或塌方，造成严重的工程事故以及环境破坏，因此对关系到盾构进出洞风险的每个细节必须严格仔细地采取可靠的风险控制措施。

Ⅲ. 盾构穿越对沉降敏感的居民建筑物的注意事项

一般居民建筑为短桩或浅基础，对沉降极为敏感，且事关人民生活及生命财产安全。当从短桩或浅基础下方穿过时，盾构上部荷载会发生较大变化，且变化不均匀。另外，在操作过程中，盾构正面压力及推进姿态很难控制，压力过大会造成地面冒浆，压力不足又会引起沉陷，同时还要考虑盾构隧道渗漏及自身长期沉降可能导致的地面沉降加剧。

（二）合同交底

1. 合同交底概述

合同交底是合同工程师和合同执行人员一起了解合同条款、进行合同分析的过程。通过熟悉合同签订背景、合同条件、内容及各种规定，了解合同划定的责任和权力范围、合同存在的风险、合同履行过程中的注意事项等，提高各方对于合同管理的意识，为合同的顺利实施打下基础。

合同交底时，应将合同的目标、要求和其他事项的关系等，向相关的负责人和执行者传达，以便实现对合同的管理。

2. 合同交底的必要性

（1）使项目业主方参与项目管理人员了解合同内容

进行合同交底时，项目业主方参与项目管理的全体人员都应对合同的所有内容有全面且统一的认知和理解，进而避免因不了解合同而导致的工作失误。另外，在合同签订之后，合同工程师会根据不同人员的工作范围和职责等因素来制订合同交底计划，使全体人员一方面清楚地认识到自己的职责与合同的责任、义务以及权利的对成关系，另一方面也能深入了解合同内容，从而最大限度地提高管理者的工作效率和正确性，为实现项目目标做出贡献。

（2）有助于找出合同中的潜在问题并对合同风险进行事前控制

合同交底是指合同工程师将合同的意图、关系、基本内容、合同的约定与要求等内容介绍给全体成员的过程，包括合同分析、交底、学习、提出问题、再分析、再交底等环节。通过合同交底，所有成员在自己工作的基础上提出合同中隐藏的问题和风险、矛盾的条款、用词模糊的条款、定义模糊的条款等，不仅增强了所有成员的合同风险规避意识，还有助于对合同风险进行事前控制。

（3）有利于合同管理体系真正落实

合同管理工作的内容主要包括建立管理工作程序、合同管理组织、保证体系和工作制度等。其中，建立关于合同文档、跟踪、变更、争议处理等管理工作制度至关重要。目前，合同管理工作虽有管理制度，但执行力不足的问题亟待解决，而合同交底会让全体成员仔细研究合同并对自身工作范围、责任、法律后果有深入的了解,使合同管理体系得以真正落实。

3. 合同交底的实施

合同交底是实现建设项目管理目标的重要手段,它的具体实施分为两个方面:交底内容、交底程序。

(1)交底内容

合同交底以合同分析为基础,以合同内容为核心,涉及合同的全部内容,尤其是合同的关键条款,其关系到合同目标能否顺利实施。交底的具体内容如下:

1)项目概况及合同工作范围;

2)合同关系及合同涉及各方之间的权利、义务与责任;

3)合同工期控制总目标及阶段控制目标,目标控制的网络表示及关键线路说明;

4)合同质量控制目标及合同规定执行的规范、标准和验收程序;

5)合同对项目的材料、设备采购、验收的规定;

6)投资及成本控制目标,特别是合同价款的支付及调整的条件、方式和程序;

7)合同双方争议问题的外理方式、程序和要求;

8)合同双方的违约责任;

9)索赔的机会和处理策略;

10)合同风险的内容及防范措施;

11)合同进展文档管理的要求。

(2)交底程序

对项目业主而言,合同交底是由合同的谈判、签订人员向管理团队成员介绍合同意图、要点和执行计划的过程。与一般情况下承包方"三级交底"流程相比,项目业主的合同交底程序可称为"二级交底"程序:合同工程师参与项目的整个招投标活动,首先是项目资格预审、招标文件中合同的起草和编制,其次是投标过程中往来澄清函件的起草,最后投标结束后合同的谈判和签订。

合同签订后,由合同工程师根据项目组织管理系统中不同部门的职责划分,制定合同交底方案,并对各部门负责人提出的问题进行解答,形成合同交底记录书面材料。

各部门负责人向本部门的合同执行人员进行合同交底的内容除了应全面陈述合同背景、工作范围、合同目标、执行要点和计划、风险及防范措施和特殊情况处理外,还应将合同中具体条款与执行人员的责任、义务、权利以及法律后果一一对应。另外,也应对执行人员提出的问题进行解答,并形成书面交底记录。最后,各部门将分别形成的交底记录形成合同管理文档并发放给合同执行人员。

(三)精细化制定工程筹划方案

工程筹划通常指项目本身的筹划。影响地铁项目筹划的主要因素是征地拆迁、管线改迁等前期工程,应该进行统筹考虑。

1. 征地拆迁工作

(1)拆迁工作概述

我国现行的城市房屋拆迁制度是指在城市规划区内的国有土地上,由于国家建设、城市改造、整顿市容和环境保护等需要,经过政府有关部门批准,由取得房屋拆迁许可证的建设单位对规划范围内的建设用地上的房屋及其附属物进行拆除，并对房屋的所有权人或产权人进行迁移安置以及根据具体情况给予其适当补偿的行为。

地铁项目按照建设形式可分为地下、地面和高架三大类。征地拆迁的范围包括车站、车辆段、出入段、风亭等，另外也要预留临时占用空间，以满足工程建设的需要。对于永久占地的征地拆迁，通常将轨道中轴线两侧 50 m 以内的建筑物和附属设施划入出地面正线（地面、高架）的拆迁范围。

（2）地铁项目拆迁存在的问题

Ⅰ.拆迁程序不规范

多项研究表明，在征地拆迁过程中不管是国有土地拆、集体土地拆迁，亦或是商业性拆迁、公共利益拆迁，都会出现拆迁人与被拆迁人之间信息不畅通、地位不对等的情况。例如，拆迁人在征地拆迁中不按规定肆意扩大拆迁面积，以较低价格获取土地并赚取高额差价等。但是由于征地政策不公开、争议协调处理方是政府方等原因，被拆迁人在信息不对称、处于弱势的情况下，协商解决拆迁补偿、表达合理诉求的渠道不畅，从而出现上访或者暴力抵抗强拆等情况，给社会稳定造成不良影响。

Ⅱ.补偿的应对策略和机制不完善

许多研究者通过对土地征用补偿的对策与机制进行探讨，发现现行补偿标准偏低、定价体系落后、制度不健全。一方面，现行的征地拆迁补偿没有完全贴合市场经济规律，只考虑土地地价补偿、周转安置补偿等，却忽略了土地的市场价值、增值收益和无形财产的认定和保护等因素，部分被拆迁人拆迁后的日子不好过；另一方面，由于道路、市政等工程用地拆迁以公益为出发点，往往由当地政府负责，这就造成政府项目和民间项目的补偿标准不统一，从而导致被拆迁对象心理失衡。更有甚者，部分征地拆迁人为了提升业绩，加快拆迁速度，明面上表示进行规范的拆迁，但私下里却故意抬高拆迁标准，拆迁存在暗箱操作的不良现象，对和谐社会的构建产生了不利影响。

（3）拆迁工作内容

Ⅰ.准备阶段

由文物、压矿、地灾、水保、环评、土地等相关的咨询评估单位在完成相应的审批、许可后，委托国土咨询评估机构编制土地利用总体规划修改及土地预审呈报书，报省国土资源厅审批。

在设计单位出征地红线图后，委托林业勘察单位编制《使用林地可行性研究报告》和《使用林地调查报告》，报林业厅初审，报国家林业局批准。

依据初步设计，编制土地征用方案概要，并准备各类征地拆迁使用的表格、工具等。制定征地、拆迁的具体实施方案，做好全面的土地征用工作。

Ⅱ.宣传动员阶段

采取多种形式，宣传项目的重要性和征地拆迁政策，使沿线群众和征地拆迁安置对象熟悉项目的征地拆迁政策、计划安排，争取地铁沿线被征地单位和个人积极配合、参与和支持。

Ⅲ.勘察核实阶段

该阶段的主要任务以施工设计图为依据，通过实地勘察放线，划定地铁征地拆迁红线范围，对征地拆迁范围内的实物指标进行丈量、清点、核实、登记、签认，为开展征地拆迁补偿提供数据指标。

Ⅳ. 拆迁阶段

在该阶段的前期，应与市(县)征地拆迁部门签订征地拆迁协议及项目管理责任书、征地拆迁资金管理协议，与沿线电力、通信、水利等部门及其他设施的权属单位按实物指标调查结果签订拆迁补偿协议。随后，在当地党委政府的领导下，地方的征地拆迁办负责组织具体实施，项目征地拆迁办指导、督促、检查征地拆迁进度。

Ⅴ. 资金兑付阶段

该阶段工作的目的是保证征地拆迁对象及时足额得到补偿。依据征地拆迁勘察、调查核实实物指标、核算征地拆迁补偿资金，按照协议按比例分期支付补偿资金。征地拆迁补偿费由项目建设单位按征地拆迁的实际进度分期付款。电力、通信、广播、水利等部门专业设施的拆迁补偿拨付比例按补偿协议的约定办理。此外，还应按照规定、进度分期拨付地方征地拆迁办的管理费用。

2. 管线改迁工作

管线改迁是指对涉及地铁施工区域的市政管线进行勘察，依据地铁项目的结构方案，编制市政管线改迁方案并落实改迁计划，签订相应的改迁协议，开展具体工作，负责现场验工计价以及组织项目的竣工验收，完善有关的管理程序，并配合完成有关的管道保护工作。

(1)管线改迁工作特点

市政管线改迁是地铁项目中的一个重要环节，必须得到高度重视，其工作特点如下。

1)在地铁项目的建设过程中，由于线路长度较长，涉及的市政管线较多，相应地，改迁范围也会较大。

2)市政管线改迁涉及的管线类型、产权单位众多，大大增加了协调工作量和工作难度。另外，地铁项目建设的全过程都涉及管线改迁工作，所以在整个项目中，都需要与地铁结构施工各阶段进行对接，统筹实施，导致管线改迁的工作周期较长，增加了市政管线改迁的工作难度。

3)城市的建筑密度随着城市的发展不断增大，有些城市的规划速度落后于城市的发展速度，道路变得狭窄，这使市政管线改迁的空间变得更小，对改迁工作极为不利。

(2)管线改迁工作方案

地铁项目的管线改迁主要涉及自来水管线、电力管线、燃气管线、通信管线、排污管线等，在我国北方地区还涉及热力管道。管线改迁的流程如下。

1)对地铁站点影响区域内的地下管线进行细致的勘察和测量，为地铁项目的施工提供翔实的管线资料，为地铁项目的设计提供有关的边界条件，为管线综合设计、管线施工提供必要资料。

2)进行管线综合设计，结合地铁站点结构及地下管线的实际情况，与相关管线产权单位联合进行管线改迁综合设计工作并确定设计方案，最后获得规划批复，为地铁建设管线改迁施工图设计和改迁实施工作提供规划依据和指导原则。

3)得到规划批复后，按照规划批准的管道，对各专业的管线进行改迁施工图设计。

4)在管线改迁工作开始前，必须对管线现状进行核实，并在进场后进行开挖施工前，对现场的管线进行全面勘察，核实是否会引起管线设计变更等，同时全面核实管线现状数据，将管线类型、规格、数量及所属的产权单位进行统计汇总，一方面为变更管线改迁方案或稳定管线改迁现场提供现状依据，另一方面为提前开展管线相关工作创造有利的现场条件。

5）建设单位进场后，应进行管线改迁计划统筹，对施工现场管线现状以及管线改迁方案进行梳理，根据规划批复的管线综合方案和施工图纸，以及地铁施工组织、施工工序安排、地铁工期安排、现场环境等情况，分阶段、有计划地进行管线施工计划，并制定具有可实施性的管线改迁施工组织方案。管线改迁计划统筹工作的复杂性、专业性、交叉性等特点，对管线改迁计划统筹具有很强的现场指导意义，是科学、高效推进管线工作的前提，所以各管理部门和下属单位应该将其作为前期管线改迁工作的重点，并以其为主线开展相关的具体工作。

6）在正式开工之前，还要进行管线改迁技术交底，按照地铁站点规划批复的管线综合情况和管线改迁统筹计划，结合现场调查核实的管线现状，将站点管线改迁具体实施工作内容、计划、具体要求、具体改迁进场时间和完成时限等以会议的形式进行明确。各相关单位应严格按照现场交底会议制度，做好相应的准备工作，科学高效地推进具体管线改迁工作。

7）按照管道施工图的要求，正式实施管线改迁。按照计划管线改迁统筹计划进行管线改迁作业。改迁线路包括自来水管线、电力管线、煤气管线、通信管线、排水管线。各管线具体改迁工作都有着极其复杂的特定流程，必须严格遵循其流程，避免对社会、企事业单位和广大市民的生产生活造成影响。

8）根据管线施工图设计、管线综合和现场管线施工的具体情况，对工程的现场核实计量过程进行审查和结算。

二、合同履约阶段工作内容

合同履约阶段是地铁项目实体形成的重要阶段，由于地铁项目具有工程量大、技术复杂、建设周期长以及涉及行业广泛等特点，实施阶段不可预见因素导致变更、索赔等事件时常发生，因此加强此阶段管理变得至关重要。

（一）工程计量管理

在地铁项目施工过程中，工程计量的含义就是使用合同中要求的措施以及条件计算和测量已经施工完成工程的数目，该工作是控制项目投资的重要环节。因此，为规范地铁项目计量管理，有效控制工程建设资金，在支付各类款项时做到及时、规范、准确，本书对建设单位的工程计量管理工作进行总结。

工程计量在合同管理中的重要性。在整个施工过程中工程计量工作是非常重要的，针对地铁建设单位而言，准确、及时的计量是拨付工程进度款的主要依据。工程计量是指由项目监理机构（或总承包方）按照设计文件和承包合同中有关工程计量计算的要求，对承包方（或分包方）提交的已完工工程量进行审核。它是项目施工合同管理的重要内容，是控制成本、防止高估、超计价的关键。

（二）工程变更管理

1. 工程变更管理内容

针对轨道交通项目而言，实施阶段准确界定工程变更的范围是项目业主进行造价控制的重点内容。2007 版的《标准施工招标文件》规定，在履行合同中发生以下情形之一的，经发包方同意，监理方可按合同约定的变更程序向承包方发出变更指示：①取消合同中任何一项工作，但被取消的工作不能转由发包方或其他人实施，如取消某支架安装工作等；②改变合同中任何一项工作的质量或其他特性，如管沟开挖遇到不利地层时防水等级的提高等；③改变合同工程的基线、标高、位置或尺寸，如尺寸改变等；④改变合同中任何一项工作的施工时间或改变已批准的施工工艺或顺序，如防水工艺的调整等；⑤为完成工程需要追加的额外工作，如进行附近原有管线、结构物的拆移。

2. 工程变更管理方案

（1）严格遵照工程变更程序

在地铁项目的建设过程中，出现工程变更对施工影响很大，所以项目业主应该对从变更提出到完成，再到支付承包方工程价款的整个过程进行管理。其中，包括对工程变更进行记录、对工程变更进行规范、对工程变更进行审查。工程变更程序如图 6-1 所示。

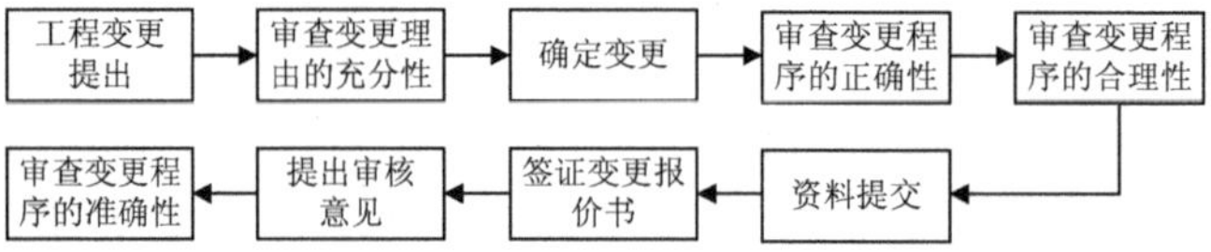

图 6-1　工程变更程序

（2）工作方案

Ⅰ. 协助收集项目资料及做好记录

在项目实施过程中，如果发生工程变更，要收集详细的变更资料并做好记录，以便进行项目成本控制。收集的相关资料见表 6-1。

表 6-1　收集的相关资料

类型	收集资料内容
变更估价	变更的工程量
	与该工程变更相同的分项工程单价
	与该工程变更相类似的分项工程单价
	项目施工合同规定的新单价的确定方法
签订新合同	变更的工程量
	管理费、利润等取费费率
	当地当时的市场价格信息
	当地政府、行业建设主管部门发布的工程造价指数、定额信息等
计日工	工作名称、内容和数量
	投入该工作所有人员的数量、工种、级别和耗用工时
	投入该工作的材料类别和数量
	投入该工作的施工设备型号、台班和耗用台时
	其他资料和凭证

依据项目施工合同文件及相关资料，做好下列内容的收集：由项目业主签发的变更指示，由设计单位出具的变更图和变更说明，由项目业主审核通过的变更施工计划和承包方提交的工程变更价款预算申请报告等。对于工程变更的文字记录，主要记录工程变更时间、设计资料、咨询过程及意见、执行情况。

Ⅱ.审查变更原因

严格地分析变更原因的充分性和合理性，杜绝不必要的变更，严格审查施工单位所提的变更，避免施工单位利用工程变更增加造价。另外，还要区分建设单位所提出的变更是经济变更还是技术变更，如果变更能够合理降低造价，可以予以确认。而对于设计单位提出的设计变更，如果是设计不规范、错误等原因导致的，要按照按合同规定追究设计责任。

Ⅲ.项目业主审查变更程序正确性

项目业主审查承包方提交变更报价书程序的正确性，应根据双方签订的合同中对变更程序的要求进行审查，在审查过程中着重注意以下3个关键环节。

1)在地铁施工过程中，如果出现工程变更，承包方应根据发包方批准的变更设计文件进行施工，对于涉及政府投资项目的重大变更，在施工前必须按照基本建设程序报批。

2)在工程设计变更确定后14日内，因设计变更而导致合同价款发生调整的，应由承包方提出，经项目业主审核后，再进行合同价款调整。

3)在工程设计变更后14日内，如果承包方没有提交变更的价格报告，那么发包方可以依据已有的信息来决定是否对合同价款进行调整。

Ⅳ.项目业主审查变更依据合理性

项目业主应审查工程变更的内容，根据建设项目签订的合同类型，可以判断该事项是否构成变更，属于哪种变更，再根据不同变更对应的具体计算方法，对变更价款进行核算。《标准施工招标文件》第15.1条规定了工程变更的范围和内容："除专用合同条款另有约定外，在履行合同中发生以下情形之一，应按照本条规定进行变更。①取消合同中任何一项工作，但被取消的工作不能转由发包方或其他人实施；②改变合同中任何一项工作的质量或其他特性；③改变合同工程的基线、标高、位置或尺寸；④改变合同中任何一项工作的施工时间或改变已批准的施工工艺或顺序；⑤完成工程需要追加的额外工作。"

Ⅴ.项目业主审查变更估价准确性

作为变更结算的依据，工程变更工程量在计算过程中必须按照合同规定的工程计量规则，对承包方实际完成的变更工程量进行计算。

对工程变更工程量准确性进行审核。根据国家相关法规和合同的规定确定变更价格和处理方式。按承包方提交的变更报价书中的工程量计算内容进行逐项核对，如发现与实施不符，则上报项目业主，责令承包方修改后，再递交变更报价。

对工程变更价格进行审核。在计算变更费用时，首先应按照实际变更情况判断适用哪条变更计价原则，其次进行计算。其中，确定变更价款适用原则的方法如下。

1)情况一。如果合同中有适用价格，则按其价格确定。其中，合同中适用价格指工程变更符合下列特征：与合同中已有项目性质相同、施工条件一致；不会因为变更延长关键线路工程的工期；合同已有项目的价格不存在显著的偏高或偏低的问题。

2)情况二。如果合同中存在类似价格，则参照类似的价格确定。这种变更单价的适用条件包括以下几项:变更工作的实施环境及工作条件与原合同中约定的相似;变更建设项目所采用的材料、施工工艺和方法与原合同约定的相似;不因变更延长关键线路工程的工期。

3)情况三。如果合同中不存在适用价格或类似价格,则应由承包方提供并经发包方确认后实施。其中,不存在适用价格或类似价格指工程变更符合下列特征:与合同中已有项目性质不同、原清单单价无法套用;施工环境不同;因变更延长关键线路工程的工期。

Ⅵ.提出审核意见、签证变更报价书

在审核意见为同意承包方的要求的情况下,如果项目业主授权造价咨询小组作为项目业主代表,则可以直接签认;如果项目业主未进行此授权,则需项目业主签认。如果审核意见为不同意承包方的要求,则需要注明变更报价书上的错误、项目业主未同意的原因、项目业主提出的变更价款调整方案,报监理工程师审阅。

Ⅶ.资料提交

资料提交工作是把所搜集的资料、项目业主的变更价款调整方案、变更价格审查报告、工程师当期阶段的工程进度款支付证书副本、变更价款审查中所形成的其他纸质、电子资料文件等按项目业主的要求提交,作为竣工结算、索赔、仲裁、诉讼的依据。

Ⅷ.落实例会制度

加强落实例会制度,明确各方职责,及时进行合同交底,使各方深入了解合同文件。当场做合同的澄清,参与有关工程造价及合同执行的工程会议及项目业主要求的其他会议,向合同各签署方、监理等相关单位进行最终合同文件与工程量清单交底,陈述合同构成、各方权责、合同风险、需关注条款,以及清单构成、需关注项目、暂定量项目、暂定款项目、暂定物料单价项目等内容,使各方对合同文件有深入了解。

(3)预期效果

正确合理进行工程变更不仅可以为项目增值,而且可以提高项目业主的资金使用效率,节约投资,保证项目顺利实施,实现预期效果。工程变更咨询成果文件应包括以下部分:工程变更造价审查意见表;工程变更申请表;工程变更审核明细表;新增项目及变更项目综合单价确认表;合同外项目签证表;工程变更项目汇总表。

(三)工程造价管理

作为造价控制的关键内容,建设项目价格调整内容是造价投资变化的直接体现。价格调整指根据人工费、材料费或影响工程施工费用的任何其他事项的费用的涨落对合同价格增加或扣除相应金额的处理过程。价格调整在建设项目工程施工过程中较常发生,由于地铁项目涉及的材料体量大且种类杂,不确定因素极易导致材料种类和数量的变化,进而对项目投资造成影响。按照《建设工程工程量清单计价规范》(GB50500—2013)的相关规定,引起价款调整的因素有15类,除法律法规变化、物价波动、不可抗力未给出建议外,其他引起价款调整的因素已在前面章节涉及,这里不再论述。

法律法规原因导致的合同价格调整,应以合同规定的基准日期为基准,即招标项目在投标截止前28天,非招标工程在合同签订前28天;在基准日前发生的法律法规变更,由承包方负责;基准日后发生的法律法规变更,由发包方负责。

物价波动导致的价格调整,必须在项目合同中确定的风险范围内进行,超过风险幅度的,无法进行调整。调整幅度应是发、承包双方在签订合同时,重点讨论的问题。

同时，物价波动引起价格调整的具体方法也应在建设项目合同中进行详细的约定。不可抗力引起价款调整时损失由双方共同承担，其关键在于界定各方责任界面，可以参考《建设工程工程量清单计价规范》9.10 条进行分析调价，因此本部分的价格调整将对以上法律法规变化、物价波动因素进行分析研究。

1. 造价控制方案

（1）工程价格调整程序

引起价格调整的因素包括法律法规变化和物价波动。两者所导致价格调整的处理程序基本相同。

当以上两种情况引起价格调整时，应及时就具体的情况进行分析，按照合同中约定的程序或以上规定的程序来进行价格的调整。其中，需要注意的是在进行价格调整时区分受益方与支付方，因为受益方可能为发包方也可能为承包方。因此，要时刻关注可能引起价格调整的以上两类因素，真正做到对合同价格的及时调整，维护协助的合理利益。

在进行价格调整时，应在程序规定的时间内提及价格调整报告，避免因时间的延误而造成损失。

（2）价格调整方法

Ⅰ. 建设项目中物价波动引起价格调整的方法

1）方法一：采用造价信息法调整价格。

地铁项目需要用到多种材料，应采用造价信息法进行价格调整。在建设项目合同中应明确调整人工、材料、机械价格依据的造价文件，以及要发生费用调整所到达的价格波动幅度。如果未明确调整方法，则可按《建设工程工程量清单计价规范》的 4.7.6 相关规定执行。

当人工单价发生变化时，发、承包双方应按省级或行业建设主管部门或其授权的当地管理机构发布的人工成本书件调整工程价款。当材料价格变化超过省级或行业建设主管部门或其授权的工程造价管理机构规定的幅度时，承包方应在采购材料前就采购数量和新的材料单价报发包方核对，确认用于合同工程的，发包方应确认采购材料的数量和单价。发包方在收到承包方报送的确认资料后 3 个工作日内不予答复的视为已经认可，该资料作为调整工程价款的根据。如果承包方未报经发包方核对即自行采购材料，再报发包方确认调整工程价款的，如发包方不同意，则不做调整。

2）方法二：采用实际价格法调整价格。

这种方法在国际惯例中称为“票据法”。地区规定对水泥、防水材料、钢材、木材等的价格按实际价格法进行结算。承包方可依据发票采用实际价格法对价格进行调整。这种方法简便易行，但对承包方采取费用实报实销，会导致承包方不重视降低材料价格成本，使发包方不容易控制工程造价。对此，应及时协助发包方在合同中约定发包方或监理方有权要求承包方选择报价更低的材料供应商。

在采用实际价格法调整价格时应主要控制的两个要素：项目施工合同中的预算价格（或投标价格）、证实采购的实际价格。其中，项目施工合同中的预算价格可通过在报价清单中逐项查找分析来确定其具体值。该价格依据较充分，且不容易导致承、发包双方产生争议。而承包方提供票据的真实性和准确性将是协助发包方重点控制和审核的内容，此外承包方提供的有关发票、收据、订货单、账目和相关文件等也应该仔细核对，以确保实际价格可信。

同时,按照实际价格调整价格还应注意以下关键点。

关键点一:确定材料的实际价格。按照实际价格调整价格重点在于把握市场行情,使其控制在市场的平均价格范围以内。例如,建筑材料的实际价格可以以同一时期的信息价和材料指导价作为参考。如果承包方出具材料购买发票,在核实后确认为真实发票的,则可以根据发票价格,综合考虑运杂费和采购保管费后确定实际价格。但是,在发票价格与同类产品的指导价有较大差异,且没有特殊原因的情况下,可认为发票价格不具真实性,将不予认可。因此,应积极主动地掌握市场行情,并结合市场和采购情况等多种因素明确材料的实际价格,以确保准确计算材料成本。

关键点二:确定材料消耗量。材料消耗量是影响采用实际价格法调整价格是否准确的一个重要因素,理论上以预算用量为准。例如,钢筋用量,应先按照设计图纸计算,然后套用相应定额得出总耗用量。但如果施工过程中发生工程变更,致使实际使用的钢材数量超出预算,那么材料消耗量为新增工程所需的实际用钢量。需要注意的是,地铁项目在实际施工过程中的钢材消耗量应该有 3 种:按照设计图纸计算得出的用量、承包方的采购数量、套用定额得出的总耗用量。另外,除了出现下述情况,如采购到的钢筋规格不符合设计图纸要求,钢筋的用量必须按照设计用量,而与承包方采购材料量无关外,在计算材差时,必须取按图计算量。

关键点三:材料购买的时间。地铁项目的材料采购时间应与项目建设的进度保持一致,根据施工进度,确定相应的市场价格。如果进度偏差过大致使实际采购材料价格与施工时市场价格存在价差,则应该按照施工时市场价格计算,材料用量也应为按照施工进度实际所需的材料量。

3)方法三:采用造价指数法调整价格。

这种方法指建设地铁的发、承包双方利用当时的预算定额单价计算承包合同价,在竣工时,依据当地工程造价管理部门所公布的该月度(或季度)的工程造价指数,对实际人、材、机等费用上涨和工程变更因素造成的价差进行重点调整,同时对承包方进行价格补偿。

Ⅱ.法规变化引起价格调整的方法

目前,法律法规变化引起价格调整的情况主要体现为:法律法规规定的规费费率和与建筑建设项目相关的税率调整等情况;政府部门颁布的指导性结算办法及文件。

这种价格调整方法在《建设工程工程量清单计价规范》和 2007 版《标准施工招标文件》中都有所规定。其中,《建设工程工程量清单计价规范》规定:在基准日(招标工程以投标截止日前 28 天,非招标工程以合同签订前 28 天为基准日)以后,国家的法律、法规、规章和政策发生变化影响工程造价的,应按省级或行业建设主管部门或其授权的工程造价管理机构发布的规定调整合同价款。2007 版《标准施工招标文件》的第四章第 16.2 款也规定:在基准日后,因法律变化导致承包方在合同履行中所需要的工程费用发生除第 16.1 款约定以外的增减时,监理方应根据法律、国家或省、自治区、直辖市有关部门的规定,按第 3.5 款商定或确定需调整的合同价款。

通过以上的对比可见,无论是常用的合同范本还是相关法规都对因法规变化引起的价格调整进行了较笼统的说明,其调整方法可总结为按照国家法律法规的规定来调。这样对承、发包双方的指导作用不够明确。因此,在项目施工合同签订过程中,项目业主积极就该因素引起的价格调整进行具体约定,以避免后期结算纠纷的产生。

2. 资金使用计划管理

资金使用计划是在项目实施过程中编制的对造价的总目标与分目标进行确定,用来控制工程实施阶段的造价。应结合实际资金使用情况做出偏差分析,并对发生的偏差情况进行及时分析与纠正,对未来建设项目的资金使用和进度控制进行预测,提高项目业主的资金利用效率。所以,编制资金使用计划并进行偏差调整是项目业主造价控制的基础内容。

(1)资金使用计划的编制

编制地铁项目资金使用计划,其程序包括准备阶段、建设项目投资目标的分解阶段和建设项目资金使用计划的编制阶段,具体程序如下。

1)准备阶段。

在建设项目资金使用计划编制的准备阶段,主要工作内容包括编制人员的准备、编制资料的准备、熟悉项目施工合同、科学合理地进行施工项目的划分、科学合理地进行施工项目的划分、计算机的应用等。

2)建设项目投资目标的分解阶段。

在编制资金使用计划过程中,分解建设项目投资目标是最重要的一步。按照投资控制的目的和要求分类,将投资目标的分解分为按子项目分解、按时间分解、按投资构成三类。

3)建设项目资金使用计划的编制。

资金使用计划的编制有以下三种方法:按不同子项目编制资金使用计划、按时间进度编制资金使用计划、绘制形象进度报表。资金使用计划编制过程如图 6-2 所示。

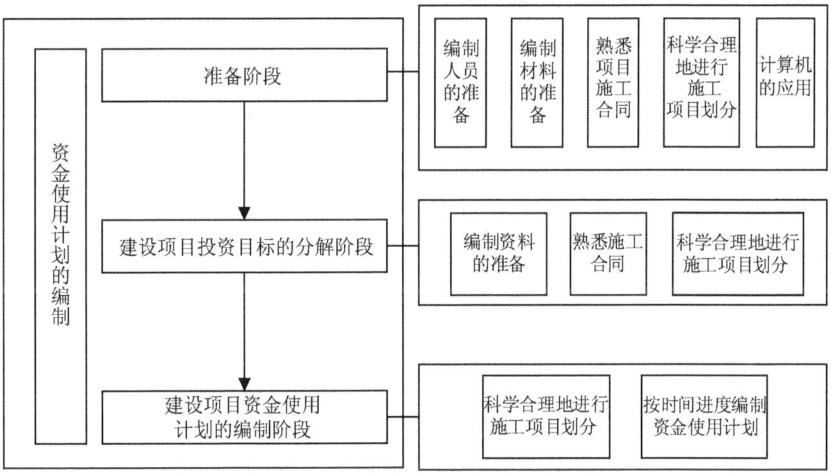

图 6-2　资金使用计划编制过程

(2)资金使用计划的使用

众所周知,建设工程的投资的形成主要发生在实施阶段,这个阶段会耗费大量的人力、财力和物力,很有可能造成投资的浪费。因此,在施工过程中,只控制工程款支付是远远不够的,应充分关注组织、经济、技术、合同等多方面因素,挖掘各方面的潜力,严格执行工程费用计划并及时跟踪检查和控制，有效控制投资成本、提高经济效益。

Ⅰ. 组织措施

组织措施作为其他措施的先决条件和保证，是指从投资控制的组织管理方面采取的措施。组织措施通常不需要额外的费用，如改善投资控制工作的流程、明确各级人员的职能分工等，如果运用得当，会带来意想不到的效果。

Ⅱ. 经济措施

经济措施不是简单地审核工程量和相应的支付价款，而是对投资目标分解的合理性、工程变更的必要性、资金使用计划的可行性等进行全面考虑，以达到标本兼治的效果。另外，通过对项目进行偏差分析以及对未完工项目的预测，可以发现问题并采取相应的防范措施，把投资成本控制的主动权牢牢掌握在手中。

Ⅲ. 技术措施

技术措施的运用一方面是考虑到技术问题，另一方面是防止较大投资偏差的出现。技术措施的不同，其带来的经济效果也不尽相同。所以，在采用技术措施进行纠偏时，需要经过技术经济分析比较后再选择合适的技术方案。

Ⅳ. 合同措施

在纠偏方面，合同措施主要是指索赔管理。在索赔事件发生后，工程师应从主动控制的角度出发，仔细审核索赔依据和索赔计算的合理性，加强日常的合同管理并落实相应责任。

三、合同支付与结算阶段工作内容

针对地铁项目建设实际情况，本书将合同支付与结算的工作内容分成了履约阶段工程进度款支付以及竣工结算两部分内容。

（一）履约阶段工程进度款支付

地铁项目的工程进度款支付主要包含的费用有勘察和设计费、工程费、安全生产保障费、场地准备及建设单位临时设施费、道路恢复费、土地复垦费、交通疏解费、涉及征借地范围内建构筑物的恢复费、房屋复建和根据现场情况可能发生的其他零星复建建设项目费的支付以及合同变更价款的支付。以下重点介绍工程预付款和工程进度款的支付管理。

1. 工程预付款

1）承包方按合同规定，向监理方提出预付款申请，监理方审查后报建设单位，由建设单位根据合同约定拨付工程预付款。按年度拨付预付款的合同，年度基数不得超过天津地铁集团下达的年度投资计划，对年度投资存在异议的，承包方须经建设管理中心、集团工程调度部及轨道交通集团主管部门核定工程进度后，重新计算年度投资并上报。按年度拨付预付款时，需提前一个月进行预付款申请。天津轨道交通集团投资控制部下达审核通知后再纳入下月的资金拨款计划表中方可进行支付。

2）需要回扣工程预付款的，在工程累计完成金额达到合同约定的数额时开始回扣，直到累计达到合同规定的金额为止。

2. 工程进度款

（1）建安费单价合同

1）对于按照施工图招标且无变更的单价合同，按月计量支付。

2）对于按照施工图招标，但出现变更或出现合同外新增项目的，应根据施工图纸及变更图纸进行工程量清单更新后，按月计量支付。

工程量清单更新程序完成后，对合同清单进行修正，计量时不得超出修正后的清单工程量。

（2）建安费总价合同

1）采用固定总价合同的，其合同清单工程量是承包方用于计量支付的最终工程量。

2）对于信号等系统集成类总价合同，若出现停产断货等与合同清单不一致的情况，则机电设备管理中心应组织专家论证会，在不降低系统性能及价格不变的情况下，完成机电设备管理中心内部审批程序后计量支付。

（3）配套改迁合同

采用合同约定的方式进行计量支付。

（4）其他二类费合同

1）对于监理类合同，根据承包方每季度完成的应付计量值，按照合同约定的监理费率，每季度进行计量支付。

2）对于桩基检测，第三方监测，勘察、设计、施工图审查、检测评价、代理等咨询类合同，应由承包方提交合同中间成果或完成说明，按照合同约定的时间进行计量支付。

3）对于保险合同，根据年初下达的投资计划并扣减上一年度未完成投资后，通过保险经纪公司审查后，按照合同约定的保险费率，每年度进行计量支付。

4）直接补偿类合同，按照合同或协议约定的方式进行计量支付。

（二）竣工结算

工程竣工结算是指施工方按照合同规定的内容全部完成所承包的工程，符合合同要求，经建设单位及有关部门验收合格后，向发包方提出的工程价款结算。作为项目业主控制投资的最终环节也是关键环节，竣工结算不仅是建设单位编制竣工决算、核定新增固定资产的依据，还是承包方收取并结清工程价款的依据。

1. 竣工结算审核的程序

在承包方完工，由项目业主、监理方等多方确认质量验收合格，并由监理方颁发工程接收证书后才能进行竣工结算。对于内容复杂、规模较大的项目，经发、承包双方同意后，可在未全面竣工的情况下进行已完工程的资料核对以提高结算效率，但是结算手续办理和结算价款支付必须在竣工验收合格之后才可以进行。《标准施工招标文件》通用条款 17.5 对竣工结算的程序做出了以下规定。

1）工程接收证书颁发后，承包方应按专用合同条款约定的份数和期限向监理方提交竣工付款申请单，并提供相关证明材料。除专用合同条款另有约定外，竣工付款申请单应包括下列内容：竣工结算合同总价、发包方已支付承包方的工程价款、应扣留的质量保证金、应支付的竣工付款金额。监理方对竣工付款申请单有异议的，有权要求承包方进行修正和提供补充资料。经监理方和承包方协商后，由承包方向监理方提交修正后的竣工付款申请单。

2）监理方在收到承包方提交的竣工付款申请单后的 14 天内完成核查，提出发包方到期应支付给承包方的价款送发包方审核并抄送承包方。发包方应在收到后 14 天内审核完毕，由监理方向承包方出具经发包方签认的竣工付款证书。发包方应在监理方出具竣工付款证书后的 14 天内，将应支付款支付给承包方。

3）竣工付款涉及政府投资资金的，按照国库集中支付等国家相关规定和专用合同条款的约定办理。此外，发、承包双方可在合同中约定，如果承包方未能在规定时间内提供完整的竣工结算资料，且经发包方催促后，仍然没有明确答复或未能提供资料的，发包方有权按照已有资料审核，造成的损失由承包方承担。竣工结算审核程序如图 6-3 所示。

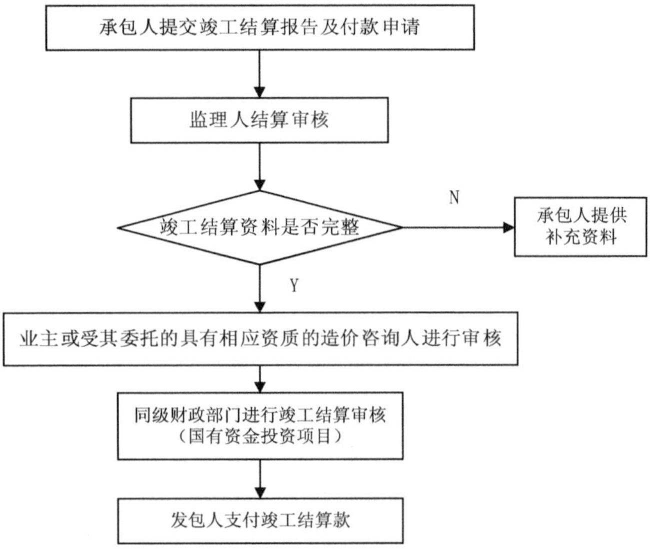

图 6-3 竣工结算的审核程序

2. 竣工结算审核的内容

竣工结算审核应采用全面审核法。在工程结算审核中，应区别不同类型的项目施工合同，并根据不同的计价模式采用相应的结算审核办法。

1）在对采用总价合同的工程结算进行审核时，应注意审查其结算编制方法是否与合同约定的保持一致，对合同约定中可以调整的内容，如设计变更、工程变更洽商以及工程索赔等也都要进行审查。

2）在对采用单价合同的工程结算进行审核时，应注意依据合同约定的方法审查各分部分项工程的项目价格和工程量计算的准确性，并对合同约定中可以调整的内容，如设计变更、工程变更洽商、工程索赔以及施工措施等进行审查。

3）在对采用成本加酬金合同的工程结算进行审核时，应注意依据合同约定的方法对各分部分项工程，如设计变更、工程变更洽商、施工措施等调整内容和酬金及有关税费的取定进行审查。

4）对采用工程量清单计价方式的工程结算进行审查时，应包含下列内容：①审查项目中所有分部分项工程量、措施项目工程量，按规定计算的人工费、材料费、施工机械使用费、企业管理费、利润、规费和税金取定的准确性；②审查除分部分项工程和措施项目以外的其他项目需要计算的各项费用；③依据合同约定的结算方法审查设计变更和工程变更费用；④依据相关签证，审查索赔费用；⑤审查合同约定的其他费用。

5)对原合同价款按照合同约定的工程价款调整方式进行审查,并按照工程造价形成的划分方式进行汇总。

6)对采用预算定额计价的工程结算进行审查时,应包含下列内容:①审查项目中套用定额的分部分项工程量、措施项目工程量和其他项目,以及按规定计算的人工费、材料费、施工机械使用费、企业管理费、利润、规费和税金取定的准确性和一致性;②在合同价基础上,审查设计变更和工程变更费用;③依据合同约定或签证确认事项,审查索赔费用;④审查合同约定的其他费用。

3. 竣工结算审核的重点

竣工结算工作贯穿工程建设的全过程,因此从一开始就应注意各种原始数据的收集和汇总,包括变更、索赔等,找出工程造价增加的切入点和关键点,并有意识地做好收尾工作。工程结算工作的好坏,直接关系到项目的整体经济效益。竣工结算工作的重点如下。

(1)审查资料的完整性及符合性

竣工结算审核的第一步是确定审查资料的完整性及符合性。对于地铁项目而言,完整的竣工结算资料是承包方和项目业主编审竣工决算的依据,是确定竣工结算价款的前提。其内容包括:项目施工合同及附件、协议书,招投标文件,中标通知书,施工企业规费计取标准,建设项目安全文明施工评价得分及措施费费率核定表,施工图,竣工图,图纸会审纪要,开、竣工报告及工期延期联系单,设计变更单,技术核定单,现场签证单,隐蔽工程验收记录,建设单位付款情况表,竣工验收记录等有关材料。

完整性审查必须检查上述资料是否齐全,有无遗漏,设计变更单及现场签证单编号是否连续,签字盖章手续是否齐全。如果项目采用工程量清单计价模式,还要审查工程量清单综合单价分析表、安全文明施工措施费用明细表、索赔与现场签证计价汇总表等是否包含在内。

符合性审查应对送审资料真实性、合法性、手续齐全性进行严格的审核。如果发现结算资料有遗漏或存在手续不全的情况,监理方及项目业主应尽快督促承包方补充完善。如果经发包方催促后,仍然不能提供齐全结算资料的,发包方有权按照已有资料审核,由此产生的损失由承包方承担。

(2)复核工程量的计算

在竣工结算审核过程中,复核工程量的计算是一项重要内容,即根据施工图纸和项目完工的实际情况对工程量进行复核,在工程量清单计价模式下,承包方实际完成的工程量以及合同中约定予以计量的部分即为竣工结算的工程量。复核应根据施工图纸、变更单以及隐蔽工程验收记录,按工程量清单计价规范和合同约定认真进行,否则将直接影响结算总价。

(3)新增单价的确定

由于地铁项目的建设周期长且影响因素多,在施工过程中难免会发生设计变更。如果因变更导致工程量清单项目增加,且在已标价的工程量清单中没有对应子目的单价,则由承包方提出,按照成本加利润的原则对综合单价进行确定,并经发包方确认后实施。此时,承包方已中标工程、掌握主动权,往往会借此报高新增综合单价,以获取更多的利润来弥补低价投标造成的损失。

(4)现场签证的有效性及合理性审核

现场签证是由承包方、监理和项目业主三方共同签署的,确认现场实际发生的工程量、人工或机械台班消耗以及其他特殊情况的书面文件。通常有需要现场签证的情况包括:①发生变更,承包方应项目业主要求完成但在图纸中体现不明的工作量;②发生索赔,承包方产生的人工或机械台班损失以及其他额外支付的费用;③现场的一些零星工程以及特殊情况。由此可见,现场签证是核定变更和索赔价款的重要依据。

地铁土建项目现场签证的内容:施工期间所发生的合同中未包含的技术措施处理;项目施工过程中实际发生但在图纸中体现不明的;根据合同要求进行测量的工程量的工作项目以及因突发事件而发生的人工费、材料费等费用。

现场签证的审查,主要审查签证文件的有效性及合理性。在形式上,一份完整有效的现场签证文件必须有承包方、监理方和项目业主三方的签字确认;在内容上,签证必须载明日期、原因、项目特征、签证部位以及其他需要签证的内容,同时附上必要的施工记录、验收资料、计算过程等。

工程量签证要求不能笼统、模糊,要以现场签证计价的准确和方便为原则,尽量做到详尽。对于可以明确计算工程量的内容只签工程量,不签人工工日和机械台班数量。

此外,签证内容的合理性也要审核。根据现场的实际状况以及合同约定,对以下情况进行判断:签证内容是否重复,签证数量是否符合规定,签证项目是否属于合同所约定的包干项目、是否包括在分部分项工程费或措施项目费中。

项目业主在进行签证计价的过程中,对于签证工程量的部分可以根据双方约定或者参照定额进行结算,对于签证的人、材、机消耗部分可以参照原招标文件中人、材、机的价格或者项目所在地的信息价进行结算。

第二节　实施阶段问题与核心技术

一、地铁项目实施阶段的投资控制问题

地铁项目的实施阶段是造价控制的重要阶段,根据以往地铁投资竣工结算统计资料来看,在施工过程中,地质条件和施工条件发生变化,导致工程变更发生,进而引起费用调整幅度较大。本节通过分析全国地铁项目的实践,总结出以下实施阶段投资控制的问题,并结合天津地铁的实际进行分析,其投资控制问题如下。

(一)前期筹划不完善,影响整体投资

近年来,由于市政、电力、通信、邮政等工程的建设与改建频繁,各种地下管线纵横交错,线位错综复杂,相关线位图由各产权单位独自保存,尽管建设主管部门出台了城市建设工程档案管理条例,但是产权单位的归档移交工作仍然不积极、及时,使得收集地下管线的线位图纸非常困难。为了获取线位图,地铁建设单位委托测绘单位进行勘测,虽然可以在一定程度上保证精度,但还是避免不了出现管线遗漏的情况,导致在施工过程中发现不明管线,从而发生设计变更或者现场签证,进而增加施工成本、影响施工进度。

（二）设计变更多，增加投资

1. 施工图阶段问题

施工力量阶段问题包括施工图阶段与现场结合不够、出图质量不高，变更频繁。出于工期、安全与维稳等原因，在采用新工艺、新工法审查时，对平衡工期、安全、稳定与投资等方面综合平衡考虑不足，增加投资。结构、建筑及设备专业间设计结合不够，在各专业集中施工时期互相干扰，造成反复拆改、开孔、植筋等增加投资。设计标准的变化，导致施工图提高标准，增加投资，如将节能荧光灯变更为 LED 灯，安防专业因规范标准提高增加投资。

此外，施工图设计精细化不够，细部节点详细设计深度和设计质量不足，容易导致设计交底、图纸会审问题增多，加上审查不够严格，设计用语不够规范、严谨，施工单位钻设计的空子，也容易导致增加投资。

2. 施工单位管理问题

施工单位管理问题包括施工单位管理规范化、精细化不足，对于设计变更审查不严格，时效性不强。在工程实施过程中，现场实施条件限制导致设计变更增加投资。工程实施前期筹划不严密、不及时，致使施工单位进场后，设计资料尚不能及时提供。施工单位为了工期、安全以及施工单位便考虑，增加其他施工措施，从而增加投资。

此外，工程筹划深度不足，与现场实施条件以及施工图设计结合不够紧密，导致工程实施过程中盾构机增加数量、增加投资；部分区间在实施阶段发现不具备接收条件导致盾构拆解，由此造成投资增加。

（三）工程签证数量多、设计投资大，且审核时效性执行不严

在合同执行阶段，签证确认不及时，无法实现实时跟踪与预警，出现签证普遍滞后问题，甚至拖到结算阶段进行签证的确认工作。其主要原因包括：施工单位经济管理体系人员偏少，认为签证早晚得给，因此对于签证项目资料编制不重视，签证项目发生后不能及时组织相关人员编制签证资料并进行上报；施工单位签证资料申报合理性较差，支持性资料不完整，造成反复修改完善，拉长签字流程时间；合同条款对于施工过程中发生的各项费用约定不够清晰或者有矛盾，造成监理及建设单位管理人员对于是否同意签证项目造成困难。

（四）结算进度慢引起的投资控制不到位

针对政府投资项目，《政府投资条例》对工程时限做出了规定，即“政府投资项目应按照国家有关规定合理确定并严格执行建设工期，任何单位和个人不得非法干预；政府投资项目建成后，应按照国家有关规定进行竣工验收，并在竣工验收合格后及时办理竣工财务决算”。

但在实际实行过程中，审批周期长的问题普遍存在，这是目前我国地铁项目的常见问题。从承包方定编收集结算资料，到监理和第三方咨询、发包方审批，再到审核管理中心或审核机构审核，历时一年之久。这样难免造成结算工作不细致，导致投资控制缺位的情况，从而使投资增加。

二、地铁项目实施阶段的投资控制核心技术

根据地铁项目的工程特点，以及在实施阶段存在的问题，本书提出了运用状态补偿理论、建筑信息模型（Building Information Modeling，BIM）技术进行投资控制的方案，从而帮

助项目业主进行实施阶段造价控制。

(一)基于状态补偿理论的投资控制

1. 状态补偿理论概述

(1)合同状态的概念

“合同状态”的概念是由东南大学的成虎教授最先提出的,合同签订时所确定的价格是在综合考虑合同条件、工程环境和实施方案后针对“合同状态”的价格。在合同执行期间,各种风险因素的存在导致工程范围、环境、承包方责任等发生变化,使原有合同状态也发生变化,所以合同价款需要重新确定。

郭耀煌、王亚平认为,合同状态是整个合同履行过程中任一时点,相应的合同价款以及合同基本条件等包含的全部要素总和,并从系统论的角度将合同状态划分为合同原始状态、现实状态与遐想状态。另外,郭耀煌还提出了有关工程索赔的对策模型。其后,李晓龙、杨鹂鸣等研究者也纷纷引用该概念。

部分研究者,如任红梅、张丽霞对合同状态的分类进行了进一步的细化,并将其划分为初始状态、理想状态、现实状态和目标状态。尽管众多研究者对合同状态的划分有不同的见解,但是对于各状态的定义不存在争议,这说明在合同履行期间,由于受项目工期和风险因素的影响,合同状况会出现与合同签订的目的和内容有偏差的情况。

在出现风险因素后对原有“合同状态”进行有效的补偿,是保证合同顺利完成和项目成功的重要条件。因此,合同价格的调节方式将直接影响发、承包双方的利益。项目施工合同价款调整的实质是对承包方和发包方风险分摊的调节,也就是一种风险再分摊的过程,以确保承包方在得到最合理的价格的前提下,为发包方提供满意的工程服务。其最终目标是将风险控制在发、承包双方所能承受的范围内。

(2)合同状态的补偿

合同状态的补偿可以通过调整价款实现。一旦合同状态发生改变,合同价款会随之变化,发、承包双方也需要采取不同的调整方式加以应对。基于此,许多研究者从不同的角度对其进行了探究。

陈敏认为,合同状态的补偿方式可以归纳为四个途径:①通过采取物价风险及法律法规变化的调整等合同约定的特定解决方式,在事件发生后据调价公式进行调整;②工程变更;③索赔;④和解、调解、仲裁与诉讼等争议处理的方式。

杜友仙等对公路项目价格变动的风险因素进行了分析,并给出了相应的调整方案和调控措施,即变更和调价。

杜亚灵、尹贻林从工程价款管理研究的角度出发,提出了项目施工合同价格调整既是一种风险再分摊的形式,又是一种风险的处理机制,是指发、承包双方对合同初始协议中不合理的风险因素或在履行过程中难以预见的风险因素通过变更、调价、索赔等方式进行重新分配和调整。

万礼锋也提出,变更、调价、索赔是调整项目施工合同价款的主要方式,也是承包方获取合同外收益的重要方式。在风险因素对构造要素工程量、单价产生影响的情况下,可以从成本变动、工程计量和计价、工程索赔、法律变更等四个方面进行分析和研究,并予以调整。

严玲、尹贻林认为,工程变更是对原合同状态进行修正和补充的一种方法,其目的在于在合同条件发生变化时，确保项目的顺利进行。

另外，还有很多研究者从工程实践的角度出发，结合实际案例，讨论了如何调整项目施工合同价格，特别是变更问题。例如，陈明东通过广东水利枢纽工程的实例，提出了合同中有关允许变更和合同价格调整的问题和不足，从政策原则、合同规定和资金来源等方面明确了该合同的修改和调整的依据和范围。

吴书安认为，合同价格调整的最终目标是确保建设项目的顺利进行，而在合同执行过程中，针对合同状况的改变，发、承包双方都会采取应对措施，如变更、对原合同文件进行修改与补充。

张水波、陈勇强认为，变更后的赔偿责任应由项目业主承担，而承包方享有变更补偿的权利。变更补偿包括对变更估价方法和变更补偿的执行。

甘巨强、杨明礼以牛栏沟水电站工程为例，指出当因工程实际地质条件与原招标文件不符，造成枢纽布局和合同价格发生变化时，应采用变更的方法调整合同价款以弥补承包方的损失。

项目施工合同价款调整状态的补偿方式还体现在调价方面，由于价格变动超出了合同规定的范围势必会对合同价款产生一定影响。因此，项目业主必须通过调价的手段来抑制风险因素对合同价格变化带来的影响，许多研究者也从价格调整的角度对此进行了深入探讨。

汪洵波认为，由于不可预测的通化膨胀而引起物价上涨，主要风险由项目业主承担，承包方承担部分风险，并通过调整价格来控制风险，使风险降低到双方都能接受的范围内。接着，他以五强溪水电站等三个具体项目为实例，就如何设置非调整因子、确定调价上下限等问题提出了一些建议。

齐崑峰等从工程量清单计价模型的动态特性入手，提出了当工程材料、设备等具有较大变动的风险因素时，要通过调价的方式对其进行合理的调整，以体现清单计价模式的特殊性。

李树珍指出，建筑工程造价中的价格变动（升或降），主要是由施工过程中市场的不确定和不可预测性引起的，为了避免发、承包双方出现风险损失，必须采用调价的方法进行价款调整，并从价格调整方法的角度着重对基础价格法的计算步骤进行了探讨。

通过以上的分析，可以发现，影响价格调整的各种风险因素，会引起项目施工合同价款状态改变，而不同状态下的状态补偿模式也会有所不同。因此，必须对合同价款进行相应的调整，主要体现在以变更、调价、索赔三种补偿方式，对发、承包双方之间的权利和义务进行补偿和调节，使合同价款状态处于一个新的平衡状态。

2. 基于状态补偿理论的合同价款调整

建筑工程承包合同按其计价方法可划分为总价合同、单价合同和成本加酬金合同。

单价合同是最普遍，也是最传统的一种，它的应用范围很广，施工过程中出现的工程量偏差风险全部由承包方承担。单价合同具有“单价优先”的特征，由发包方提供的招标工程量清单中的工程量为估算值，而工程价款则按照已完工的数量和承包方提供的单价来结算；在建筑建设项目中，最常用的合同形式是总价合同。同时，总价合同的应用范围也在逐步扩展。在总价合同中，合同双方所承担的风险是最小的，这有利于合同的顺利实施。在总价合同中，承包方所承担的工作风险与价格风险是最大的。对于以已核准的施工图纸和按预算方法承包的总价合同，除非发生了重大变更，否则一般不能调整合同价款。

2013 版的《建设工程工程量清单计价规范》对单价合同和总价合同的概念、计量计价风险，特别是不同招标方式工程量的调整问题了做了详细的规定。对于采用工程量清单方式招标形成的总价合同，由发包方提供工程量并确保其准确性和完整性。工程量发生偏差时，将进行相应的调整，但对于经审定批准的施工图纸及其预算方式发包形成的总价合同，除了因工程变更而造成的工程量增减外，总价合同各项目的工程量作为承包方的最终工程量进行结算。按照招标工程量清单方式招标的总价合同与单价合同的工程量计量原则相同，均为以承包方完成合同工程应予计量的工程量确定。由此可以看出，在清单计价模式下，由于非承包方的原因导致的工程量偏离，承包方应在合同价款调整时，将据实调整作为工程量的确定原则，即以承认工程量偏差为合同价款状态的补偿方式。

（1）以调整单价为补偿方式的合同价款调整

Ⅰ.调整条件

在合同履行过程中，如果实际的数量与招标工程量清单有差异，则须符合下列两项，方可调整合同价格。

1）实际工程量为可以计量的工程量。在履行合同时，导致工程量出现偏差的因素有很多，如果由于承包方的原因导致的工程量超出了合同的范围，则发包方不予计量。所以，对引起工程量出现偏差的因素进行合理的风险分摊，是调整合同价款的先决条件。

2）工程量偏差超出了合同规定的范围。在合同中，对于工程量偏差的常见处理方法：在合同中，发、承包双方应商定一定范围内的工程量偏差，如果偏差在约定范围之内，则采用原来的综合单价；如果超出了合同规定的范围，承包方应提出新的总价，并经发包方确认后，将其作为新的综合单价。这些条款都是在为了降低合同双方的潜在风险和不损害合同各方利益的前提下，建立帕累托效率的。

发、承包双方可以协商确定工程量偏差的范围，当超出该范围时，应对合同价款做出相应的调整：工程量偏差过大，将会影响施工成本的分摊，如果工程量偏差增加过多，仍按清单中原综合单价计价，则对发包方不公平；如果工程量偏差减少过多且仍然按照清单上的综合单价计算，则对承包方不公平。因此，为保障合同双方的利益，应确定工程量偏差的范围并及时调整合同价款。

合同中未明确约定的，则按《建设工程工程量清单计价规范》中规定的幅度进行处理，也就是说在超出 15%的情况下，可以对合同价格做出相应的调整。

Ⅱ.调整方法

《建设工程工程量清单计价规范》中关于工程量偏差导致分部分项工程合同价款调整的办法，仅在调整原理上做了说明，对调整总单价有一定的指导作用，但不能用于实践。如果工程量偏差超出合同约定的限度，则超出部分的合同价款将相应调整。根据前文工程量变动、施工成本和综合单价之间的内在联系，本书从施工成本的观点出发，对工程量偏差下的综合单价进行了修正。由于工程量的增加，单位可变成本没有变化，但每个工程量中的单位固定费用却降低了，由固定费用和可变费用的总和构成的单位建筑费用，在数量上也有相同的下降趋势。这时，如果不变更原有的综合单价，则每项工程量所产生的利润将会逐步增加，直至超出承包方的合理利润区间，从而造成额外的利润，从而对发包方造成不利影响。

综合单价调整与利润率变化，如图 6-4 所示。考虑到超额利润的成因，调整合同价款，或调整综合单价，应以利润率作为主要的调整目标，将与超出规定范围内的工程量部分相对应的综合单价中的单位工程量所产生的利润率保持在工程量变化成原来的 150%时的利润率不发生变化，调整公式为

$$综合单价=\frac{超出部分总固定成本+超出部分总可变成本+超出部分利润}{超出范围的工程量}$$

其中，超出部分利润的计算公式为

$$超出部分的利润=工程量偏差达到15\%的利润率\times综合单价\times超出部分工程量$$

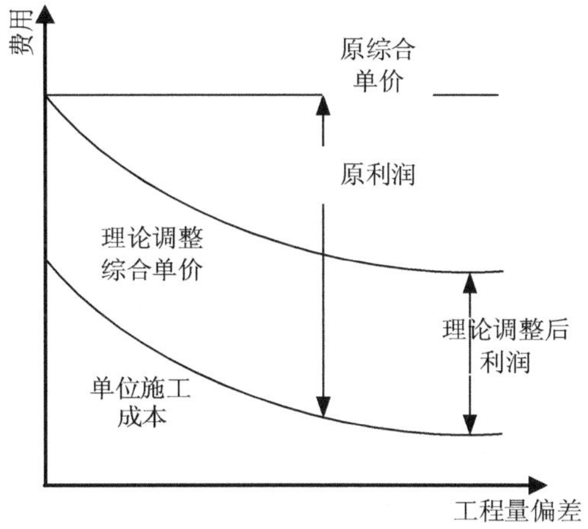

图 6-4　综合单价调整与利润率变化

（2）以调整总价为补偿方式的合同价款调整

Ⅰ. 调整条件

《建设工程工程量清单计价规范》把这类措施项目归为以单价计算的措施项目，而不像以前那样按项计价。但是，《建设工程工程量清单计价规范》颁布时间尚短，而这些措施项目的计价又与施工方案有很大关系。由于施工方案的差异，所采取的措施也会因其方案的不同而有所差异。而且这些措施项目的消耗量可以被分配到一个分部分项工程中，但不能被分配到一个分部分项工程的单位工程量上，所以这些措施项目都是按照总价包干来计价的。

投标之前所编制的施工方案称为"标前施工方案"，而签订合同后所编制的施工方案简称"标后施工方案"。两类方案的编制时间虽有差异，但在本质上不可存在明显的改变，签订合同后的施工方案应被解读为对投标前施工方案的精炼细化。工程施工方案的差异将导致措施项目费的差异。从这一点可以看出，工程量的偏差导致原有施工方案变化是调整相应的措施项目费的先决条件。工程施工方案改变导致合同价款调整的条件是，承包方应向发包方提交拟实施的施工方案，并将其与原方案的措施项目情况进行详细比较，经发包方同意新方案后，方可调整措施项目费。与施工方案强相关的措施项目费调整条件如图 6-5 所示。

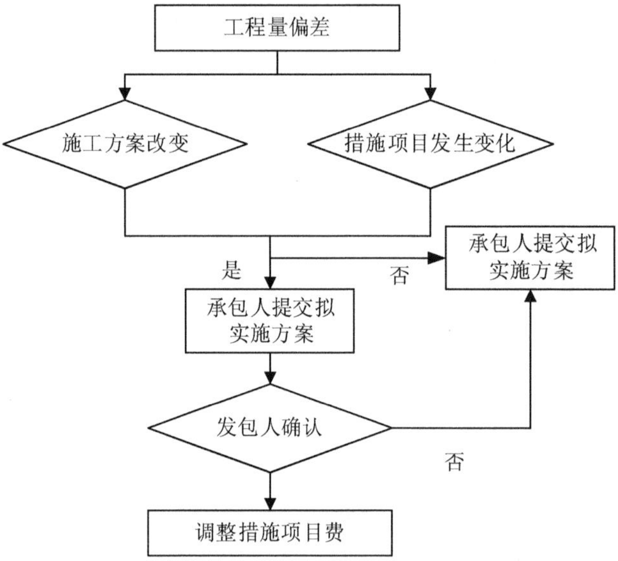

图 6-5　与施工方案强相关的措施项目费调整条件

Ⅱ. 调整方法

在经发包方确定后包含原措施项目的施工方案中，应根据工程量的增加与减少调整措施项目费。

如果在发包方确定的施工方案中增加了新的措施项目，则在计量措施费用时，要考虑承包方报价浮动率。

招标工程的承包方报价浮动率计算公式为

承包方报价浮动率=（1-中标价/招标控制价）×100%

非招标工程的承包方报价浮动率计算公式为

承包方报价浮动率=（1-报价值/施工图预算）×100%

3. 基于合同状态差异归责的工程索赔分析

工程索赔的根源在于合同状态差异，然而当干扰事件导致合同状态改变进而导致合同状态产生差异时，根据合同状态差异是否可以判断干扰时间为索赔事件，即是否能判断索赔事件成立，换言之是否具有索赔权，此为工程索赔的重中之重。2013 版的《建设工程工程量清单计价规范》对索赔的界定：在履行工程合同过程中，因一方过错造成另一方遭受损失，按照合同和法律的规定，应由过错方赔偿。在该定义中，索赔事件发生的主体是合同一方，而索赔事件的发生具有三个先决条件，这三个先决条件必须同时满足。

条件一：遭受损失（费用损失、工期损失及相关损失），也就是工期或费用的合同状态差异。

条件二：损失并非由己方原因造成，也就是因发包方或承包方原因导致的差异。

条件三：该损失应由对方承担，即差异是由承包方或发包方承担的。

若基于承包方视角，则造成损失的原因为非承包方原因，即差异由非承包方原因造成；并且应由发包方承担损失，即发包方承担差异。据此，建立基于合同状态差异的工程索赔事件成立判定模型，如图 6-6 所示。

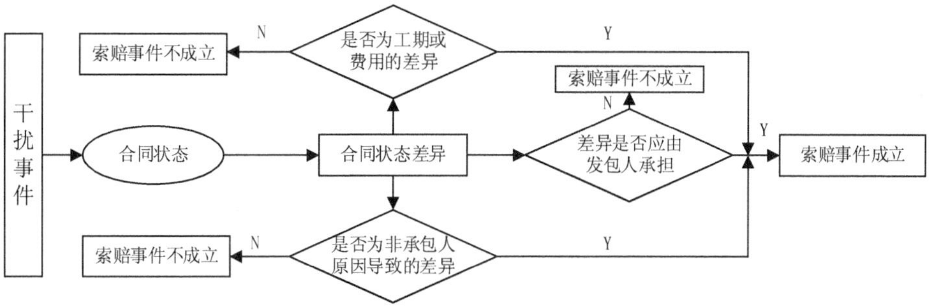

图 6-6　基于合同状态差异的工程索赔事件成立判定模型

从图 6-6 中可以看出，如果索赔事件成立，那么时间或费用上的差异、因非承包方的原因造成差异和差异应该由发包方来负责这三点需同时成立。工期和费用上的差异是客观事实，如工期延误或提前、费用增加或减少，可以直接判定。但判断差异是否由非承包方造成以及差异是否应由发包方承担，需结合合理风险分担理论，难以直接判定。根据前文可将造成这种差异的原因归结为发包方违约责任和发包方风险责任，因而认定该索赔事件的实质就是分析发包方违约责任和发包方风险责任。

4. 基于合同状态的工程变更补偿分析

（1）合同状态变化机理分析

Ⅰ. 工程变更对合同状态变化的影响

工程变更可以被看作合同标的物的变更，而原工程合同内容的变更将导致发、承包双方的权利和义务发生指向性的变化。导致合同状况改变的工程变更主要包括以下八个方面：施工条件和环境的变化；施工图纸的变更；施工工艺和顺序的变更；工程量改变；材料变动；新增工程；不平衡报价；工程量清单不正确。在清单计价规范体制中，工程变更是发包方完全承担的风险，属发包方主动行为，变更必须得到发包方（监理方）的许可，承包方须无条件地执行，发包方应支付由此产生的费用，应延长由此延误的工期。工程变更是一种以工程量为基础的合同状态变动的类型，是导致合同价款调整的重要原因。

Ⅱ. 工程量清单缺项对合同状态变化的影响

多数研究者认为，工程量清单缺项是指招标人或招标代理公司所提供的招标工程量清单无法正确反映工程内容，与施工图纸、招标文件相脱节，造成招标过程中补遗工作量增加，从而引起项目费用增加，影响工程工期、质量。主要归结为以下四个原因：①图纸模糊或不完善；②不熟悉图纸；③不熟悉投标文件和法律法规的条款；④不熟悉施工工艺、施工流程或施工规范。在工程量清单编制过程中，以上原因造成工程量清单中的分部分项工程量清单的缺项、措施项目的缺项，将会破坏合同签订时的初始状态的平衡，可通过工程计量对合同理想状态与实际状态的差距进行动态补偿。

Ⅲ. 工程量偏差对合同状态变化的影响

“工程量偏差”作为一个新出现的概念，其定义首次在《建设工程工程量清单计价规范》中得到明确。在招标阶段，工程量清单是一种估算，是投标人在投标时编制报价的依据。但在施工过程中，受施工条件、地质水文条件、工程变更等改变和投标工程量清单编制人的专业能力等因素的影响，工程实际工程量与招标工程量清单会发生较大偏差，从而使合同状态偏离了理想状态。如果监理方在现场发现发生变更或承包方根据现场情况提出变更施工方案的建议,引起合同状况的改变,则应进行工程计量及时予以补偿,以弥补承包方的建设费用,如图 6-7 所示。

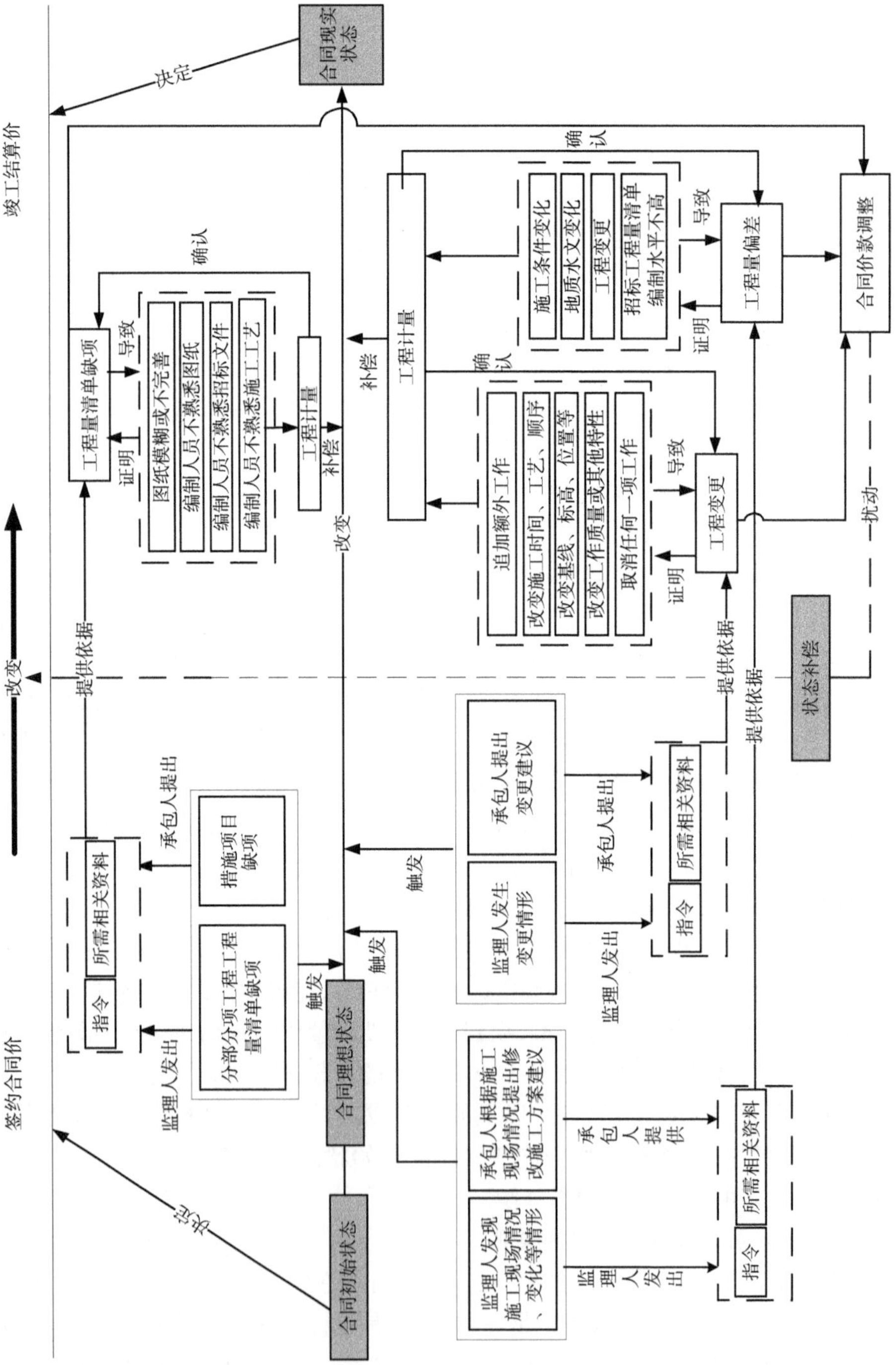

图 6-7 工程量偏差对合同影响的示意图

（2）基于工程计量的合同状态变化补偿值的确定

Ⅰ.工程变更引起合同状态变化补偿值的确定

施工过程中发生工程变更是无法避免的，其对工程造价的影响很大。对工程变更合同价款进行精确确定，既能有效地控制投资，确保建设项目的顺利进行，同时也能有效地降低发、承包双方发生价款纠纷的概率，降低建设项目不必要的成本。在国际工程中，工程量清单中包括了措施项目，所以工程变更导致的合同价款调整无级区分分部分项工程和措施项目的费用，但因为在国内分部分项工程和措施项目是分开的，所以工程变更会导致分部分项工程和措施项目的费用调整。

1）分部分项工程变更价款的确定。工程变更工程量和工程变更综合单价两者的乘积是在工程量清单计价模式中，分部分项工程变更价款的主要表现。对于其变更工程量的确定，《建设工程工程量清单计价规范》（GB 50500—2013）与《标准施工招标文件》（发改委令第 56 号）均承认变更工程量的计量应按照已完工工程量计算，并且其计算规则应与合同工程以内的工程量计算规则相符；确定变更综合单价主要分为“适用子目”“类似子目”和“无适用且无类似子目”三种情形。变更综合单价确定的过程如图 6-8 所示。

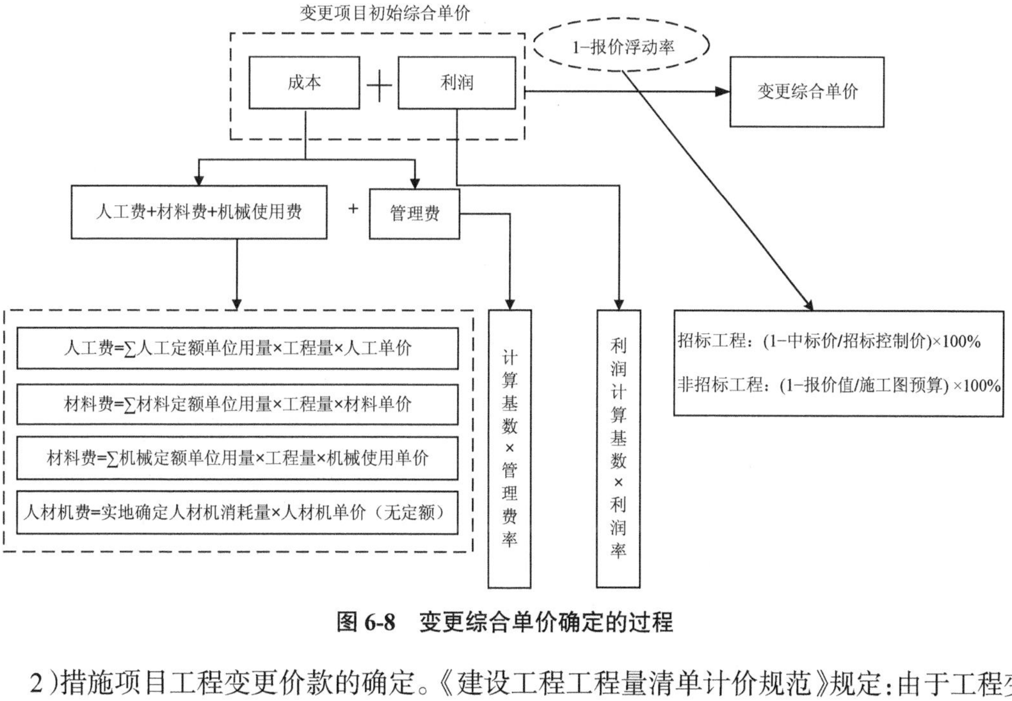

图 6-8　变更综合单价确定的过程

2）措施项目工程变更价款的确定。《建设工程工程量清单计价规范》规定：由于工程变更导致的施工计划的变更和措施项目的变更，承包方在提出调整措施项目费用时，应提前向发包方提交确认拟实施的方案，并向发包方详细说明与原方案措施项目相比的变化情况。经发、承包双方确认后执行拟实施方案。

如果承包方没有提前向发包方提交拟实施的施工方案，就认为该方案不会导致措施项目费用的调整或者承包方放弃对该措施费用进行调整。措施项目变更价款调整的前提如图 6-9 所示。

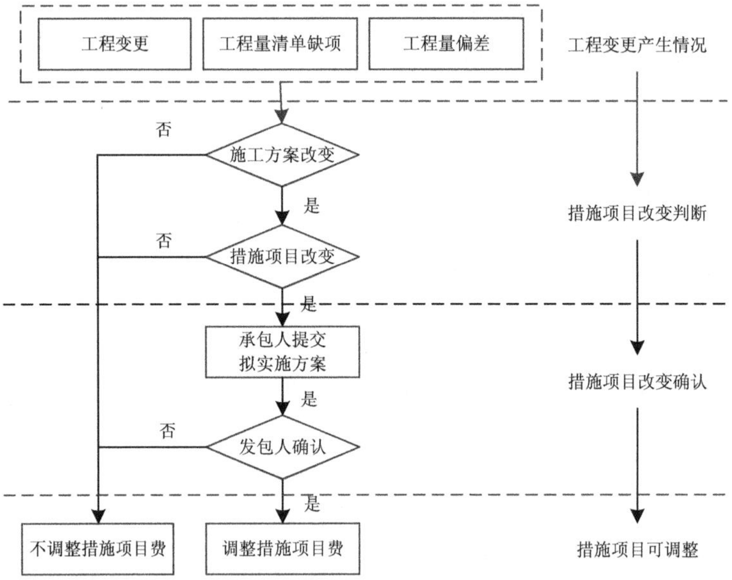

图 6-9　措施项目变更价款调整的前提

由图 6-9 可知，措施项目变更价款调整的前提条件是工程已发生变更，工程变更导致工程施工方案的变更，且发包方已批准新的施工方案。

Ⅱ. 工程量清单缺项引起合同状态变化补偿值的确定

招标工程量清单中缺项的原因包括设计变更、施工条件变更、招标工程量清单编制有误等。在合同履行过程中，因招标工程量清单中出现的缺项问题，新增分部分项工程清单项目的，应根据实体项目工程变更估价的有关规定确定综合单价，并相应调整合同价款。分部分项工程量清单缺项是指在招投标过程中因工程量清单编制不当而导致的一项或多项分部分项工程量清单项目的缺失。因招标工程量清单缺项导致的新增分部分项建设项目，属于工程变更。

增加了新增分部分项工程清单项目后，导致措施项目变更的，在承包方提出的实施方案经发包方同意后，根据变更措施项目的价格调价原则，调整合同价款。如果承包方提出调整措施项目的费用，应提前向监理工程师报告拟实施的施工方案，并详细说明与原方案措施项目相比的变化情况，由监理工程师核实，经监理工程师同意，报发包方同意后，按工程变更估价原则和措施项目费的调价原则变动合同价款。

若招标工程量清单中的措施项目缺项，则承包方应在向发包方提出新增措施项目实施方案后，按措施项目变动的价格调整原则和工程变更综合单价的确定原则，对合同价款进行调整。措施项目清单项目可以根据拟建工程的施工组织设计、施工技术方案、施工规范、验收规范、招标文件等方面由发包方进行补充。如果由于承包方造成了施工方案的变更，从而造成了措施项目的缺项，则不能得到招标人的同意。但在制定措施项目的过程中，投标文件、设计文件等也是一个很重要的依据，应由招标人提供；若因发包方、投标文件、设计等方面的缺陷而造成措施项目的缺项，则应予以修正。

Ⅲ.工程量偏差引起合同状态变化补偿值的确定

《建设工程工程量清单计价规范》9.6.1规定，合同履行期间，当应予计算的实际工程量与招标工程量清单出现偏差，且满足以下两个条件时，发、承包双方应调整合同价款。

对于分部分项工程综合单价的调整，对任一招标工程量清单项目，如果因实际计量工程量与招标工程量清单中的工程量的工程量偏差和由工程变更等原因引起的工程量偏差超过15%时，调整原则为：当工程量增加15%以上时，增加部分的工程量的综合单价应予调低；当工程量减少15%以上时，减少后剩余部分的工程量的综合单价应予调高。

在措施项目费的调整中，当工程量出现上述的变化，且该变化引起相关措施项目相应发生变化，按系数或单一总价方式计价的，工程量增加的措施项目调增，工程量减少的措施项目调减。

（二）基于风险控制理论的投资控制

1.风险的概述

（1）风险的来源和定义

风险一词的英文为risk，源于法文risque，于1830年首次被英国保险业使用。按照英国国家标准，风险是指项目寿命期内可能出现的，对人存在潜在危害，对财产、环境造成破坏性影响的事故。

人们对风险的定义有不同的见解，但是人们在研究风险时通常都有以下两点认识。

1）将风险定义为不确定的情况。这是从风险管理和保险关系的角度来定义的，其代表人物是美国的威利特，他将风险定义为"客观的不确定性"。哈迪认为，"费用、损失或与损失相关的不确定因素"为风险的定义。

2）将风险定义为预期和现实之间的差异。威廉姆斯与汉斯是这个理论的典型代表人物。他们认为，"风险就是在一定条件下，一定时期内结果可能会发生的变动"。变动越大，代表风险越高。这个变动是指期望结果和现实结果的不同或者偏差。

本书运用国内风险学界的主流理论，将风险划分为两个层次：一是强调风险的不确定性，二是强调风险对人类的伤害。

（2）风险识别研究

目前，主要有以下几种常见的风险识别方法：专家调查法、情景分析法、故障树分析法、流程图法、工作分解结构法、因果分析图法、检查表法、态势分析法（SWOT分析法）、头脑风暴法、文献分析法、案例分析法、政策文件分析法等。

1）专家调查法，又称"德尔菲法"，是就一个特定的话题或问题征求多位有关专家与权威人士意见和观点的一种研究方法。这种方法调查的对象只限于专家这一层次。调查是多轮次的，一般为3~5次。每一次，调查对象都要完成一份大致相同的调查表，并简单地说明他们的观点和依据。每次调查的结果都会在第二轮的时候公布给所有的受访者，让其知道其他专家的观点，以及与其他专家观点的异同。

2）情景分析法，又称脚本法或前景描述法，是假设某种现象或趋势在未来持续存在的前提下，预测对象可能出现的情况或引起的后果的方法。

3）故障树分析法是自上而下的演绎式失效分析法，其使用布林逻辑组合低阶事件对系统中不希望出现的状态进行分析综合。该方法主要用于可靠度工程以及安全工程领域，帮助了解导致系统失效的原因,并寻找合适的方式降低风险,或者确定发生某个安全事故及某个系统出现故障的概率。

4)流程图法是一种识别风险管理单位所面临的潜在损失风险的重要方法。流程图法是把风险主体按照生产经营和日常生活的内在逻辑关系,整合到一个流程图中,并通过对关键环节和薄弱环节的风险进行调查与识别风险的方法。

5)工作分解结构法是将某一项目按照一定的原则进行分解,先将其分解为任务,然后将其分解为一项项工作,最后将这些工作分到每个人的日常活动中,直至无法完成分解为止。该方法的流程为"项目→任务→工作→日常活动"。工作分解结构是以可交付的成果为导向,将各项目的要素进行分组,总结并定义了项目的全部工作范畴,每下降一级都有一个更加详细具体的工作定义。

6)因果分析图法是一种从事物改变的因果关系质的规定性入手,运用统计学的方法,寻找各市场变量间的依存关系的数量变化函数表达式的预测方法。

7)检查表法,又称调查表法或统计分析表法,是用来调查、收集、整理数据为其他数学统计方法提供基础数据和粗略质量分析原因的一种工具。

8)SWOT 分析法指在企业内部和外部的竞争条件和竞争环境的基础上进行的态势分析,就是将与研究对象紧密联系的主要优势、劣势、外部机遇和威胁,用调研的方式列出,并按照矩阵的方式进行排列,再根据系统分析思想,将这些因素相互匹配在一起进行分析,得到一系列的结论。

9)头脑风暴法指在正常融洽和不受任何限制的气氛中,大部分由价值工程工作小组人员以会议形式进行讨论、座谈,打破传统思维定式,积极思考,畅所欲言,充分发表看法。

10)文献分析法是通过对搜集到的某方面的文献资料进行研究,以探明研究对象的性质和现状,并从中引出自己观点的分析方法。它既可以使调查者形成对于被研究对象的总体印象,有利于对研究对象进行历史的动态把握,也可以更好地研究已经无法接触的被研究对象,如已过世的人。文献分析法的主要内容包括:①对所收集到的相关档案进行分析和研究;②对收集到的个人日记、笔记、传记进行分析和研究;③对收集到的公开出版的书籍刊物等资料进行分析研究。

11)案例分析法选取一种或多种情景作为研究对象,通过系统地搜集数据、资料,进行深入的研究,以探索现实生活环境中某种现象的状态。该方法适用于当现象与实际环境边界模糊,或是研究调查者无法直接精确设计变量并对变量进行系统控制时,回答"如何改变"、"为什么变成这样"和"结果如何"等研究问题。

本书主要采用工作分解结构法,对地铁项目的风险进行识别和总结。

2. 地铁项目风险概述

由于地铁项目规模大、参与方众多、技术复杂、环境不确定,因此在施工和运营中,许多不可预见的因素都会存在。美国项目管理学会(PMI)把项目风险界定为:一种在工程中出现时,至少会对某一目标造成影响的不确定事件或条件。如果不防范这些风险,将会给项目带来负面影响。对地铁项目的风险进行合理有效的风险管理,可以使其决策科学化、合理化,从而保证项目的顺利进行。项目风险管理是指通过项目干系人积极主动合作,最大限度地减少风险,其目的不在于避免风险,而在于做出更为稳妥的决策,以保证项目的目标达到或超过预期。所以,必须对建设项目进行有效的风险管理。

以 FIDIC 银皮书(2017 版)为研究对象来看,合同风险包括不可抗力、合同责任、充分性承诺、工期延误、缺陷责任期、可索赔事项等几个方面,如表 6-2 所示。

表 6-2 FIDIC 合同风险识别表

风险分类	具体风险因素	何种风险/风险点	风险分担主体
不可抗力风险	承包方因不可抗力事件遭受损失	工期、费用、 承包方的风险在于是否触发“不可抗力”条款	承包方
合同责任风险	延期罚则	费用	承包方
	承包方的合同责任	项目业主根本利益的重大原则问题	项目业主
充分性承诺风险	地质、环境调查文件	费用	承包方
	承包方的合同义务	工期、费用	承包方
	对风险意外事件的预见,合同价格不调整	费用	承包方
	进场道路的维护改造	工期、费用	承包方
工期延误风险	工期延误	工期、费用	承包方
缺陷责任期风险	承包方工程设计、材料、生产设备、施工方法、	工期、费用	承包方
	项目业主人员操作不当	工期、费用、利润	项目业主
	恶劣气候、环境温度	工期、费用、利润	项目业主
可索赔事项风险	项目业主导致损失	索赔、利润	项目业主
	客观原因	判断是不是风险	

根据 FIDIC 银皮书中的合同条款对项目业主方和承包方的责任界定以及风险分担机制,本书认为地铁项目的风险因素可以概括为:不可抗力、政策法规、人为因素以及合同条款这几个方面。

3. 地铁项目风险应对

风险应对是指在确定了决策主体对象在运营行为中的风险,并对其风险的可能性和影响程度进行分析的基础上,依据风险的性质和决策主体的承受能力,制定相应的规避、承担、降低或分担风险等的防范方案。在风险应对方面,管理者一般采用自留、规避、转移、分担、控制、对冲等方法。

(1)风险自留

风险自留就是企业接受自己所面对风险的态度,并且做出了充分的准备和承担风险后果的选择。从风险主体承担意愿来看,风险自留可以分为主动风险自留和被动风险自留。主动风险自留是在充分了解各种风险和其损失之后,通过对各种风险应对方法进行权衡,主动地选择承担风险所可能产生的后果,并进行相应的财务准备。而后者,是由其对风险的识别和处理手段的不完善而导致的。

在实际的地铁项目管理中，不管运用什么风险管理技术，都不能完全杜绝风险。另外，有些时候，项目参与者为了获取更好的利益，也要冒一些风险。因此，企业要从整体上提升自己的管理能力，正确地评价项目的风险，量力而行，积极主动地承担一部分风险。

（2）风险规避

风险规避就是在具有某种风险的经营环境中，企业选择回避、停止或退出，从而避免成为风险拥有者。这种方法一般在风险评估中具有较高的损失期望值，或者造成重大不利影响的风险事件，而承包方无法承受这种风险时采用。一般可以采用的方法为：拒绝承担风险（项目的决策阶段）和为了避免更大的损失而放弃已经承受的风险（项目的进程中）。

另外，是否采用了风险规避策略，还与项目参与者对风险的态度密切相关。对于风险规避的决策者来说，其认为风险很大需要规避的项目，可能风险爱好者会觉得风险的级别是可以接受的。现实中，风险和回报是并存的，所以在风险的识别和评价中，必须做到最客观、最全面，最大限度地考虑各种可能的风险及风险应对方法，再慎重地选择。

（3）风险转移

风险转是指将风险通过合同或者协议转让给第三方的一种方法，即风险的后果与相应的责任和权利都转移给对方。例如：在与物流合作方订立的协议中，约定货物损害的赔偿责任由物流方承担，将损失的风险转嫁给了合作方；EPC 项目总承包方在其不熟悉的工作内容上进行专业分包，以转移其潜在的重大损失；承包方向发包方提出支付担保等。

风险转移的主要内容包括保险风险的转移和非保险风险的转移。前者是将自己所承担的风险，转嫁给保险公司，如工程承包方面有安装工程一切险（附加第三者责任险）、建筑工程一切险等；后者主要是指合同，包括担保合同、租赁合同等，合同双方包括项目业主对承包方、总供应商对分供应商、总承包方对分包商等。

在工程承包中，由于施工中经常发生意外，导致人员伤亡、财产损失，所以保险是不可或缺的，属于强制性保险。

（4）风险分担

风险分担是指将风险的各环节划分给不同的参与者，使其分散，从而减少整体的风险。一般的风险分担方式是联合投标或组成联营体，共同承揽一项工程，或者分成几个标段单独承包。在采取风险分担策略时，既要考虑风险的承担意愿和承受力，同时也要考虑谁的利益多、谁的责任大。在风险分配的过程中，风险的控制与收益的损失是紧密联系的。

（5）风险控制

风险控制就是通过对环境、动机、条件等因素的管理，减少风险发生的概率及损失程度。风险控制的方法主要包括防范风险因素的产生、降低风险因素的数量、有效地隔离人财物和风险因素、利用制度教育来防范风险。然而，风险控制并不能彻底杜绝风险，仍会有剩余风险，应审慎地进行风险辨识，充分考虑项目整体的成本效益，避免因少量有效的风险控制措施而产生带有错觉的安全感。

除了上述风险应对方式之外，还有风险转移、风险对冲、风险补偿等。风险是动态的，风险的管理也是动态的，所以在风险应对的过程中，要持续监测风险，并及时地跟踪和反馈风险的处理结果，了解项目的风险特性，完善现有的应对方法，开发新的应对方法，以不断修正和提高风险管理计划和行为。

（三）利用 BIM 技术进行投资控制

BIM 是一种应用在建筑领域的新型技术工具，它以三维立体、物价导向等理念为建筑设计提供帮助，并利用计算机进行建筑信息的高效集成整合。在工程设计、施工等全生命周期中，运用数字技术进行施工，以达到各环节的协调，其核心内容为利用数字化技术建立三维模型和数据库信息。

1. BIM 技术在工程造价管理中的应用优势

地铁项目的建设不仅要消耗大量的工程材料，而且需要工程公司进行大量投资。我国的地铁项目投资周期长、施工周期长，在实际施工中存在着更多的管理风险。如果工程造价人员制订的工程造价计划不精确，则会对工程的实施产生不利的影响。因此，工程造价人员可以将 BIM 技术运用于造价管理，利用 BIM 软件的内部数据库，获得历史数据和信息，以提高工作效率。应用 BIM 技术，可以准确地估算出未来项目所需的各种建筑材料的使用情况，并对其总体工程量进行统计分析。经调研，得出 BIM 技术在工程造价上的应用，可以为公司节省 8%左右的工程建设费用。此外，工程施工人员可以利用 BIM 技术进行模拟碰撞试验。工程技术人员开展技术图纸的会审，并对图纸中存在的问题进行及时的修正，同时，造价人员根据工程设计图对方案进行修改，然后计算出新的造价金额，从而制定新的工程造价方案。利用 BIM 技术对各种造价数据进行调整，能够实现对成本的自动调节。在 BIM 软件中，当工程设计人员对工程设计图进行优化时，设计方案上的数据也会随着变化，既减少了造价人员对数据调整的工作量，也确保了造价数据的准确性。

2. BIM 技术在施工过程中的应用

（1）动态成本管控

将地铁项目的 BIM 模型与计划开完工时间、实际开完工时间、合同价格相结合，可以实时监测各项目施工合同的成本变动、超支、节余情况，并在此基础上，对整个项目实施过程中的资金资源状况进行追踪模拟、平衡分析，实现项目进度与成本联动，并建立动态成本台账。对各台账中的变化情况进行追踪和汇总，可以实时地查看预测成本的金额，实现对整个工程进行信息化的动态投资和动态控制，为项目业主了解项目的资金分配方案提供强有力的数据支撑和保证。

（2）进度管理

在项目现场进度管理上，每天的进度都会通过信息系统反馈出来，平台会进行自动模拟分析，从而全面地了解施工进度，并及时反馈施工进度偏差，提前预警，为确保工期的顺利实施提供数据支持，同时对出现的问题进行及时分析，并对其进行合理的资源配置，从而实现高效率、高质量、精细化的进度管理。

（3）质量安全管理

采用智能化控制方法，对施工现场的质量安全问题进行智能控制，当施工人员发现存在质量安全隐患时，可以通过管理平台发出信息，并将相关信息通过手机终端上传并定位到 BIM 管理平台上，同时关联相关责任人，提醒其提出整改建议，待问题整改完毕后，会形成一个闭合记录，最后形成一份汇总分析报告。质量安全管理从时间、问题类型、职责分配等分布的多个维度，在宏观层面上展现工程质量安全状况，帮助项目业主分析问题、发现隐患，保证项目顺利、有序地开展。同时，通过管理平台，管理者可对问题及整改情况进行及时跟进，对项目的质量安全管理进行了严密的监控，确保了项目的质量；各有关部门也可以在自己的权限内，通过管理平台及时了解项目进度、质量安全问题及其整改处理情况，从而实现造价管控。而这一切，都会被记录下来，并通过分析大量的数据，对未来的发展做出预测，从而达到控制的目的。

3. 投资控制 BIM 应用点

（1）工程量统计

根据计算规则的设置，可以实现对 BIM 模型的自动计算，并对其进行统计、汇总，从而得出相应的工程量清单。工程量统计能有效地实现数据的再利用，对项目业主进行支付审核，对承包方进行成本估计，对工程咨询进行算量计价，从而节约时间，降低误差。

（2）现场监控

在施工现场安装视频监控系统，将现场的影像与 BIM 模型的图像、仿真场景进行对比，或者通过手机终端采集现场数据，再利用 BIM 模型进行定位、连接，建立现场质量缺陷、文明施工、安全风险等数据信息，实现现场的远程可视监控和管理，提高沟通的效率及优化协作分享，便于项目业主了解项目的执行情况和发现问题。

（3）竣工模型

建立、深化、更新维护设计模型，使 BIM 竣工模式与实际建筑信息相吻合。之后，项目业主可以得到一个符合运营管理需求的 BIM 模型，该模型必须是真实、准确的，符合工程的实际情况。该模型必须包含所需的工程数据，如建筑设备的名称、说明、型号尺寸、生产厂家、序列号、体积和质量、电压等，以保证项目业主及物业公司在运行过程中有充分的资料。

第三节　实施阶段控制要点

一、加强征地拆迁、管线改迁等前期筹划工作

（一）重视征地拆迁管理工作

通过多年的工作实践和问卷调查的数据支持，发现目前我国城市地铁项目在建设用地征用和拆迁补偿标准、拆迁程序的缺陷、社会保障的失衡、与现有城市规划的冲突、项目变动性、遗留问题以及资金来源等方面存在问题。根据以上问题，本书提出了如下工作重点。

1. 合理制定征地补偿安置方案

在制定土地征用补偿方案时，要严格依照《中华人民共和国土地管理法》的有关规定执行，即“征收土地应给予公平、合理的补偿，保障被征地农民原有生活水平不降低”，遵循公平合理、让利于民的补偿原则，突出补偿标准的客观性，判断标准为被征收财产的客观价值，并以改善被征收人生活水平为重要依据。这对解决城镇化过程中由于土地征用引起的各种利益冲突有重要作用，是建设和谐社会的关键。

（1）认真开展调查研究工作

在拆迁工作启动之前，要认真对拆迁房屋、青苗、企业进行调查、摸底，了解拆迁房屋分布、青苗种植情况和企业生产经营情况。同时，要听取被征用地的村民委员会、村民代表、部分集体经济组织及其成员、企业法人代表等代表的意见，了解征地工作中的困难，分析征地

拆迁的困难点，做到制定补偿安置方案时最大限度地考虑周全，制定的实施办法和补偿标准，要做到与上级的方针和当地的实际相一致。

（2）合理制定住宅安置标准

土地征用的核心内容为住宅拆迁，《中华人民共和国土地管理法》明确指出，农村居民的住房必须根据农民的意愿，按照居住条件有改善的原则，通过重新安排宅基地建房、提供安置房、货币补偿等方式给予公平、合理的补偿。但是，目前我国还没有适用于集体土地征用房屋拆迁标准的具体条例，也没有完善的法律法规，而且拆迁补偿的安置标准也不适用国有土地上的房屋拆迁规定，因此，农村住宅拆迁补偿机制的不完善是造成土地征用矛盾的主要根源。

在制定住房安置政策时，必须坚持五条基本原则：一是要保证被拆迁对象的居住环境得到改善，保障被拆迁人的居住权益，在人均居住面积、居住舒适度等方面得到改善；二是要完善安置政策，对某些合理不合法的情况、历史遗留问题，或过去的征地拆迁政策和法律没有明文规定的，要在征地之前出台政策加以明确，做到"有据可依"，可以考虑设立"一事一议"的特殊情形，在局部通过"村民代表"投票公决来确定补偿认定标准，如果有特殊情况，可以由村民委员会向征地主管部门发起申请，由有关主管部门审定；三是要采取"迁建安置为主，货币安置为辅"的多渠道安置方案，货币安置要根据拆迁时周边普通商品房的价格和迁建楼房房价制定，原则上应略低于迁建楼房房价；四是制定切实可行的过渡费安置方案，确保被拆迁人在搬迁过程中的住房和其他基本生活需求；五是要明确违建房屋、抢栽树木等违法违规行为的处理标准，防止发生执法上的偏差。

（3）引入市场估价机制

《中华人民共和国土地管理法》第四十八条规定，征收农用地外的其他土地、地上附着物和青苗等的补偿标准，由省、自治区、直辖市制定。如何准确地确定征地拆迁中的补偿数量，如何做到标准的适用精确统一，以及如何防止"主管评估""关联评估""交易评估"等产生的矛盾，是补偿工作的一个重要问题。在土地征地拆迁过程中，应引进独立的第三方评价机构，以实现对等价值的补偿。独立的第三方评估机构是一个依法成立的组织和法人，不隶属于任何行政征收主体，可独立承担一定的民事行为法律责任。第三方评估机构不参与征收过程，与征收主体之间没有其他任何关系，它是纯粹的征收补偿评估机构，以中立的身份和立场，在征地前按照评估目的、程序和拟定方案，公正、科学地进行评估，确保评估过程客观透明，评估结果真实可靠。同时，我国对第三方评估机构的设置也有严格的法律规定，从制度上保障了其专业性。同时，由于第三方评估报告的独立性、客观性和专业性，在一定程度上具有证据的特点，在发生争议或纠纷时，可以作为物证被法院认定。

2. 坚决执行拆迁征地程序

（1）严格控制征地范围和规模

土地征用工作必须符合土地利用总体规划的城市、乡镇、村庄的建设用地范围和土地利用年度计划，并依照《中华人民共和国土地管理法》的规定，确定土地征用的规模、范围，依法进行土地征用。

（2）严格履行征地前期程序

一是经市、区人民政府批准后启动征地前期工作，对拟征用的土地进行现状调查、社会稳定风险评估；二是严格按程序进行公示公告，听取被征地的村民和集体组织的意见，确保被征地的村民和农村集体经济组织对征地过程的知情权、参与权和监督权。三是土地征用补偿安置方案必须经过有关程序表决，必须由被征地的农村集体经济组织成员投票表决通过。

（3）严格履行征地过程中的公示制度

在土地征用的过程中，严格实行“两公示、一公告”的制度，即村集体组织成员资格公示、补偿安置结果公示、特殊情况公告。在征地拆迁过程中，实行“阳光”拆迁，坚持标准统一，一视同仁，保证拆迁工作公平、公正、公开。

3. 加入宣传力度，引导社会正确认识征地拆迁的意义

一是要加大政策法规的宣传力度，让拆迁区域内的居民对拆迁政策有一个充分的了解，在支持拆迁工作的同时，也能依法维护自身的合法权益；二是要加大城镇规划的宣传力度，及时向群众发布城镇建设和发展远景规划，展现人民生活环境改善、生活质量改善、城镇建设发展迅速的美好前景，增强群众对城镇建设和发展的参与度、支持度；三是要强化舆论导向，注重对拆迁过程中的社会舆论进行分析研判，建立快速应对机制，适时总结依法拆迁、“阳光”拆迁、和谐拆迁等的好经验、好做法，组织力量进行宣传、报道，强化对社会舆论的积极引导；四是要迅速处理突发事件，对于公众普遍关心的房屋拆迁中存在的问题，要及时回应社会关切，揭露真相，纠正社会片面和错误看法，防止过度炒作等不良局面。

（二）高度重视改迁工作前期工作

在大型城市地铁项目建设中，市政管线改迁是一个重要的前期工作，所以必须引起人们的高度重视。针对上述问题，本书总结出以下工作要点。

1. 明确管线改迁的形式

在地铁项目中，需要根据具体施工情况选择合适的管线改迁形式。在我国城市地铁项目施工过程中及完成后，线路的施工、交通疏解、永久性建筑结构等多方面原因造成了原市政管线周围环境的变化，使原有的市政管线及其附属设备无法发挥其应有的作用，因此需要根据地铁建设施工的基础条件、施工技术规程以及建筑物施工时间对其进行适当的修复和改迁。除了传统的改迁思路，主要的特殊改迁方式有以下三种。

（1）管线暂停或临时拆除搬修

由于市政项目的不断升级和完善，一些路段出现了新老管线并存的状况。但因历史遗留问题，新管线投入使用后，并没有对老管线进行开挖清除，此类问题在燃气、电力、通信以及给水管线中都较为常见。若老管线位于项目基坑范围，则在对其属性以及运行情况进行确认后，可将其废除且不还建，为以后工程的顺利进行打下了坚实的基础。

（2）其他永久性管线改迁

由于在城市地铁管线建设工程施工管线改迁完成后，管道位置和标高与所在站点或区间结构有矛盾，不具备回迁条件，不能于改迁后回迁，必须考虑设置永久管位，进行改迁。这类问题在雨污水重力管中比较常见。标高的控制往往是一个较大的制约因素，应根据周围用户的条件，重新核定标高是否可以调节，或者站体顶板是否具备局部下压条件（如设备间），进行避让，如果确定不具备条件，并且无避让空间，则需要考虑加设泵站进行重力转压力过站，这种方案成本较高，通常尽量避免采用该方案。

（3）管线的原位保护

在管线管位距基坑围护桩较近时，或在围护桩横撑处进行临时搭设时，应以原位保护为主，这类情况通信管线较为常见，应尽量避开对雨污水、给水等有渗漏危险的管道进行基坑内悬吊保护，以防止基坑水淹，另由于电力缆线较重较硬，通常不具备搬迁条件，故需考虑管线冗长条件综合判断。

2. 统筹管线改迁计划

在城市轨道交通项目建设中，为确保地铁项目的顺利进行，必须统筹规划改迁方案。在地铁施工过程中，在进入施工场地后，要对管线的现状及改迁方案进行细致的分析，并按照市政管线的综合方案，合理安排地铁项目施工工序，保证市政管线的建设进度按计划进行。此外，管线改迁是一项非常专业、复杂的工作，涉及的层面很多，对居民的生活也会产生很大的影响。因此，做好管线的改迁计划，并统筹安排，对城市管线改迁工作的顺利进行具有重要的意义，同时应根据市政管线计划科学合理地调整市政管线改迁工作，从而更好地提升市政管线改迁的工作效率，确保地铁项目的顺利进行。

二、加强设计交底、合同交底工作

交底是一种在建设项目施工中被广泛使用的管理方法。建设单位通过在项目建设前期开展交底工作保证项目的顺利实施。设计交底与合同交底工作是前期交底工作的重点，为保障其顺利开展，本书总结出以下工作要点。

（一）设计交底工作要点

1. 明确设计交底程序

建设单位、监理单位在收到施工图纸后，应首先认真审图和阅读有关设计说明，并由监理单位进行组织，在现场与实际情况比照，若发现存在问题或者对设计意图理解不深、有疑义等问题，应以书面形式上报至项目业主单位。项目业主获知情况后以书面形式通知设计单位，并具体通知交底会时间、地点、交底工程范围和参加的单位。

2. 明确设计交底内容

设计技术交底应包括：设计图审核、现场复核；各专业技术设计鉴定意见的执行情况；各专业设计原则和设计内容说明；重点工程概况；施工注意事项，有关协议、纪要；施工组织意见；对施工、监理单位提出的施工图纸设计中的相关问题进行跟进和解答。施工图纸必须按照批复的技术标准进行，图纸上的尺寸标注正确，编制的标准图和定型图是有效的。实地复核时，核对图纸和实际情况是否一致，检查地铁用地与设计征地是否有出入，道路、水、电、拆迁等内容是否与设计表相符。桩位交接要根据现场观察的实际情况来进行，如果有个别的桩位遗失，则需要设计部门进行重新定位。

3. 合理确定交底形式

建设项目交底应采取不同的方式，其根据交底对象和内容，可分为书面、口头、会议等，《工程建设施工企业质量管理规范》（GB/T 50430—2017）第10.4.3条也做出类似规定，同时要求对于常规的施工作业，可以将交底的形式和内容适当简化。

因此，在地铁项目设计交底开展过程中，要遵循以上规定，合理确定交底形式，从而保证设计工作的顺利实施。

（二）合同交底工作要点

项目施工合同是地铁项目实施过程中的工作指南，也是项目业主和建设单位达成的最基本的共识，要保证项目的顺利开展，就必须熟悉合同的约定内容，因此完成好建设工程主项目施工合同的交底工作就显得尤为重要。以下是合同交底的要点。

1. 项目的基本情况

合同交底需明确合同版本、交底人、被交底人、工程名称、交底日期、建设单位、合同总价、项目业主单位性质及工程开竣工时间、资信情况、工程质量等基本要素，基本掌握本项目施工合同。

2. 合同工期

合同的工期、工期顺延条件、工期奖惩等有关条款是否在合同中有明确规定，是需要明确的内容。

首先要明确在合同中是否有对工期的具体约定。如果在合同条款中没有具体约定工期，则会导致发包方原因或不可抗力原因造成的工期延误无法及时获得赔偿。所以，对没有约定工期的，必须在风险提示栏中清楚地指出，采取相应的对策，并与发包方进行及时沟通，通过补充协议或工作联系函的方式进行确认。

其次要对可能出现工期顺延、工期奖惩的条款做详尽交底。在施工中要做好各分包工程、材料进场的协调，并做好施工进度的安排，同时要积极协调各劳务团队的施工，以确保人、材、机的及时投入，保证工程进度，从而避免工期延误的发生。在城市轨道交通项目建设中，最大的一个特征就是履行期较长，一般为1~3年。在履行合同过程中会出现许多情况，如发包方原因、不可抗力等合同规定的可以工期顺延的情形，应通知项目部了解合同条款，及时办理签证，并由有权签收人签收，做好收发文登记工作，以便于顺延工期并及时索赔。同时，对工期奖罚条款要有深刻的认识，在施工中要严格控制进度，分阶段实施，做好进度监控，全面杜绝出现工期违约现象，通过签证、工作联系函等方式，及时争取赶工费、人工费补偿、提前竣工奖励等。

3. 计价方式

在交底过程中，要注意材料的市价波动幅度，密切留意市场信息，与发包方进行及时沟通，做好项目预算工作，防止丢项漏项给公司带来损失，并提示项目部在签订分包、分供合同时将付款风险进行相应转移。

4. 付款条件

支付方式与项目的资金运转状况有很大的关系，付款约定通常包括按节点付款和按月进度付款。如果是按节点付款，要就节点向管理人员进行详细的交底；若是按月进度付款，则须详细说明合约报量时间、发包方审批时间、办理付款的有关约定等。同时，在交底过程中要明确是否有预付款、是否有履约保证金、是否有垫资项目等。

在合同交底过程中，要提醒项目有关负责人与项目业主加强沟通，做好工程进度款的申付工作，及时对延期付款采取有效措施，通过发出催告函、工作联系函等方式，及时提出权利申请；按照有关的财务规定，在收付款项时必须提供与实际所收到或支付的数额相等的税务发票。另外，还需要主动与项目业主联系，要求代扣费用要有对应数额的税务发票；每一次收到工程款项，都会开具与所收到的数额相等的税务发票。在项目应对措施中，要加强工程建设的监控、合理安排资金使用、防范资金风险。

5. 违约责任

应明确发、承包双方违反合约的责任。在地铁项目的实施过程中，主项目施工合同是双方达成的最高协议，也是整个工程的基础工作指导。作为公司机关、项目的商务、合约管理的相关人员，要在了解合同的条款的基础上，从法律的角度提供相应的风险提示，并针对项目的具体情况，制定相应的对策，以保证做好项目施工合同的交底工作，将风险降到最低。

三、依规审核建设项目工程量与进度款支付

（一）合理审核项目工程量

计量与支付是工程施工过程中的一个重要环节，它是保证工程质量的有效控制手段，是控制建设项目投资支出的关键，也是制约承包方履行合同义务的一个重要措施。投资控制是核心环节，是工程质量控制、进度控制、安全控制的重要手段。做好建设项目的计量支付监理管理控制，是监理投资控制中的一项重要内容。

1. 认真熟悉合同及合同文件，真正做到按实计量

合同是指项目业主和承包方在地铁项目施工过程中，为了明确双方的权利和义务而订立的协议。计量支付工作要严格遵守合同条款，严格履行合同是确保项目顺利进行的先决条件。该合同文件包括工程量清单和投标文件中有关计量支付的条款，规定除新增建设项目之外的全部计量项目、单价、计量范围、计量方法。

计量工程师在进行计量付款工作时，合同文件不可或缺，必须吃透工程量清单和投标文件中有关计量支付的条款，防止出现多计、漏计、重计等现象。由于工程量清单、技术规范、招标文件等均从多个角度对工程计量支付做出了规定，忽略了任何一点都可能导致付款工作出现差错。因此，计量工程师必须认真、全面熟悉合同文件，特别是要熟悉有关监理工程师在计量与支付方面的职责权限条款，保证计量支付工作按合同条款的要求顺利开展。要做好计量和支付工作，就要有规则和记录。

2. 及时收集、整理、填报相关资料，以便计量支付工作有据可查

要进行计量支付的产品，必须是合格的，而质检资料则是体现工程质量的书面文字依据。一道工序完成后，应及时提交质检资料，以确保其质量符合要求。但在实践中，很多承包方对质检资料的收集、整理非常不重视，上一道工序完成后，由于不能及时提供全部质检资料报送监理工程师现场检验签认，导致在中期计量时，一些已完工的分项工程因缺少质检资料而不能进行计量，造成承包方资金周转困难和工序工作不连续，也容易造成漏计现象。所以，在一道工序完成、自检合格后，承包方应及时填报、整理质检资料，并报送监理工程师进行现场检验签认，以保证各工序的连续性和计量工作的正常开展，同时也要及时填报支付报表。支付报表格式必须统一，编制清晰的计量支付报告，不仅要保证中期计量支付工作的顺利进行，而且要方便在交工验收时对计量支付资料进行整理、归档。由于地铁项目施工线长、点多、面广，而且分部项目多，施工周期长，易出现漏计、多计、重复计量等问题，尤其是工程进入中、后期，需要对部分分项工程的总数量进行统计，因计量资料多，计量工程师很难及时、准确地提供数据。所以在施工监理计量工作

中，计量工程师应按照总监办有关文件规定，设立一套计量支付台账，对每一项工程的计量完成情况进行实时的统计，做到计量支付一目了然，避免漏计、多计、重计的现象。

3. 全面熟悉工地现场，以确保计量支付工作的准确性

在项目施工期间，监理工程师应对建设项目的全部完工项目进行计量、记录，并对与付款有关的建设项目在施工中出现的问题进行详细的记录，以便于审查每个月向承包方提交的月结账单和解决有关的付款争议。工程计量是付款的依据，在工程建设中，由于工程地质条件的改变或工程变更，导致实际工程量与原工程量有很大的偏差，如果监理工程师不去工地现场，不熟悉工地情况，特别是不熟悉工程进展情况，就很容易出现超前计量的现象，难以防止承包方弄虚作假，虚报工程数量的情况。因此，为了确保计量付款工作的正确性，监理工程师必须对施工现场有一个全面的了解，并及时了解施工进度。

实践表明，为了更快、更精确地完成一项地铁项目的计量和付款工作，不仅要建立健全的计量支付机制，而且计量工程师要对合同和合同文件进行仔细的了解，督促承包方填写、收集和整理相关的材料，并对施工现场进行全面的了解。此外，推荐采用计算机辅助管理软件，因为地铁项目的计量数据大、操作复杂、计算量大，因此，利用计算机辅助管理软件可以实现快捷、准确的数据交换，从而使计量工程师从烦琐的简单性事务中解脱出来，真正实现工程造价监理的高效、迅速、准确。

（二）准确计算、复合进度款数额

准确、详细的项目工程进度款的支付过程资料是编制审核工程结算的基础。整理计算过程贯穿项目实施的全过程，是熟悉、记忆现场最清晰的计算成果，对其充分利用不仅节约了编制审核的时间，还提高了准确性。

在实施阶段，根据约定的比例，精确地计算和支付项目的进度款，并采取相应的措施来控制项目进度款的计算、支付和使用，具体应分以下步骤进行。

1）进度款计算需根据《建设工程工程量清单计价规范》的计算方法、项目施工进度选择好工程量计算节点进行计算，并严格按照中标综合单价和费率进行计价，同时综合计入经签字确认的设计变更和施工签证。

通常以每个月完成或即将完成的完整分项工程作为计算节点，如到了某层的钢筋混凝土浇筑结束，不能选择在某一分项工程的中间或部分进行计算，以免导致下一次的工程进度款计算出现工作量上的差异。节点选择由项目业主、监理、全过程审计人员、承包方等相关人员共同决定，口径相同，便于核算和协调，可以在每月的首次会议中提前决定，并将其写入会议纪要以备查阅。

2）工程进度款的复核要严格把关，承包方按已确定的工程进度款计算节点，提交支付计算书和支付申请后，应经工程监理、全过程审计人员复核，并经项目业主同意支付。在实际工作中，全过程造价咨询机构在审核中扮演着关键角色，对项目进度款的复核把关要做到以下几点。

第一，现场全过程工程造价咨询人员，对建设单位提交的工程进度款进行审核。这项工作绝不是简单查看一下就能完成的，需要严格的核算，在复核的过程中出具书面的工程量及进度款计算书，并由单位审核签章后，作为工程进度款支付依据。对各节点计算的复核数据结果进行汇总，不仅可以为后续的结算审计提供依据，而且可以确保工程进度款支付比例的

正确率。

第二,需要加强对全过程造价咨询人员工作过程的监督,确保进度款审计复核结果的质量。在全过程审计单位招标时,发包方可以对整个施工过程审计人员的进度款支付复核计算结果进行抽查或每月进行复核,由项目业主或委托第三方实施审核进行抽查批次的计算结果,凡抽查计算偏差超出约定范围(如 ±3%)的,抽查产生的委托审核费用从全过程审计费用中扣除,作为相应的处罚措施,以保证进度款的复核质量。

第三,按时支付工程进度款,加强对工程进度款的监管,保证项目的进度和质量。严格按合同规定按时、准确地付款,防止由于延期支付进度款而导致工程延误和争议。在工程进度款的支付过程中,项目业主、监理、全过程造价咨询单位、建设单位要互相监督、支持,按时按比例付款,确保项目的正常进行。

在进度款支付完成后,项目业主与监理方应加强对进度款的监管,确保项目资金的专款专用;同时与施工人员、供货商等进行沟通,掌握工程进度款的使用情况,对擅自挪用工程进度款的行为进行惩罚,以保证建设项目的正常进行。

四、严格审查项目变更、洽商、签证等过程管理

(一)严格执行变更程序,落实变更计价原则

1. 明确变更程序

设计单位提出设计方案变更的申请,经设计总包单位、设计咨询单位审核、签字确认后,提交建设单位审查。建设单位以组织设计方案变更审查会的形式,记录会议纪要,审查通过后,设计单位出具施工图。参与审查的单位包括建设、设计、总承包、设计咨询、设计总体总包、监理、施工等单位。

设计方案变更申报须提供有关变更资料,如:设计变更申请书及变更情况说明;设计总体、设计咨询、建设单位相关管理机构的评审意见;项目变更的具体方案;工程量的变化和合同变更的预计情况。

其他变更,无论是由建设单位还是监理工程师提出,都应由建设单位召集有关各方商议确定变更内容和变更方案。

2. 落实变更计价原则

工程变更既会对项目的实际投资有直接影响,也会对建设单位的工程造价有一定影响。而及时确定项目的变更价款,既能使项目业主实时了解投资动态,又能使项目的投资得到合理的控制,还能使项目早日收回资金,以及保证项目的后续工作得以顺利进行。工程变更后,施工单位在约定的期限内,应向监理工程师、建设单位申请变更价格,并经监理工程师、建设单位批准后,才能调整合同价格,并进行变更款项支付。

现阶段,地铁项目均采用工程量清单计价模式。依据《建设工程施工合同(示范文本)》及《建设工程工程量清单计价规范》,工程变更计价的主要原则如下。

1)单价包干项目,其工程量按照经审核后的施工图进行调整。

2)经项目业主同意的设计变更且非承包方原因引起的变化,按发生相应增减量变化调整。

3)经项目业主同意的设计变更且非承包方原因引起的变化,因项目业主原因造成的新

增项目，费用由项目业主承担。

4）采用施工期现行定额，包含地铁项目定额、市政工程综合定额、建筑工程综合定额等。

5）非承包方原因的工程变更造成增加新的工程量清单项目，其对应的综合单价按下列方法确定：①合同中已有适用的综合单价，按合同中已有的综合单价确定；②合同中有类似的综合单价，参照类似的综合单价确定；③合同中没有适用或类似的综合单价，由承包方按照按新增项目计费程序表、标报价所采用费率表提出综合单价，经项目业主确认后执行。

（二）明确责任、全盘考虑，合理开展洽商工作

1. 明确工程变更洽商的相关责任

工程变更洽商（又称工程洽商）通常由建设单位发起，也有的由建筑公司发起，并得到建设单位批准。工程洽商生效须得到双方的同意。导致工程洽商的原因如下。

（1）项目业主提供的施工条件存在缺陷

施工条件缺陷可能涉及施工场地、道路、电力、水源、渣土消纳等方面。项目业主在投标时对上述方面的施工条件做出承诺，如果施工条件不能满足施工需求，则由建设单位自行改进，建设单位将提出工程洽商。

（2）政策和法规的调整

如果国家有关部门的政策和法规发生变化，导致建设单位需要对施工方法和材料的选用进行调整，则由建设单位向建设单位提出工程洽商。如果城市环境建设要求需要采用商品混凝土，但项目业主在招标中并没有具体的规定，并且在评标中也认可了建设单位的投标文件中关于现场搅拌方案的内容，那么建设单位可以提出工程洽商。

（3）项目业主方的要求

在招标范围内，项目业主方如有必要对部分施工工艺和工序进行调整，可由建设单位提出工程洽商来实现。招标范围之外的新增配套项目，如环境整治、大小外网衔接等金额较小的工程，并且需要由建设单位一并完成的，也可以通过工程洽商的方式进行。

（4）质量要求的变化

质量要求的变化有两方面原因：一方面是项目业主要求提高工程质量标准而导致的工程洽商，如对精装修的材料、方法等的调整；另一方面是参建单位的工作质量差而导致的洽商，如建设单位的施工组织方案不符合现场要求、队伍能力不足需要调整工程某些作法、设计单位各专业图纸冲突转而由建设单位据实进行修正的，都会引起洽商。

（5）设计文件本身的缺陷

在我国目前的建设体制中，设计单位与承包方是分属于两个部门，而招投标法的出台与招投标的实施，更加彻底地改变了以前的“设计结合”的做法。因此，由于设计人员对施工人员的素质、技术专长、机械设备拥有状况不甚了解，同时受设计人员素质以及出图前综合会审水平的影响，设计出图后的工程洽商很难避免。

（6）工程师的不当行为

总监理工程师和项目业主代表在合同中被称作工程师，其不良行为主要表现如下：由工程师指派的特定管理人员未按照合同约定事先告知承包方，从而对工程产生不良影响；工程师发出的指令和通知不正确，会影响到工程的正常进行；工程师未能按照合同要求及时发出指令、批准图纸或不能履行其义务。

（7）其他因素

工期调整、气候因素、自然和社会环境等问题都会导致工程洽商。

2. 慎重开展工程洽商工作

工程洽商管理既是一种科学，又是一种技术，一旦发生变更洽商，必然会引起索赔。所以，在洽商过程中，一定要措辞准确，说理透微，营造一个良好的洽商氛围。由于变更洽商是必然的，所以在处理变更时要谨慎，必须遵循下列原则。

（1）有变必"洽"

任何需要变更的地方，都要进行洽商，而已经变更的地方，则要补办洽商，甚至是尺寸和数据的变化也要如此。

（2）先"洽"后变

通常，在设计方、项目业主、承包方和监理共同签认后，才能实施变更。如未办理书面手续，则须先以口头（或通信）方式与有关方面沟通，取得对方的同意后再实施，并在规定时间内办理书面手续。

（3）慎重考虑，鉴握"尺度"

对影响项目进度、影响加工订货、采用新技术、新材料或大幅度增加造价的变更，都要仔细斟酌，征求各方的意见后，再决定是否更改；改变结构的受力特性的变更，应经过原来的结构设计者同意后进行。

（4）尽量少变，力求不变

虽然在施工过程中，变更洽商难以避免，但也会对工程施工和管理工作造成一定影响，所以要尽量少改变，尽量保持不变。

（5）遵守洽商工作程序

按照建筑工程技术文件的规定，在正式的施工图纸完成后，由各方面提出的变更必须以洽商的方式进行，并由相关方签署后生效。任何一方签发的"设计变更通知单""会议纪要"均不得作为工程变更的正式依据；设计补图、修改图，均应以洽商的形式作为图纸的附件发出。

（6）依规填写单据

在填写变更洽商单时，必须以图纸为基础，说明阐述必须清晰，包括变更部位、项目、原作法、尺寸、数量、变更原因等，都要进行明确说明。

（7）全盘考虑，消除影响

某一部位、某一工种的洽商变更，常常会影响其他方面，所以在签发之前，一定要仔细斟酌，确定其对应的处理方法，如由于洞口变化影响管线、电箱、插座、闸箱、暖通等的变更；取消吊顶或改变吊顶标高而造成电线走向、电照位置、消防喷淋管线等的设置；增加专业管道时，吊顶及梁的高度是否有影响等都是考虑的重点。

（8）明确责任，避免纠纷

对可能引起技术或经济责任的变更洽商，应明确其责任单位及经济关系，如由于变更洽商的原因，对已削减或取消的构件、成品、特殊材料的处置，变更洽商所引起的拆改、维修费的支付、工程变更所导致的工期延迟等，均应在变更洽商单中加以说明。

（三）分级审批，严格执行流程进行现场签证

在控制现场签证时，基本的原则如下：尽可能地避免签证，在无法避免的情况下，尽可能地减少签证数量；可采取多种方法，从招投标、项目施工合同签订、施工现场管理等各环节来规避或减少现场签证；对于无法避免的签证，必须按照流程进行审核，确保每一张签发的签证单都有充分的依据，准确无误。通过规范签证尽可能地减少签证上的错误。

1. 现场签证的分级审批

经合同主办部门确认的现场签证项目，由相关部门负责审定现场签证项目价款，价款在50万元（含）以下的由部门主管负责人审批，价款在50万元至100万元（含）的由高层领导负责签字审批。

2. 规范现场签证的工作流程

制定各类制度和程序，如设计变更及现场签证管理办法，设计变更办理程序、现场签证办理程序、工程款审批程序、往来函件回复程序等，并制定相应的表格，以保证公司工作有章可循，并能将有关工作程序化。这样既能提高工作的效率，又能改善工作的质量，降低错误和缺陷发生的可能性。现场签证的工作流程如下。

承包单位在进行现场签证前，及时通知监理工程师和项目业主代表对现场情况进行确认，并在签证项目发生7日内提出申请，填报《现场签证项目申报表》及《现场签证项目确认表》，写明签证原因及签证内容，并附相关支持性材料，包括工程量计算书、报价表、会议纪要、签证相关单位的往来文件、图纸文件、现场照片（施工前、施工过程中及完工后的照片）、简图及其他支持证明性材料，经项目经理签字并加盖单位公章后报监理单位。

监理单位在接到上述申请后，于7日内组织现场驻地监理工程师及计量监理工程师进行现场确认，经总监理工程师同意并加盖单位公章后报合同主办部门。

合同主办部门在接到上述资料后，首先针对签证原因及内容进行符合性审查，对于签证原因不成立的应予以驳回，对于签证原因描述不充分或上报材料不符合要求的应及时返还承包单位予以补充完善。

对于符合申报条件的现场签证项目，合同主办部门应于14日内组织相关人员对现场签证项目进行审核，履行签字审批程序，并将现场签证项目相关资料报至计划合约部。

对于经合同主办部门确认的签证项目，如上报的签证原因及内容不符合合同及有关计价规定，计划合约部有权进行否定。对于符合规定的签证资料，于14日内完成签证项目价款审核，并将审核意见及时反馈至合同主办部门。对于有争议的项目，需组织合同主办部门与承包方进行谈判，并形成价款谈判记录。

完成价款审核后，由相关部门填写《清单外（现场签证）项目价款审批表》，按照分级审批原则履行审批流程。审批流程完成后，相关负责部门下发《清单外（现场签证）项目价款批复单》至合同主管部门、监理单位及承包单位，作为计量支付和竣工结算依据。

计划合约部定期或不定期对合同主办部门确认的现场签证是否严格按照合同规定、工程量是否真实合理进行抽查，如违背合同规定或工程量虚假，有权对确认的签证提出修改意见或否定。

对于现场发生的签证项目确认，承包单位、监理单位、合同主办部门应确保签证的时效性,否则将不予认可。

五、加强竣工结算管理工作

针对地铁项目结算过程中出现的问题,应加强结算过程中的造价控制工作,本书提出了以下工作内容,便于改进结算工作。

1. 明确项目管理过程中的责权利

应以项目投资控制为中心,明确项目管理过程中的责权利,实施过程控制。在项目前期重视对各项费用的学习、研究、分析、分解,结合概算批复情况,将各项经济指标逐一分解列明,并组织宣传学习和针对项目部管理人员的培训。明确项目管理的第一责任人是项目实施管理中的重点,项目经理部是项目实施的最综合的主体,从合同的产生至履约完毕的全过程应明确其责任,下达各项经济指标,同时给予其充分的权利和制度一定的奖惩机制。其他相关部门应该在该主线下,发挥配合协作的作用,一切为项目服务。此外,项目管理过程中应采用联合办公会的形式进行工作沟通,减少多头指挥、多系统指挥,以免扰乱项目具体责任人的思路。

2. 变被动、事后控制为主动、事前和事中控制

目前,一些地铁项目不注意前期的造价控制,而把主要精力放在招标、施工和竣工结算阶段的工程价款审核上,造成部分阶段的造价监控空白。要有效地控制地铁项目造价,就要把造价控制重点移到建设前期上来,使项目成本控制工作深入投资决策、规划设计、招标代理、合同签定、施工和竣工结算等各阶段。这样才能合理使用建设资金,使结算过程中的基础数据整理、分析、测定要与财务决算密切挂钩并相互联结,避免重复操作。

3. 树立全员参与经济控制的意识

经济控制是全员、全方位的经济活动,不单是某项目、某部门、某人的责任。成功的项目成本控制需要参与建设的各有关单位精诚团结、通力合作。要根据批复概算的分析分解指标,详细考核责任部门的盈亏情况和控制情况。选择有实力的造价咨询公司,签订施工过程造价监控委托合同(或竣工结算审核委托协议书),在地铁项目业主经理部的指挥协调下,采取项目业主、监理工程师、造价工程师、建设单位四方根据工程施工进度确定各环节的造价,共同随时洽商解决问题的形式开展工作。

4. 加强法律法规文件学习

建设单位人员应加强对政府行政法规、计价规范、招标文件、投标文件、合同文件、补充合同、技术规范等技术、经济文件的学习、研究和交流,真正使经济管理工作中的具体事件处理和决策意见有章可循、有据可查。严格执行建设部、财政部和天津市城乡建设和交通委员会有关工程结算的规定和办法,在结算工作中树立和贯彻法律法规意识,以法规为准绳,严格掌握结算报送时间、审核时间、审定时间,严格执行责任分工,依法分清责任主体并设立按责任划分的经济奖惩机制,以解决结算期无限延长的问题。

5. 明确变更签证工作原则

明确项目变更、签证工作中的原则性、规范性问题,要有图示文件、详细的方案文件、具体的工程数量文件、日期、阶段、影像等作为依托,以减少结算中的扯皮现象。文件每页应有项目第一责任人的签章,盖有项目经理部的印章。报废文件应及时进行标识,并有可追溯的

文件记录。各方往来文件的审批严格按程序执行,并建立保存、发放详细档案。在每次的会议纪要中,都要设置经济问题深入处理程序,不能以纪要代替决议,应进一步落实补充图纸、报送实施方案、出具签证报告和审批程序,并在施工过程中,分阶段及时进行整理、补充和完善。

第七章　基于全过程投资控制的信息化体系构建

第一节　全过程投资控制信息化的工作内容

一、地铁项目投资控制信息化发展概述

(一)地铁项目管理信息化应用现状分析

地铁项目大多位于较发达、规模较大的城市,与其他建设项目相比,地铁项目的信息化施工应用存在一定的优势。但目前,中国的地铁项目仍离不开国内建筑业发展的大环境。尽管在计算机信息技术、大数据技术和人工智能技术的高速发展下,地铁项目的技术水平已有了长足进步,但信息化总体应用程度不高。相较于其他的先进产业而言,地铁项目对信息化的应用仍旧停留在初级阶段。结合当前行业的发展前景以及内部具体情况,本书总结出地铁项目的现状。

1. 预算超支及工期拖延

在项目管理中,施工企业的经理们往往对项目的生产成本、工期等问题给予了高度的重视。如果只考虑自己的工作目标,就会忽略项目的整体效益,从而导致预算超支,进而造成工期延误。而工期延误又会导致预算超支,两者有互补关系。

在预算费用的控制上,很多项目在进行预算时,都会考虑各种因素的影响,从而导致项目的总体造价发生偏差。例如,实际建材的价格会随着市场供给和需求的变化而变化。而在做预算评估的时候,往往都是按照市场上的一些材料的平均价格来估计而不是考虑所有情况。另外,用户的需求也会对工程预算产生一定影响。随着人们生活水平的提高,社会对建设工程的需求也日益增加。对于地铁项目而言,乘客不但要对功能满意,而且要求其有独特的设计。有些乘客甚至提出要将建筑工程与当地的传统文化相融合。为了满足这种个性化的建筑设计要求,建筑公司必须加大投入,聘请更多的专业人才。预算费用的增加往往会造成建设项目的预算超额,从而造成工程进度推迟。麦肯锡公司的研究报告认为,目前的建设项目的劳动生产率与经济发展程度相去甚远。该报告明确了造成工期延误的根源,同时也间接促使项目管理人员采取新技术提高生产力。然而,许多研究者对此问题的探讨大多试图从根本上解决问题。例如,徐敏聪提出了“严格遵照预算费用”的方案。在价格浮动、个性化需求等方面,传统的工程管理模式很难体现出来。“严格遵照”显然是一种虚伪的说法。现阶段,急需一种可以即时更新的资料源,一种更直观的信息处理、资料分析工具。

2. 协作效率低

单位时间内完成的工作量是衡量工作进展速度的指标。在一个大工程中,本书将各部

门在单位时间内合作完成的工作，称为协作效率。

缺少一个统一的管理平台与体系，导致建设项目的协调工作效率很低。尽管各部门的工作效率得到提高，并建设了相应的管理体系，但各部门间的合作仍然不够有效。以一个建设项目中的各部门协作为例，该项目利用公司质量安全管理平台对工程质量进行分析，将广联达作为公司的运营和管理平台，在云筑网平台上进行物料采购，采用 Project 软件进行工程计划管理，各部门均有其特有的经营方式与制度。一般情况下，信息通过开放获取（Open Access，OA）平台或纸质文档进行传递。这样的工作方式协作效率低下，难以适应更高层次的管理要求。在工程实施中，进度一直是各方关注的首要问题，而传统的工程管理方式主要运用 Project 之类的网络规划软件来实现。其中，网络规划是一个非常复杂的问题，必须有专门的管理人员来实施，这就会影响整个项目的交流与沟通，同时也不能将项目的进展情况与各方面的信息联系起来，导致协作效率下降。

协作效率低会对项目决策人员对工程数据及时、准确地掌握产生影响，从而造成成本剧增，并造成大量资源浪费。因此，建设项目管理是一个大的模块，必须建立一个各部门能够统一共享信息的体系，以提高协作效率。

3. 信息化水平低

建设工程的信息化水平普遍不高，给工程建设带来了技术上的困难。在项目进入执行期后，将会持续产生大量工程数据及相关数据。传统的数据集成方法是二维图纸和文字记录。但是二维图纸与人们的生活习惯存在着很大的差别，使工程技术人员难以获取与之相关的基本信息，造成了采购计划的偏移和定额领料制度的产生。同时，随着人们对建筑美学的要求越来越高，对建筑的外观要求也越来越高，对设计图纸的理解也越来越深刻，这使设计师与建筑师之间的沟通变得越来越困难。各部门之间、上下级之间的信息流被截断，工程信息的传输过程变得冗长、失真，致使关键信息的传输不顺畅。当前的工程管理体系还停留在传统的办公自动化体系，即以公文、行政事务为主的无纸化办公体系，并没有改变过去以纸质文档为主的建设项目管理模式。由于地铁项目工期长、规模大，各种细小、琐碎的信息不断增加，加上项目部的资料、人员不断变化，难以准确追踪从项目开工到竣工产生的所有数据的来源，无法准确地确定各种责任。

对于信息化水平低问题，虽然已经有很多行业提出了解决办法，但是还没有从根本上解决该问题。例如，由于所处地域环境不同，很难将石油管道和机场项目进行对比。随着项目规模的扩大，工程越来越复杂，对环境条件的敏感度也越来越高。这也间接表明，必须改变以往低水平的信息管理方法。此外，建筑业还存在技术工人和管理者短缺的问题。这些问题都需要用新的思维方式和工作方式加以解决。

目前，世界各国在建设领域的研究和开发投资远低于其他行业。麦肯锡公司的报告显示，建筑业在研发方面的支出（不到总产值的 1%）远远落后于其他行业。建筑业对于信息技术的利用亦是如此，即便已经有很多新的软件和解决方案被开发出来，但是其在建筑业中应用却非常困难。

面对当前项目管理面临的现实问题，亟须转变传统的建设项目管理模式，运用高科技手段，实现信息的实时更新与共享。

（二）全过程投资控制的信息化需求

由于地铁项目投资大、技术难度高、专业间接口复杂、专业性强，涉及运营管理、车辆使用、通信信号控制等诸多方面，所以地铁项目管理涉及的要素复杂多变，包括项目组成的各种资源（人、财、物、信息）、项目的各种组织形式（单位、部门）、各种技术（设计、施工、制造、运营）等。上述特殊性，使地铁项目在施工、管理和控制方面都存在着较大的难度。

改革开放以来，我国的城市化进程不断加快，城镇人口数量不断增加，到 2019 年底，全国城镇人口数量达到了 8.5 亿，城镇化率达到 60.6%。同时，由于人们的生活水平越来越高，对城市公共设施的需求也越来越大，地铁项目正处于前所未有的发展阶段。

在“十二五”和“十三五”期间，我国主要城市的地铁建设规模不断扩大，运营里程也在不断增长，逐渐形成了以地铁、轻轨、城轨、磁悬浮等多种形态结合的新型轨道交通体系。到 2019 年末，我国共有 35 个大、中型城市开通了轨道交通，总里程超过 4 600 km。此外，市内的乘客密度也在持续增加，每天的班次比 2018 年增加了 6.1%。目前，我国的轨道交通正处在快速发展阶段。

网络技术和信息技术的迅速发展，为城市轨道交通的建设提供了方便快捷的手段，同时也带来了施工技术、管理模式等的变革。因此，在地铁项目建设中，必须将先进的信息技术融入各环节，对规划设计、施工管理、监理特征等进行综合、总结和归纳，以构建新的交通网络体系。

此外，项目中多个工程主体存在不同层次、不同阶段的信息不对称，导致工程建设中的信息传递效率低。目前，我国城市轨道交通建设信息化平台及数据库的使用还不够完善。因此，如何运用信息化手段，实现地铁项目的信息化、智能化、透明化、安全化，是目前国内地铁项目建设中的一个主要问题。由于地铁项目规模大、建设周期长、专业交叉多、施工管理难度大，加之施工进度、成本等因素的影响，以及建设单位对工程质量、安全问题的监控能力较差，工程质量、施工安全的问题日益突出。

此外，在工期和造价的双重压力下，工程监理人员难以有效地对工程质量、施工安全进行监控，导致返工现象增多。地铁项目涉及的企业众多，它们作为信息源在施工过程中产生大量的工程信息资料，因此为了最大限度地减少信息的传递误差，必须建立起一套有效的协调机制。目前，工程管理常常以微信、QQ 等方式进行工作交流，尽管信息传递起来很容易，但是到了项目后期，信息的追踪溯源就会变得很困难，无法形成一个封闭的信息循环。BIM 技术的不断普及和深化，为产生适应建筑业发展需要的建设项目管理模式提供了新思路。

地铁项目的信息传递方式多样、复杂，设计队伍和设计工具分布广泛、工作环境复杂、动态等特点，都给工程治理带来了很大的困难。在地铁项目建设中，结合应用一体化协同理论与方法、BIM 技术与云计算技术，进行城市轨道交通一体化协同设计，可提高工程的设计效率与建设质量。该方法是指在一个平台上，所有参与方（项目业主、设计单位、建设单位、供应商、政府部门）共同努力，高质量、高效率地完成整个项目的设计和管理。本书探讨在该方法下，不同部门、不同专业、不同角色如何有效地进行协作，以达到最优的方案设计过程，减少设计冲突，从而达到更好的效果。城市轨道交通一体化协同设计的优势在于能够及时分享建筑物的信息并做出回馈，而不像传统的分立、线性化的合作（如项目协调会议、口头建议或网络公告等）。

(三)地铁项目管理模式的发展

1. 地铁项目管理模式的主要类型

随着社会发展和城市轨道交通工业化的深入,我国地铁项目管理模式呈现出多样化的特点,与此同时,同一地区地铁的经营方式也发生着变化。本书从项目业主进行投资控制的角度,将我国现有地铁项目的治理模式划分为建设指挥部模式、建设集团模式、建设公司加运营公司模式和项目公司模式。这样的划分方式突出了地铁项目建设的主体地位,使各项目的投融资特性更为清晰,也更清晰地反映了地铁项目建设的组织特性,有助于从多方面了解我国地铁项目管理模式。

(1)建设指挥部模式

Ⅰ. 建设指挥部模式的定义

建设指挥部模式是指根据地铁项目建设的需求,由政府组织建设指挥部,招募管理人员(主要是从各部门抽调技术管理人才),负责项目前期规划、投融资、建设管理、运营管理等。

Ⅱ. 建设指挥部模式的特征

地铁建设指挥部的作用是对地铁项目施工和运营中遇到的各种矛盾和问题进行统一指挥和协调。这种模式通常是由轨道交通集团、轨道交通建设指挥部共同部署的,常常为“一个部门,两块牌子”,二者共同承担整个地铁项目的建设任务。建设指挥部模式是指建设指挥部对整个项目的建设进行全过程管理,包括前期规划、投融资、建设管理、运营管理和经营开发。在工程建设中,政府拥有投资和决策的权利。该模式的投融资特点是政府投资和国债融资,政府承担风险;营运特点是政府指定或通过招标确定营运单位,由其负责营运及管理。采用该模式的项目的投融资主体通常为由国家或政府部门组建的国有企业,其负责地铁的运营和维护,并承担相应的风险。建设指挥部模式的组织架构如图 7-1 所示。

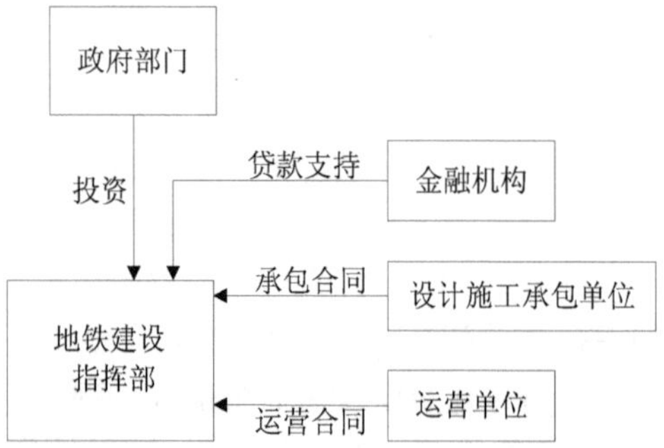

图 7-1 建设指挥部模式的组织架构

Ⅲ. 建设指挥部模式的优点

建设指挥部模式的优点:①有利于在建设初期集中思想,重点完成大规模、高强度的投资、建设和运营任务;②能够充分利用项目业主现有的资源与条件,进行高效的行政协作,达到企业纵向经营的目的。

Ⅳ. 建设指挥部模式的缺点

建设指挥部模式的缺点:①建设指挥部是项目的总承包单位,承担项目的全部风险;②缺少有效的激励和约束机制,影响项目管理的积极性;③由于工程管理任务繁重,工程管理人员特别是项目经理要具备更强的能力，而在实际中，建设指挥部的项目经理往往不能胜任，导致工程管理工作混乱；④不利于实现专业化、社会化、市场化的项目管理；⑤不能确保公平、公正地履行合同，容易出现玩弄权力和金钱交易等行为。

该模式的最大特点就是政府参与，即政府负责投资、建设和管理，而后期运营则是由直属政府的国有企业负责。目前，国内的南京地铁、西安地铁和苏州地铁等都采用这种模式。

（2）建设集团模式

Ⅰ.建设集团模式的定义

建设集团模式是指由国家出资设立国有控股公司（建设集团），经市委、市政府批准，由该建设集团进行投融资、建设、运营、管理以及国有资产的保值和增值。

Ⅱ.建设集团模式的特征

建设集团模式的特征是由建设集团进行各种投资、融资，资金来源包括政府出资和商业投资，而投资风险都由建设集团来承担。这种模式的投融资来源一般是政府出资、政府债券，部分融资则由建设集团承担（个别情况是地铁建设集团负责大部分融资，如香港地铁）；运营特点是一般由下属营运公司运作，也有其他经验丰富、实力雄厚的营运公司参与经营，如深圳地铁目前是由深圳市地铁运营有限公司和香港地铁有限公司两家运营企业管理的。建设集团模式的组织架构如图 7-2 所示。

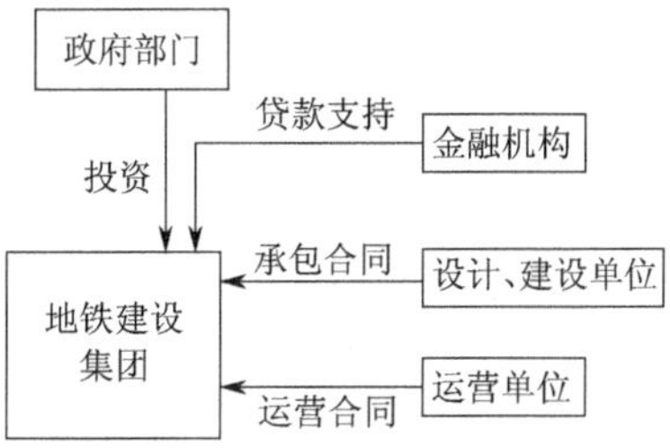

图 7-2　建设集团模式组织结构

Ⅲ.建设集团模式的优点

建设集团模式的优点：①建立利益激励和责任风险约束机制，有利于加强建设集团对工程的控制；②可以将工程的建设、经营与维护有机地结合起来，提高工程的投资和社会效益，从而有利于建设项目全生命周期效益的实现。

Ⅳ.建设集团模式的缺点

建设集团模式的缺点：①总体管理是一种自然的垄断，缺乏一种竞争机制，而在管理过程中，由于缺乏外部的竞争压力以及有效的监督，很容易使建设集团忽略对自身的管理，从而影响项目管理的专业化、社会化、市场化；②权力集中和权力分散的问题很难得到有效解决；③在施工过程中，要投入大量的人力、物力来进行施工；④由于企业自身的特殊性，会出现重复设置，资源浪费，部门间业务往来频繁，但不能进行有效的协调，从而影响项目的信息化的现象。

建设集团模式的最显著特征是成立了一个专业的建设集团，将其投资、建设、经营、管理有机地结合起来，具有 4 个方面的积极作用：公共服务、规模经营、技术品牌、资金运营的扩展。目前，深圳轨道交通、重庆城市轨道交通、武汉轨道交通等已在全国范围内应用建设集团模式。

(3)建设公司加运营公司模式

Ⅰ.建设公司加运营公司模式的定义

建设公司加运营公司模式是指由一家专业的投资公司组成项目公司,项目公司将建设和运营的经营权分别授予建设公司和运营公司。建设公司是施工总承包方,运营公司则是运营总承包方。

Ⅱ.建设公司加运营公司模式的特征

在建设公司加运营公司模式下,运营与投资、建设是相互分离的。作为控股股东,项目公司负责对项目进行融资,并通过招标的形式确定项目的产权方,即建设公司,以建设公司为施工总承包方,参与市场竞争,负责项目的规划、建设、管理、招标,寻找勘察、设计、施工、设备安装等,并对施工全过程进行监督和管理。在项目建设阶段结束后,项目公司以招标的形式,确定项目的运营权,即与中标公司合作成立警用公司,对项目进行经营和管理。在此模式下,项目公司的管理人员对参与建设、运营的管理人员没有实质的管理权,他们之间呈现一种委托代理关系。

建设公司加运营公司模式的投融资特征是由政府批准成立的项目公司负责投融资,融资方式主要是政府出资、政府债券;该模式的经营特点是在招标之后,由一家专业的营运公司来负责项目运作。该模式以社会资本为主,建设公司负责工程建设,运营公司负责项目的经营、经营、维护等,二者承担相应的风险。建设公司加运营公司模式的组织架构如图 7-3 所示。

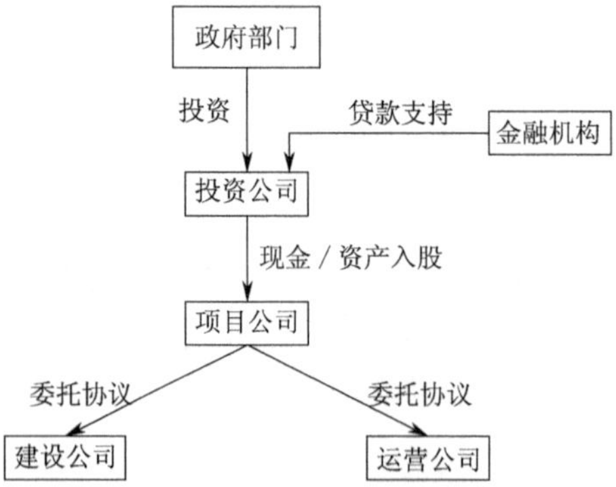

图 7-3 建设公司加运营公司模式组织架构

(4)项目公司模式

Ⅰ.项目公司模式的定义

项目公司模式指由政府和社会资本共同出资,为地铁项目的建设及运营专门设立项目公司,由其来负责地铁项目从融资、设计、建设和运营至项目最后的移交等全过程的运作。

Ⅱ.项目公司模式的特征

在项目公司模式下,地铁项目的设计、建设、融资和运营都是以国家特许的形式进行的。项目公司是一家资方包括国有控股企业、政府、社会资本的大型企业。项目公司的资本主要来自私营公司,国有股权投资机构也可投资,但持股比例普遍较低。项目公司通常由私营公司作为发起人,由其组织各成员公司完成项目公司的组建;项目公司组建后,全体成员公司共同推选出公司的最高管理层,负责项目公司的整体运营;项目公司的特许期到期时,地铁项目的承包经营权(或所有权)、经营权同时转移,此时项目公司将进行清盘、解散。

项目公司模式的投融资特征:政府与社会资本联合投资,政府投资的规模取决于项目公司的投资回报率;若政府投资金额达不到投资回报标准,则在经营期间给予项目公司补偿。我国目前尚无完全由多家国有控股公司直接投资或全部由社会资本投资的项目公司模式地铁项目。该模式的运营特色:在特许经营期间,项目公司自行运作,自负盈亏,政府通常给予补助并根据合同履行相应的义务。项目公司模式的组织架构如图 7-4 所示。

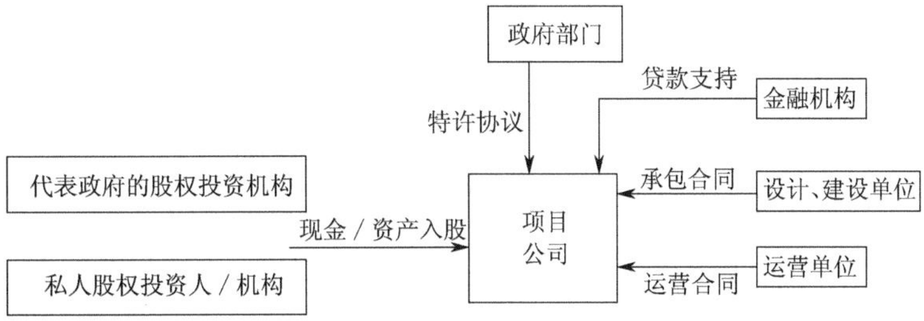

图 7-4　项目公司管理模式组织架构图

Ⅲ.项目公司模式的优点

项目公司模式的优点:①政府仅以项目公司为管理目标,方便监督与控制;②有利于转变政府职能,大幅度降低政府财政负担;③有效地改善项目的运行效率,降低成本、分担风险、提高项目实施的效率;④项目公司一般具有较为丰富的管理经验。

Ⅳ.项目公司模式的缺点

项目公司模式的缺点:①由于不同的公司拥有不同的股权结构,在不同的公司之间存在着不同的股权分布和不同的利益关系;②项目公司的融资不需要股东担保,以项目的未来收益作为抵押,属于“项目融资”,具有很高的风险,导致融资成本较高;③不同的社会投资者对项目目标的认识不同,如建筑企业着眼于短期利益,而运营企业则着眼于长期利益。项目公司模式的最显著特征就是项目的投融资主体多样化,社会投资者的比例要高于国有控股企业和政府。该模式的本质就是政府和社会投资者共同投资、建设、运营,共担风险、分享收益。我国的地铁项目采用这种模式的尚不多见,因为这种模式还存在着诸多问题,涉及项目投资与经营过程中的风险评价与合理分担、项目公司股权结构、项目管理等。目前,北京地铁 4 号线和深圳地铁 4 号线等在使用这种模式。

(5)四种模式的比较

本书所归纳总结的四种地铁项目管理模式既有差异,又存在共性,具体见表 7-1。

表 7-1 四种地铁项目管理模式的比较

项目	建设指挥部模式	建设集团模式	建设公司加运营公司模式	项目公司模式
投融资主体	政府	政府和城市轨道交通集团	政府和投资公司	政府和社会投资者
政府干预程度	大	一般	一般	小
管理层次	较少	多	多	少
项目业主机构	人员复杂	人员较复杂	人员精简	人员精简
市场竞争性	差	一般	强	一般
约束与激励机制	弱	强	强	强
经验累积较差，信息流通较顺畅	经验积累好，信息流通较缓慢	经验积累差，信息流通差	经验积累差，信息流通差	经验积累好，信息流通顺畅
运营方式	自管自营	自管自营	委托运营	特许经营

2. 地铁项目管理模式的控制要点与信息化

(1)地铁项目管理的关键因素

地铁项目投资大、技术难度高、各专业间接口复杂、专业性强，涉及前期准备、工程建设、运营管理、车辆使用、通信信号控制等多个方面，各方面包括的管理单元(要素)繁杂，包括各种资源(人、财、物、信息)、各种组织形式不同的主体(单位、部门)、各种技术(设计、施工、制造、运营)等。地铁项目的上述特点决定了其施工、管理和控制的难度。下面探讨决定地铁项目管理水平的主要因素。

Ⅰ. 良好的项目管理组织方式

在大型建设项目中，项目管理的具体组织方式直接关系到治理效果。对于项目业主来说，项目的跨组织性质决定了不能仅仅依赖于合同等死板的约束方式进行项目管理，而是要通过对项目组织特性的分析，寻求相关的组织理论来为实践提供支撑。目前，我国地铁项目的组织形式主要以多层次的线性组织方式为主，由于地铁项目的参与方数量多、区域上分布不均匀、在整个项目生命周期中组织方式频繁变化，不可避免地造成了各参与方在横向和纵向上的交流困难，这给地铁项目管理带来了很大的困难。在协调项目业主、设计单位、监理方、建设单位、采购方、政府等各方角色方面，传统项目管理的组织方式明显不能发挥各方的最大作用。采用合理的组织方式，使项目的各参与方充分发挥各自的主观能动性，达到利益最大化和信息交流畅通的目的，对有效实施地铁项目管理至关重要。

Ⅱ. 完整的项目管理过程

地铁项目可划分为决策开发、设计、招投标、建设、运营和后期维护六个阶段。在传统的建设项目管理模式中，各专业技术小组在各阶段分别进行治理，具有明显的独立性和流程分割性。地铁项目是一个庞大而又复杂的系统，各部门、各专业之间相互关联、互相制约，形成了众多且复杂的功能管理、工程技术、合同等接口。对项目中的流程进行分割，容易造成各参与方之间的信息沟通困难，导致效率低下和管理脱节，使项目的计划与实施陷入混乱。因此在设计阶段，要充分考虑建设项目生命周期中的多种不确定因素，为工程变更预留工作界面,减少设计、建造中的大量重复性劳动,从而可以极大地减少各类资源的浪费;在设计和建造阶段,要充分考虑到以后运行和维修的便利性,同时还要兼顾各种线路的连接和设备的相容性。地铁项目管理中的各环节是不可分割的,实施一体化治理是关键。

Ⅲ.统一的项目管理目标

从整体上看,地铁项目的治理目标可以划分为项目目标和参与主体的目标。项目目标包括进度、质量、成本三个方面,而现代化的地铁项目,还存在安全目标和环保目标。参与主体的目标主要包括勘察设计目标、监理目标、施工目标、供应方目标、运营目标和其他目标。设计单位关注设计费用、进度和设计单位的收益,建设单位关注施工成本、进度、质量、安全以及建设单位的利益。不同参与方的目标相异,势必会影响整个项目的治理效果,增加协调、交流方面的困难,导致各方关系的紧张,从而使各参与主体的工作积极性受到极大限制。从项目的全生命周期角度考虑,这对实现项目目标是不利的。如何运用科学、合理的方法协调各参与主体的目标、利益,以实现项目目标,使项目在全生命周期内实现效益最大化,是一个亟待解决的问题。

Ⅳ.先进适用的建设管理信息系统

地铁项目的决策、建造和运营,不仅是一个具体的建筑产品的生产过程,同时也是大量信息的产生、传递、处理和应用的过程。地铁项目的建设管理信息主要来源于工程的各阶段、各参与方、各渠道。信息在建设项目管理中具有特殊的作用,它把项目的工作流和资金流、项目的组织和管理功能、项目自身和项目的实施环境相融合,在项目实施过程中,各方通过信息的交换和分享,实现了项目的协调和协作。组织的复杂性,归根结底是因为信息的改变与增长。在建设项目中,信息交流占到了三分之二;而对于大、中型工程,信息交流问题造成的工程变更和差错导致的损失,占整个工程造价的3%~5%。完善的地铁项目建设管理信息系统能够有效地利用各类信息资源,进行信息的整合与共享,从而增强决策的科学性,加强设计、建造、运营各阶段的信息交互和资源整合,同时也能改进以往的工作模式,使工作的准确性和效率得到极大提升。同时,信息化能够促进城地铁项目的组织结构优化,增强其竞争能力,并对经济发展起到积极推动作用。因此,在优化地铁项目管理模式的过程中,信息化是最有效、最容易实现的途径之一。

(2)信息化是提高地铁项目管理水平的根本途径

Ⅰ.信息化与项目管理组织

运用网络、PIP、现代通信等先进的信息技术,可以整合项目的各参与方,进行跨地域、跨组织的协调和管理,使组织结构更加灵活。另外,信息技术具有很强的信息收集、存储、加工和处理能力,使得传统的项目管理工作量大大降低、工作时间大大缩短,同时也改变了以前的工作流程,使治理效率得到了极大提升,使项目的扁平化、无层级化成了可能。

Ⅱ.信息化与项目管理目标

信息化使项目的各参与方之间的联系更加紧密,从传统的纵向命令、控制关系向项目业主方和其他参与方的横向合作模式转变。通过共同分享利益、共同承担风险,项目各参与方能够更好地理解项目目的,从而实现“双赢”。

Ⅲ.信息化与项目管理过程

首先,信息技术可以将不同的学科结合起来,如BIM技术可以让各方的工程技术人员进行协作，而运营方可以在项目设计阶段就能介入，将其经营管理需求和观念融入项目设计。其次，通过对各方面的信息进行集成，可实现对工程建设过程中各环节信息的充分存储，并将各环节的信息精确地传递给各部门，使得整个过程更加紧密。最后，运用建设管理信息系统对建设项目的信息进行处理，可实现项目的预测和控制等。

Ⅳ. 信息化与建设管理信息系统

建设管理信息系统是建设项目信息化的体现，它的建设离不开各种信息技术的支持。利用互联网、PIP、BIM 等先进技术手段，可以构建建设管理信息系统，并充分发挥其强大的功能，从而促进地铁项目全生命周期的有效治理。

（四）地铁项目的信息化趋势

地铁项目是具有点多、线长、面广、投资规模大、技术性强、专业分工细、参与单位多、流程烦琐等特点的复杂工程，有些地铁项目还涉及既有运营线路的改造。地铁项目是由勘察、设计、建造、交付、运营、维护等各阶段组成的庞大而复杂的体系。因此，地铁项目的信息化可以概括为信息获取、协同设计、共享和计算、决策和服务四个阶段。本书针对地铁项目信息化过程中的一些关键技术问题，对相关最新进展、发展趋势进行分析。

1. 多维动态信息感知

无人机技术是目前我国轨道交通勘测技术的典型代表之一。近年来，随着无人机技术和数码摄影技术的快速发展，无人机遥感技术逐渐从科研开发阶段走向实用阶段，成为一项重要的勘测技术。在美国等发达国家或地区，无人机遥感技术在国土调查、林业、环保、军事等领域得到了广泛应用。随着信息和图像技术的快速发展，无人机技术在总体设计、飞行控制、组合导航、中继数据链路系统、传感器、图像传输、对抗、发射回收、生产制造、应用技术等领域都有了长足的进步。

2. 基于 BIM 技术的协同设计

BIM 技术实现了设计、建造、运营、维护等各环节的联系、沟通和协同决策。BIM 技术不但能模仿真实的建筑物，而且能模仿现实中难以实现的事物。过去，设计者只能用平面绘画等二维手段来表达真实的三维建筑。三维建模技术的发展使设计者可以直接用三维模型来表现建筑物。随着 BIM 技术、计算机软件和硬件技术的发展，未来的设计者将逐步从基于虚拟的三维建模的三维项目转向基于数据库的二维项目。在地铁项目中，设计者可以通过建立一个基于 BIM 技术的地铁工程场景协同设计平台，使各专业在真实的三维场景下开展协作，以提高施工效率，节约成本，缩短施工周期。

3. 大数据技术的运用

目前，大数据技术在地铁项目中的应用尚处于起步阶段，主要涉及多维异构数据的结构反应探测、基于数据的驾驶安全与智能提示、结构性能评价与应对措施、面向生命周期的接触网监测等。

4. 决策与服务

一些研究者将地理信息系统（GIS）应用于地铁项目的运营管理、设备管理等环节，得到了良好的效果，显示出很好的应用前景；但将 GIS 复制、移植到地铁项目的建设管理、规划设计等方面仍存在很多问题。目前，我国轨道交通项目在数字化选线、方案选取、工程量计算，设计图表的自动输出，线路的三维建模等方面取得了较好的成果，使设计效率和质量都有了很大的提高,但仍还存在着信息采集与处理不完整、线路设计理论与方法有待进一步完善、数字化选线结果功能单一的问题。因此,开发高效、实用、方便的数字化线路设计系统,既是设计者对提高设计效率的迫切需求,也是数字化技术在轨道交通领域发展进步的必然趋势。

二、全过程投资控制信息化流程再造

随着地铁项目建设规模的扩大、资金投入的增多、专业装备的完善,项目的运行过程越来越复杂,项目管理的难度逐步增大。传统的以功能为核心的项目管理模式已经无法解决跨单位、跨部门协同的工作接口问题,严重影响了项目管理的效率。在传统治理模式下,决策、设计、计划、采购、建造、验收、运营、维护等各环节都受到时间、空间、位移等因素的影响和制约。结合 BIM 技术的特点对地铁项目流程进行再造,提升治理效率,成为一种可行的途径。

三、全过程投资控制信息化数据库建设

《中共中央、国务院关于构建更加完善的要素市场化配置体制机制的意见》(以下简称《意见》)是我国正式颁布的关于要素市场化配置的重要文件。《意见》指出了土地、劳动力、资本、技术、数据等方面的改革方向,并提出了具体的政策建议。由此,数据生产要素的身份被"官宣",其将与传统的土地、劳动力、资本、技术等生产要素一起,共同参与市场化配置,呈现出网络大数据时代的新特点。

新制度学派的领导者加尔布雷思认为,在社会发展的各阶段,总有一种生产要素是最重要的,也是最难以取代的。例如,农业时期的土地、工业化时期的资本都是其所属社会发展阶段的最重要生产要素。按照马歇尔的"四位一体"理论,在数字经济时代,新的社会阶层将迅速成型并扮演更重要的角色。数据是一种新的生产要素,只有通过流动、共享和加工处理才能产生价值。在数字经济时代,数据库的建立和数据的使用是非常关键的。

根据《中共中央、国务院关于深化投融资体制改革的意见》(中发〔2016〕18 号)的文件精神,我国先后于 2017 年、2019 年出台了《企业投资项目核准和备案管理条例》和《政府投资条例》,并在全国范围内设立了以政府和企业为主体的投资项目管理体系。所谓国资项目,指的是由国家出资的项目和使用国有资金的企业投资的项目。而《建设工程工程量清单计价规范》规定了建设工程应以工程量清单为准进行计价。但实际情况下,由于施工图预算和招标控制价的编制都是按照预算定额来制定的,因此,从定额到清单系统的转变是不可避免的,这在某种程度上限制了清单系统的竞争优势。《工程造价改革工作方案》取消了预算定额和招标控制价的编制,使清单定价更好地发挥了其优越性,当然,价格的基础是完全市场化的。因此,必须加强对工程造价的统计分析,包括加快建设工程造价数据库,按地区、工程类型、建筑结构等分类发布人工、材料、工程造价等造价指标,利用大数据、人工智能等信息化技术为工程造价编制提供依据。要加快建设项目总承包、施工全过程的咨询工作,充分利用成本指数、市场价格等信息对设计限额、施工标准、合同价格进行控制,以保证项目的投资效益。

四、全过程投资控制信息化体系建设

（一）顶层规划

在新形势、新使命、新挑战的背景下，地铁公司应坚持“双需求驱动、双重价值驱动、数智赋能、企业治理现代化”的发展策略，并根据不同城市轨道交通产业的特征，构建符合自身特点的地铁项目信息化规划，以问题为导向，以解决关键技术为重点，提升自主创新能力与协同创新能力，支撑打造全球智慧城轨标杆；应从业务解决方案、企业架构和管理系统三个层面，为未来轨道交通的建设绘制一张规划蓝图。

在此规划蓝图中，应明确以客户为中心的业务场景，建立数字化的解决方案，并以数字化转型为手段，实现业务与技术的深度融合，提升企业管理、业务管理的水平，支撑地铁数字化、智能化、智慧化转型发展；应将 BIM、大数据、云计算、人工智能、5G 网络等现代信息技术应用到地铁的运营中；应支持实时感知、业务可视、智能辅助决策、应急联动指挥等业务场景功能，用数字化赋能业务，打造基于 BIM 技术的数字孪生地铁，构建地铁数字生态体系。

（二）体系建设

1. 组织管理体系

为了确保信息技术在应用中具有先进性、创新性，建议地铁公司在建设过程中，先成立一支专门的专家顾问队伍，以便在整个建设周期中提供技术指导，并掌握项目的发展趋势。以 BIM 技术应用为例，鉴于地铁项目涉及的方面较多，因此需要构建一种基于 BIM 技术的地铁项目组织管理模型。

为了让 BIM 技术人员和管理人员真正掌握 BIM 技术并将 BIM 技术应用于实际，应组织项目业主、设计方、建设方、监理方、设备供应方等各方参与 BIM 技术标准体系、理论、软件、平台等各方面的建设，不仅为地铁行业培养一支专业的 BIM 技术人才队伍，也有利于产业链上、下游单位的凝心聚力。

2. 技术标准体系

在地铁项目的施工阶段，建设单位众多，各单位的工作方式、管理流程、交付成果等都有很大差异，严重影响了建设管理的质量与效益。为了建立各建设单位的业务数据库，并在数据的应用、管理、审核、归档等方面实现标准化，建议地铁公司组织有关部门制定相关的标准、规范和方法。地铁公司应从基础、工作指导、数据平台等方面，对 BIM 技术的相关标准进行比较，研究并建立符合地铁项目全生命周期应用需求的，涵盖分类编码、构件库资源、协同管理、应用、交付、审核、数据安全等各方面的 BIM 技术标准体系。

（三）地铁项目信息化管理系统构建

1. 信息分类及统一的信息编码体系

地铁项目囊括的信息涉及技术、经济、管理、法律等诸多方面，涵盖了规划、设计、招投标、建造、运营、维护等各环节中所产生的各类数据和文件。对地铁项目生命周期中的信息进行管理是指对各阶段产生的信息进行整理和补充，消除各环节的“信息孤岛”，将整个地铁项目的信息整合为一体。对整个地铁项目的信息进行统一管理与维护，可以降低信息维护工作量，确保公共基础信息的准确性与一致性，防止重复投入，促进业务系统的互联互通。

按照业务类型的不同，可将地铁项目产生的信息分为以下系统：

1)工程建设系统,主要包含项目前期规划和实施阶段的所有工程建设方面的信息,如各种技术资料、招标投标文件、项目参与各方的信息、合同管理信息等;

2)行政人事系统,主要包括人员招聘信息、人事基本信息、岗位分工信息、薪酬管理信息等;

3)财务管理系统,主要指各种账务信息;

4)设备维修系统,主要指对设备进行维修保养时所产生的各种信息,这些信息主要产生在项目运营期;

5)行车客运系统,包括行车调度信息、客流统计信息、自动售检票信息等;

6)物流管理系统,包括采购、库存类的相关信息;

7)经营管理系统,包括地铁项目各种可经营型资源的利用和管理信息。

将信息按上述几个系统归类,便于实现管理口径的一致,其中最重要的工作是建立系统基础编码体系,因为科学的基础编码体系是实现系统集成的数据基础,对信息管理起到极大的促进作用。地铁项目全生命周期各阶段所产生的信息如图 7-5 所示。

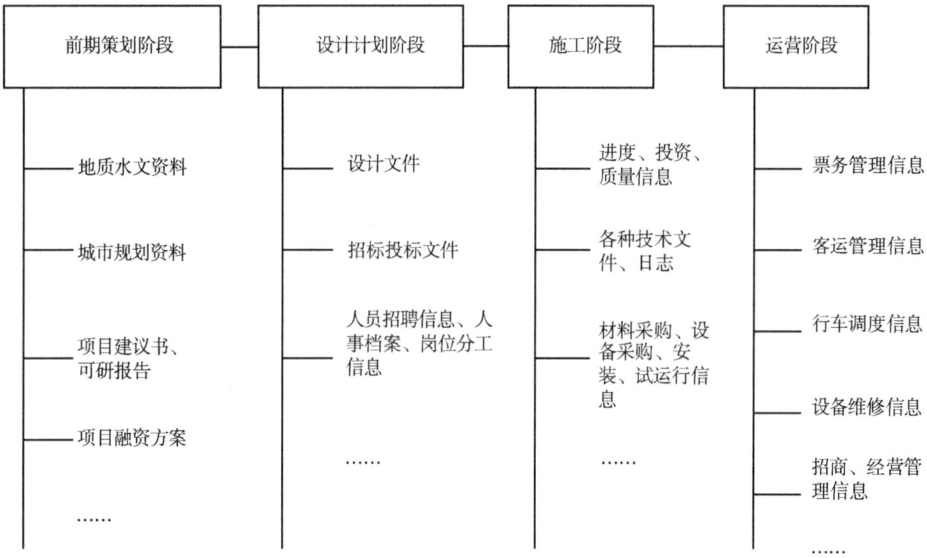

图 7-5　地铁项目全生命周期各阶段所产生的信息

2. 信息接口管理

地铁项目全生命周期中产生的所有信息必须纳入统一系统进行管理,而在信息的集成化过程中必须解决各类信息的接口问题。地铁项目各信息系统的接口见表 7-2。

表 7-2　地铁项目各信息系统的接口

	工程建设系统	行政人事系统	财务管理系统	设备维修系统	行车客运系统	经营管理系统	物流管理系统
工程建设系统	—	人员绩效、专业人员需求	工程合同标识	—	—	—	采购需求、物品领用需求

续表

	工程建设系统	行政人事系统	财务管理系统	设备维修系统	行车客运系统	经营管理系统	物流管理系统
行政人事系统	工程技术人员基本信息、排班信息	—	人员基本信息、人员考勤结算信息	人员基本信息、排班信息	人员基本信息、排班信息、控制指令	人员基本信息、排班信息	物品领用需求
财务管理系统	合同付款信息、账务信息	个人结算数据	—	财务信息、合同付款信息	账务信息	收益、支出信息、财务信息	合同付款信息、账务信息
设备维修系统	—	维修人员需求	设备维修合同标识及基本信息	—	设备维修记录、设备性能信息	—	采购需求信息、物品领用需求
行车客运系统	—	运营组织、人员绩效信息	票务结算信息	客流信息、设备维修计划	—	客流信息、行车调度信息	采购需求、物品领用需求
经营管理系统	—	人员需求、绩效信息	经营合同标识及基本信息	—	招商信息、广告计划	—	采购需求、物品领用需求
物流管理系统	库存信息、物品领用信息	人员需求、绩效信息	合同信息、物品出库信息	库存信息、物品领用信息	库存信息、物品领用信息	库存信息、物品领用信息	—

3. 地铁项目信息化管理系统设计

(1)系统特征

一个全面集成的信息化管理系统应具有如下特征：

1)具有一个统一的内部数据视图，确保各主要系统之间的数据一致；

2)具有对内部数据的统一管理机制，可为大型项目的数据分析与数据挖掘提供便利；

3)具有内部的统一数据交换标准，使各业务流程能够实现完整的整合，使大型项目的信息系统能够扩充，减少管理系统的维护工作，并为管理层提供技术支持。

(2)系统的目标

一个全面集成的信息化管理系统应具有如下目标：

1)实现信息在整个系统内部的共享；

2)实现信息流、物流和资金流的合理运行，提高地铁运营的效益；

3)能用先进的管理理念，整体提升地铁项目的治理水平。

地铁项目信息化管理系统如图 7-6 所示。

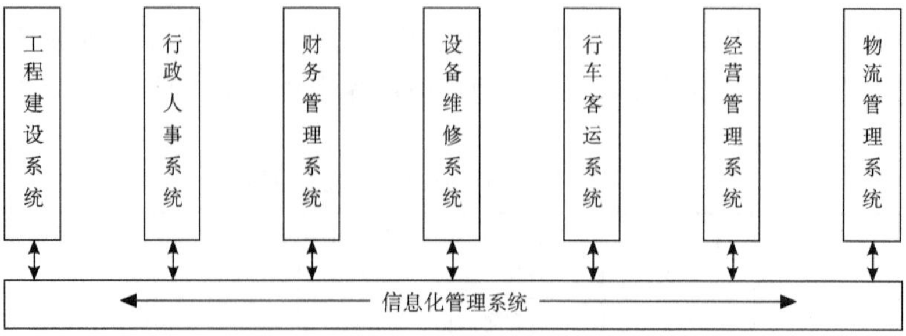

图 7-6 地铁项目信息化管理系统

（四）信息化协同平台的建立

2017 年起，中国轨道交通协会发布了《智慧城轨信息技术架构及信息安全规范》《中国城市轨道交通智慧城轨发展纲要》等各类信息化、智能化规范，以推动城市轨道交通产业的转型和创新。北京、上海、武汉、深圳等城市相继开展了城市轨道交通信息化与相关大数据平台建设，实施“互联网+”战略，推进城市轨道交通的信息化与智能化。其中，以信息化带动城市轨道交通智能化，以城市轨道交通智能化促进信息化，为城市轨道交通行业的可持续、快速发展提供强有力的信息技术支撑。

随着我国城市轨道交通建设涉及的信息越来越多，我国急需开发具有自主知识产权的城市轨道交通大数据整合、管理、处理技术，并建立可以服务业务流程、安全管理、数据集成、可视化应用等方面的信息化平台，走上数字化转型的道路。

为确保 BIM 技术在轨道交通项目中的应用，必须建立相关的协调平台，使各参与方在时间和空间上进行有效的整合，实现项目实施过程中各参与方之间各种信息的沟通和交流。

1. 信息协同平台构建原则

信息协同平台的建设必须以互联性、实时性和集成性为基本构建原则。

1）互联性是指在项目设计、建造施工、运维三个环节中，能够有效地实现信息交互和信息的无阻碍传递。

2）实时性是指项目参与者可以在任意时间、地点，根据自身的工作需要，获得项目的实时信息。

3）集成性是指通过集成应用各种信息技术（BIM、大数据、智能化、工程综合监控、移动通信、云计算、物联网等），将项目建设期间产生的数据汇总至建设管理平台，各参建方可利用该平台开展各类项目管理工作。

2. 基于 BIM 技术的信息协同平台组成

以 BIM 技术为基础的信息协同平台由数据库、软件信息交互层和项目参与方信息管理三大模块构成，如图 7-7 所示。

该信息协同平台的主要功能如下。

1）项目数据库全面管理地铁项目的各种信息。项目各方参与方可以将施工过程中的数据存入数据库，并与三维模型进行关联，以实现项目各参与方的信息共享。该信息协同平台以数据为基础，实现动态的整合管理，支持多个部门的协作，可对施工进度、质量、资源、成本、安全、场地等进行有效、动态、可视化的控制。

2）软件信息交互层是指在项目实施中使用的各种 BIM 软件。为使项目业主有效地管理和运用各参与方的信息，信息协同平台配备了相应的 BIM 软件。

3）项目参与方信息管理层由项目的利益相关方构成。各参与方在 BIM 数据库内按不同的管理权限进行信息采集、更新，以满足工作中的各种信息需求。其中，地铁公司拥有最高的管理权限，可管理和应用项目的所有信息。

构建信息协同平台的主要目的是促进 BIM 技术在工程总承包项目的信息管理过程中的应用。信息协同平台为项目各参与方提供一个进行信息交流的外部环境，为基于 BIM 技术的工程总承包项目的信息管理提供了一个实施运作的基础平台。

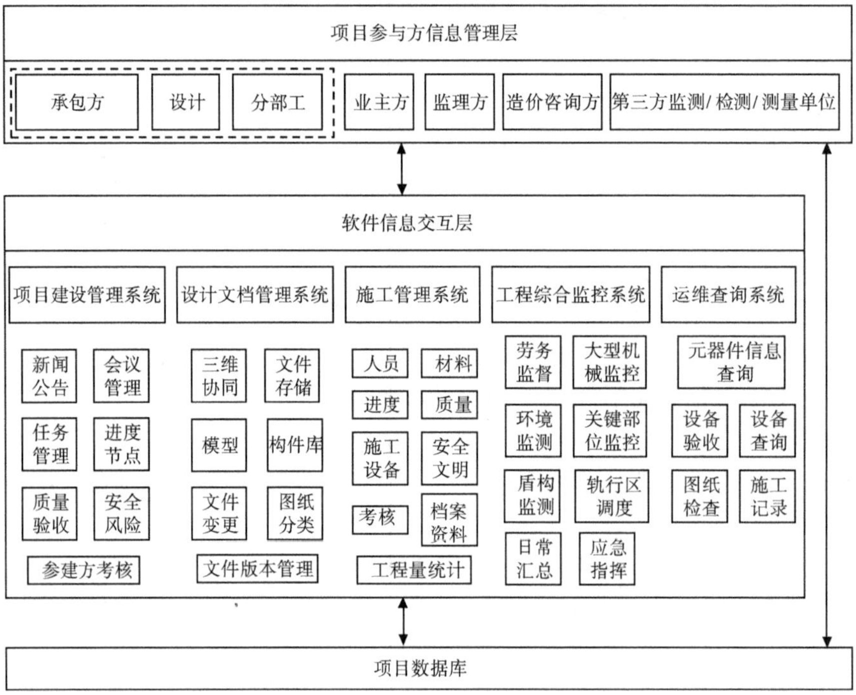

图 7-7　地铁项目信息协同平台

第二节　全过程投资控制信息化的理论基础与核心技术

一、理论基础

（一）项目管理理论

项目管理存在的条件即代理问题和不完全契约。其中，代理问题是指各利益相关者的利益冲突，而不完全契约则意味着无法以合同方式来处理这些利益冲突。项目管理就是基于上述需要而产生的。科克伦（Cochran）和沃里克（Wartick）指出，公司治理问题的关键在于"哪些人得益于企业的决定/高层管理者的行为"，"哪些人能从企业的决策/高层管理中获益"，以及"是什么"与"应如何"的矛盾，也就是利益相关者之间的利益冲突。从这一点可以看出，不管是项目管理，还是公司治理，治理都是以"协调各方利益，解决利益相关者之间的矛盾"为目的开展的一系列制度层面的行为，这也是政府治理的实质。尹贻林等以此为指南，对项目管理的定义进行了界定。

在 1995 年发布的《我们的全球伙伴关系》研究报告中，治理被定义为：许多不同的公共或私营的个人和机构，通过多种途径来处理其共同的事务。治理是一个持续的过程，它使矛盾或分歧双方的利益得到协调，并共同采取行动；治理的途径为正式的体制和规则，这些体制和规则是各方一致同意的各种非正式的体制安排，有权力强迫各方遵守。治理的四大特点如下：①治理并不是一整套的制度或行为，而是一种过程；②治理过程的根本不在于控制，而在于协调;③治理的范围涵盖了公和私两方面;④治理并不是一种形式上的系统,而是一种不断的交互作用。亚洲和太平洋经济研究会(UN-ESCAP)把治理定义为决策和执行(或搁置),并把治理的重点放在决策和执行中的正式或非正式的参与方。UN-ESCAP的定义可以用于公司治理、国际治理、国家治理和项目管理。

尹贻林在《基于治理的公共项目管理绩效改善》一书中写道:"项目管理可以建立一套系统,包括一系列的、正式的、非正式的、内部的或外部的制度体系。"该书对项目的主要利益相关方进行了科学、合理的界定,从而在项目的交易过程中形成一个有序的秩序,以协调各方的利益冲突。总之,项目管理是一个程序,它通过一系列的制度体系来维护项目交易的良好秩序,也就是确定各主要的利益相关方要如何做。必须着重指出的是,项目管理不仅包括在一个合同组织形成的时候,还包括在项目建设管理的整个过程中保持它的秩序。项目管理在宏观层面上,则是在项目交易中形成制度环境,在微观层面上,也就是在项目交易中形成并维护了一个良好的制度。

(二)业务流程再造理论

1. BPR的沿革与内涵

迈克尔·哈默(Michael Hammer)和詹姆斯·钱皮(James Champy)在20世纪90年代早期提出的业务流程再造(BPR)理论,引发了全球管理领域的第二次变革。该理论主张以流程再造取代信息技术加速工作流程,对企业传统的流水线生产方式和劳动分工理论下的部门设置提出了不同的观点。BPR理论的发展沿革见表7-3。在全球市场从卖方市场向买方市场过渡的过程中,企业面临的环境越来越复杂,竞争也越来越激烈。变化的市场环境导致了管理理论的转变。在BPR理论的基础上,许多研究者对其进行了扩展和延伸,提出了如学习型组织、虚拟管理和柔性组织等概念。

BPR摒弃了传统的经营模式、管理模式和工作方式,以业务过程为核心,对企业的经营、管理和工作过程进行再设计。随着越来越多的企业意识到,重新思考经营流程是企业保持核心竞争力、竞争优势的根本途径,企业研究者和管理人员对BPR的重视程度也越来越高。在该过程中,许多与BPR相关的概念和定义随之产生,包括业务流程再设计、企业流程创新、核心流程再设计、组织再设计等。BPR相关的概念与定义见表7-4。

表7-3　BPR理论的发展沿革

时间	研究者	标志性著作	BPR理论的发展沿革
1990年	迈克尔·哈默	《再造:不是自动化,而是重新开始》	批评了企业改造中常犯的错误,即运用信息技术加速已落后了几十年(甚至几百年)的工作流程,认为要对企业业务流程进行重新思考,并首先提出BPR理论,从而拉开BPR研究的序幕
1993年	迈克尔·哈默、詹姆斯·钱皮	《再造企业—管理革命的宣言》	指出BPR是企业获得竞争优势与生存能力的有效途径,进而在世界范围内掀起了管理模式变革高潮。反省过去的理论与正在运作的流程,开始了更为广泛的探讨和具体实际的改造实践
1995年	迈克尔·哈默、史蒂文·斯坦顿	《再造革命》	分析了BPR对人们生活和工作可能带来的影响,以及人们应如何做好思想准备。相关著作的出版是对BPR理论的丰富和发展
1996年		《超越再造》	

表 7-4 BPR 相关的概念与定义

研究者	概念	说明
Davenport, Short	业务流程再设计 (business process redesign)	针对组织内或组织间的经营流程重新进行分析与设计。此处所指的流程为一连串逻辑上相互关联活动的集合,而这些活动会为顾客带来附加价值
Hammer, Champy	业务流程再造 (BPR)	彻底的(radical)革新业务的流程,以便在投资、质量、服务、时间等关键因素上,获得显著性(dramatic)的改善
Morrow, Hazell	业务流程再设计 (business process redesign)	检查关键流程中的活动和信息流,以达到简化、降低投资,提高质量和柔性的目的
Short, Venkatra-man	业务流程再设计 (business process redesign)	企业对内部运作运营流程的重新构造以及对顾客产品分销与发运服务的业绩改善
Short, Venkatra-man	企业网络再设计 (business network redesign)	对从属于更大的企业网络中的部分重要的产品与服务进行重新构造
Johanssonetal	企业网络再设计 (business network redesign)	组织经由各种技术与工具,将与顾客有关的核心业务流程进行重组,在投资、时间、服务与质量上使绩效得到大幅改善的工具
Davenport	企业流程创新 (business process innovation)	使企业得到巨大改善的流程创新工作
Kaplan, Murdock	核心流程再设计 (Core Process Redesign)	对企业是如何运行的进行根本性的再思考,包括其工作流程、决策、组织和信息系统,同时以集成的方法进行再设计
Loewenthal	组织再造 (Organizational Reengineering)	以组织核心竞争力为重点,对企业流程和组织结构进行根本性的再思考与再设计,以使组织业绩得到提升
Guha et al.	业务流程再造 (BPR)	为维持企业的弹性及提高企业的竞争力,需要彻底革新业务的流程,包括认真思考组织结构的功能,重新设计组织架构、工作定义、激励机制、工作流程、控制流程和企业文化及组织哲学等
Talwar	业务流程再设计 (business process redesign)	为企业有效改善顾客服务及经营效率所用的方法,主要工作在于重新思考创造组织价值的流程及辅助支持流程的组织界线,且必须强调设计及实施跨功能的部门
Schnitt	业务流程再设计 (business process redesign)	有关组织如何重新设计工作,以便利用人力资源及信息技术,因此必须考虑组织设计、人力资源与信息技术

结合上述分析,BPR 的过程是将企业流程进行根本的再思考和彻底的重新设计的过程,是基于流程管理这一重心,使组织实现为流程服务的目标。BPR 使企业真正以客户为中心,以高品质的产品和服务为手段,建立快速反应系统,大大提高企业在市场中的竞争力,并在新的环境中获得新的竞争优势。BPR 理论旨在使企业实现从职能管理到流程管理的转变,将企业原有流程从根本上重新思考和重新设计,最终实现业务能力提升。BPR 的基本内涵是以企业长期发展战略需求为出发点,以设计过程的价值和增值为中心,强调打破传统的功能边界,促进整体组织改进、顾客导向和正确使用信息技术,建立合理的业务流程,以促进企业适应竞争和环境变化为目的的一系列管理活动。

2. BPR 的内容及类型

(1)BPR 的内容

BPR 的内容包括组织架构调整、业务流程再造及流程管理提升三方面。

Ⅰ.组织架构调整

不同企业的组织架构不同,不同行业的企业的组织架构也存在差异,此外企业也会根据发展规模、开发项目、市场定位调整自身的组织架构。例如,房地产企业的组织架构有单项目开发与多项目开发,住宅项目开发与商业项目开发等模式。

Ⅱ.业务流程再造

业务流程是企业运行过程中最基本的元素。例如,对于房地产行业来说,业务流程包括企业融资、市场研究、土地获取、项目建设、营销等不同阶段。其中项目建设是一个产品的设计和制造阶段,是房地产企业业务流程中的最复杂的阶段,包括质量控制、周期控制、投资控制、合同控制、安全控制、数据管理等方面。

Ⅲ.流程管理提升

在有了适合的流程后,还需要强化流程管理。在 PDCA 的理念下,流程管理可以得到进一步完善。流程管理包括流程文件管理、流程责任管理、流程再造管理、流程培训管理、流程考核管理等。

(2)BPR 的类型

根据驱动力的不同, BPR 可分为流程再造、流程简化、价值增值分析、任务整合,见表7-5。

表 7-5　BPR 的类型

类型	驱动力	方法	时间需求	冲击和问题
流程再造	迫切变革的思想,引进新的技术或主要的变化	抛去原有一切,重新设计新的理论,对所有假设进行怀疑,来用最佳方法	需要很大的努力以及相当长久的时间	可以使原有生产效率有较大的提升,但中断的概率大,失败率高
流程简化	对流程中重复以及繁缛的环节进行精简	合并某些相似流程,建立信息系统模型,并在模型的每一步都要问是否真的需要这么做	相对改造需要一定的努力	对生产效率有适当的提升,但对于流程中冗杂环节的改善取决于冗余数量
价值增值分析	消除非增值的活动	信息系统流程建模,并在每一步询问这是增值活动还是支持价值增值的活动	需要适中的努力	在生产效率方面取得中等程度的提升,这在很大程度上取决于流程中非增值活动的数量
任务整合	解决信息或投资部门之间或者职能小组之间传递时出现的问题	为信息系统流程建模,在信息或者项目在部门之间通过的每一个点时询问发生了什么或者什么时候发生	需要适中的努力	通常在生产效率方面取得中等程度的提升,这在很大程度上取决于部门之间问题的数量

3. BPR 的实施路径分析

BPR 的步骤可分为如下几个阶段。

(1)第一阶段:诊断分析现有流程阶段

首先,对整个流程进行描述,将已有流程的工作状态记录下来,其中包括用户满意程度、处理情况、工作时间、装配转化率、优先级、其他相关的标准。通过记录各流程所花费的时间,衡量重组后的收入。

其次,对已有流程的缺点进行分析,并将焦点放在对不必要的活动的确认上。这些不必要的活动属于多余的步骤,如活动中的各种瓶颈。第一,确定独立的功能信息系统,并将整个流程整合为一个完整的过程;第二,逐项审查提案、文件和报告的必要性,确认所有不必要的文件和活动;第三,确定活动政策和规则。

(2)第二阶段:战略决策阶段

第二阶段为工程规划阶段,在此阶段,必须对变更的必要性和可行性进行严格审查。在该阶段,要寻求管理部门的支持,寻求过程重组的机遇,发现哪些过程需要改变,并决定哪些过程可以重新设计;还应该查明哪些流程是需要改变的并确定变更的范围。由于流程再造是企业优化整体战略的一项重大决策,而重组后的执行风险更大,因此必须获得公司管理层的大力支持。战略决策阶段的工作重点有以下几方面。

Ⅰ.设立企业的目标

要为企业设立一个远大的目标,使员工有归属感、凝聚力。企业总经理需对企业的现状进行客观评价,并规划未来。

Ⅱ.确保得到管理层的支持

企业的高层管理者要形成共识,一致支持 BPR 并充满激情,因为他们能够动员企业的所有力量。

Ⅲ.寻找最佳的重组机遇

高层管理者要按照公司的策略,从整体上对公司的运营情况、业务目标进行全面剖析,列出企业的主要业务指标,可以采用优先矩阵方法评价和剖析整个企业的经营策略,最终决定企业的四大核心战略目标[①]。确定企业四大核心战略目标的基本原理:第一,必须有能力描述企业竞争策略中的重要问题;第二,关键过程要有明确的使用者;第三,最大限度地降低各主要业务的差异性;第四,将所有的关键词进行分类,按意义进行排序。

Ⅳ.使用信息技术

在 BPR 的执行过程中,信息技术至关重要,必须充分意识到这一点并给予关注。

(3)第三阶段:流程再造计划阶段

流程再造的正式起始阶段为再造计划阶段,该阶段的工作包括组建再造工作团队、建立项目重组目标、进行项目规划、通知有关人士等。

Ⅰ.组建再造工作团队

再造工作团队是精简的、小型的组织,通常由以下人员构成:各类 BPR 专家、具有创新意识的人员、从事人员管理和变革组织的人员、从事运营和系统管理的人员等。

Ⅱ.制订工作计划

编制项目的流程表,描述项目对资源的需求、预算、要达到的目标。

Ⅲ.确定再造目标及评估标准

BPR 的目标、范围是极其宽广的,但要求所得到的新流程是可实现的。再造目标应直接来自以市场为基础的公司目标,如较高的产品质量、较强的顾客或厂商满意度、较短的交货期等。

① 企业的四大核心战略目标:市场目标、创新目标、盈利目标、社会目标。

（4）第四阶段：流程再造设计阶段

在此阶段，应大胆地提出解决方案。在提出解决方案基础上，将工作的分解与专门化转变为工作的压缩与集成化，其间应将信息技术的运用纳入考量，即考虑用适当的信息技术支援新的流程。另外，应尽量将流程中的多项工作合并为一项工作，并在关键节点设置岗位以监控该工作的执行情况，避免重要信息流失。BPR 会使企业在组织架构上产生很大的改变。通过降低各子业务单元之间的依赖性，BPR 可以使目标、任务和人员在各业务单元间实现协同。此外，BPR 所使用的信息技术既要与企业的信息化水平相适应，又要具有一定的可操作性。

（5）第五阶段：流程再造实施及评估阶段

本阶段对商业部门进行 BPR，以重新组织工作流程，并通过培训和教育提升员工的工作质量。在新的业务流程中，不同岗位的职责和作用可能会发生变化或消失，因此需要告知员工在新的组织架构中的职责和具体的工作任务。在 BPR 过程中，信息技术人员的首要任务就是构建和运用新的信息技术来支撑整个 BPR 过程。

按照流程和用户的需要对员工进行重新培训，培训工作中必须加强高层管理者、再造工作团队以及员工之间的沟通。培训后，员工的技能水平提高，为员工授权[①]改革奠定了良好基础，使员工授权不再是空泛的概念。

二、核心技术

（一）BIM 技术

1. BIM 的概念

BIM 技术是 Autodesk 公司在 2002 年提出的。2002 年，Autodesk 发布了基于 BIM 技术的、以三维图形展示为主的建筑业计算机辅助设计（CAD）软件。BIM 技术能够将施工信息综合起来，并将工程建设过程各环节的信息整合进三维建模信息库，从而达到高效、节省成本、节省资源的目的。目前，BIM 技术在工程中的应用日益广泛。BIM 能够在项目的整个生命周期中实现信息的共享，使得各参与方能够正确了解和处理各种工程信息，并为各参与方提供一个基本的协作平台。图 7-8 展示了基于 BIM 技术的建筑业信息化流程。

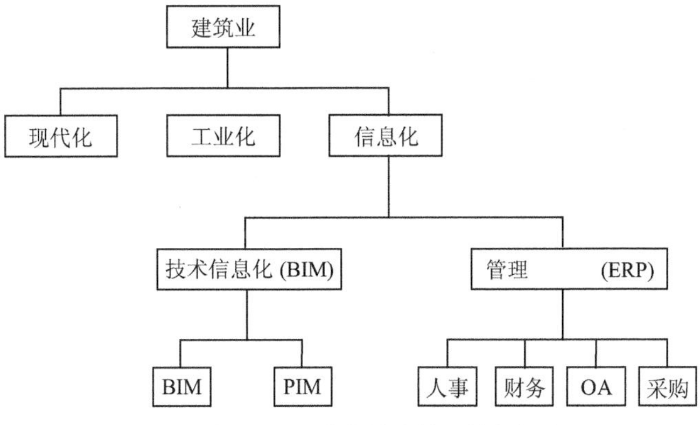

图 7-8　基于 BIM 技术的建筑业信息化流程

① 员工授权指与一线员工共享信息、回报、知识和权力的管理实践，能使一线员工更好地对顾客需求和期望做出反应。

BIM 技术的实施原理如图 7-9 所示，通过对 BIM 模型的集成，可以实现设计的三维可视化显示，可以输出二维图像，也可以进行工程量统计、运营维护等。BIM 技术在建筑工程中的运用，既可以提升施工质量、加快进度、缩减成本、提高安全管理，又可以进行可视化展示、碰撞检测、系统协调、日照分析、温度分析、能耗模拟、规范验证、运营维护等。BIM 技术具有集成化和数字化的优势，使项目的各参与方能够通过 BIM 技术进行有效的协同，从而在地铁项目的建设中充分发挥各自的优势。

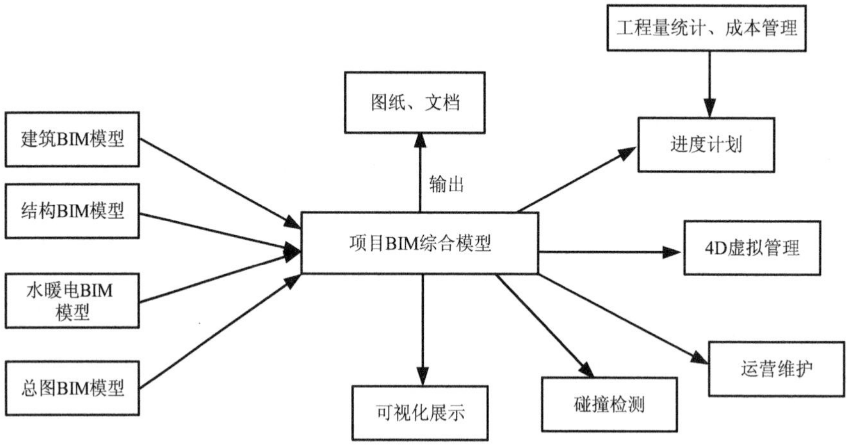

图 7-9　BIM 技术的实施原理

2. BIM 技术的特点

（1）可视化

BIM 技术不仅能为用户提供三维可视化的立体实体图形，而且能够精确、直观地表示出各部件的全部信息。因为 BIM 技术根据真实构件的实际情况自动生成可视化的三维实体图，可以反映出构件之间的交互和反馈，从而使部件在设计、施工、维护等各阶段都具有可视性。

（2）协调性

BIM 技术可以使各专业之间进行技术协作，有利于各参与方的利益协调，有利于参与方之间的沟通和交流。以往，专家之间的合作一般通过召开协调会来讨论项目执行中出现的问题，然后一起研究解决方案。这样的做法是在发现问题后再去寻找解决方案，不可避免地会产生延迟，不能在出现问题之前进行有效的预防和控制。BIM 技术的运用可以有效地解决这个问题，因为 BIM 技术能够直观地显示出复杂的结构，并能在工程开始之前就发现问题；BIM 还能产生协调模型等技术文档，协调不同行业之间的冲突，从而提高各专业之间的交流效率。此外，在项目参与方与工程施工方有利益冲突的情况下，利用 BIM 技术来解决利益纠纷，可将各方的利益放在第一位，避免参与方过分注重自己的利益，从而有利于参与方之间的协调。

（3）模拟性

BIM 仿真不仅包含了对工程模型的仿真，也包含了对现实中不能实现的物品的仿真。在施工过程中，运用 BIM 技术进行质量管理、进度管理、成本管理等方面的工作，可以通过节能、风环境模拟、灯光模拟、4D 模拟、SD 模拟、维护计划模拟、人员疏散模拟等手段，保证项目设计、招投标、施工、运营等方面的工作质量和效率,指导各项工作科学有序地开展。

(4)优化性

在地铁项目施工中,设计、建造施工、运维等各环节都在不断优化并不断完善。从这一点来看, BIM 技术并不能成为工程施工的最优方法,但是 BIM 技术可以使工程施工优化得到更好的发挥。建设项目优化受诸多因素的影响,其中信息、时间和复杂程度的影响是最大的,在没有精确、高效的信息、时间和资料的情况下,建设项目优化的效果无法得到有效保障。利用 BIM 技术可以为建设项目提供详细、准确的几何信息、规则信息等资料,以保证信息要素不受限制;可大幅度降低员工的劳动强度,节约工作时间,提高工作效率,减少时间的影响;可以通过多种优化工具,对项目方案、特殊项目设计等进行有效的优化,从而实现对建设项目的优化。

(5)可出图性

BIM 技术具备强大的出图能力,不仅可以输出设计图,还可以在可视化展示、协调、模拟、优化等方面提供高品质的产品。例如,可用 BIM 技术对管道进行碰撞测试并对相关问题进行优化,从而有效地保证管道设计质量。

3. BIM 软件

BIM 技术的应用非常广泛,因此在 BIM 技术的推广中,必须有各种不同的软件协同各项工作。只有这样, BIM 技术的优势和功能才能得到最大限度的发挥,从而达到使用 BIM 技术的最终目的。常用的 BIM 软件见表 7-6。

表 7-6 常用的 BIM 软件

软件名称	能够解决的问题
Revit	构建建筑、结构的建筑三维模型、建筑构建信息化、参数化、反应二维图纸的设计效果
ArchiCAD	对建筑进行渲染、实现建筑漫游
BIMX	搭建建筑模型、初步渲染、实现全过程 BIM 精细化管理
3D Studio Max	制作虚拟现实漫游、影片渲染、独立建模
Lumion	渲染效果图、渲染动画、实时漫游

(二)投资控制流程再造

1. 投资控制流程再造现状分析

在激烈的市场竞争中,投资控制的优势越来越突出,过去的投资控制思想已无法满足目前投资控制的需求。目前,投资控制流程具备了流程再造的基础,在投资估算、工程招标、合同签订,以及施工阶段的工程签证与资金拨付统计方面,均有符合现有架构的较清晰的流程设置,具备了基本的投资控制流程。但是,现有投资控制流程中仍存在不全面、重点不突出、过于基础化等不足,概括起来主要有以下几个方面。

(1)缺乏全生命周期投资控制的理念

应进行覆盖全生命周期的投资控制,投资控制应自方案设计阶段开始,直到工程结算完毕。首先是项目方案设计阶段。地铁项目会根据地质条件等情况选择最合适的车站及区间项目方案，而各方案的成本存在较大差异。例如，地下车站与高架车站的造价便有明显不同，地下车站采用钻孔桩围护结构，明挖法施工，不考虑地基加固及建筑物保护，成本指标约为 1.14 万元/m^2；高架车站的成本指标约为 7 100 元/m^2。其次是在施工设计阶段、合同订立阶段、施工阶段及结算阶段进行投资控制。以往的投资控制流程更多地集中于项目投资估算、组织合同签订以及施工阶段，缺乏覆盖建设项目全生命周期的投资控制流程。

（2）部门间的交叉与沟通较多，增加内耗

鉴于地铁项目的特点，必须选择合适的工程建设管理模式进行项目管理。以往的项目管理分为项目前期规划、合同造价、建设管理三个部门，这就造成了部门之间的工作交叉，使相应的审核、审批工作复杂化。例如，对于一个新建地铁项目，项目预备部负责相关的手续，合同预算部负责合同的签署和费用的审核，总工程师办公室负责项目的施工，这样就会导致项目审批工作的增加，部门的沟通时间也会相应增加；而且在项目的执行过程中，项目是由部门经理来审核的，这不仅导致审批时间的延长，还会导致项目预算部对项目实施进程不了解，增加了部门间沟通的时间。

（3）投资控制流程停留于事件处理层次，效果不佳

在投资控制流程的实施过程中，往往会涉及一些基础事务，如在签订合同的时候，如果没有对合同中的项目范围进行严格的审查和控制，就会给以后的签证更改埋下隐患。此外，费用支出和统计法虽然可以保证精确度，但是却没有应用于数据分析，也没有利用已经发生的成本资料对投资进行动态管理。

（4）没有实现关键投资控制工作的流程化

每一个投资控制环节都有自己的关键性控制要点，如在工程设计阶段的投资控制过程中，图纸优化、图纸审核等就是关键性控制要点。如果在投资控制过程中，关键性控制要点没有得到应有的重视，就会导致投资控制目标无法实现。

（5）投资控制流程的措施保障不足

组织结构的设定会影响整个项目的速度和效率。如果相关的流程和管理体系不完善，就无法与投资控制流程相匹配。因此，必须完善相关的责任体系，提升成本责任意识，并运用考核和奖励机制确保投资控制流程的执行效果。

（6）忽略项目前期的投资控制，成本核算参考数据缺乏科学性

投资控制应该贯穿项目的整个生命周期，特别是项目的前期。目前，大部分投资控制更多地集中在项目招投标阶段的合同签订以及竣工验收阶段的工程结算，忽视了对项目前期的投资控制与管理。此外，目前项目前期的成本核算所依据的大多是已建项目的造价数据。使用这种无法反映实际情况的数据进行投资目标确定和后续的投资控制，将会直接导致项目投资失控现象的发生。

（7）投资控制流程表面化，达不到有效控制投资的效果

传统投资控制偏重于基本事情的处理，如在项目前期的限额设计过程中，虽然经过了限额设计流程，但是限额的效果无法满足投资控制的要求。主要原因是目标额度的确定流程过于静态，未根据已有数据进行分析与调整，这导致目标额度的确定缺乏科学性，虽然名义上进行了限额设计，但是实质上根本没有达到限额效果，对设计方案的技术与经济评价过于形式化。

(8)不增值工作多,投资控制流程执行成本高

在传统投资控制流程中,多个职能部门交叉工作,重复劳动,做了大量不能产生价值的不必要工作,造成资源的浪费和成本的增长。在不同的成本计算阶段,项目业主往往会委托多家工程造价咨询公司,从而造成工程费用的上升。此外,多数项目业主不具备相关研究能力,无法在项目前期的规划阶段独立地进行经济分析,因此其必须将项目的经济性评估委托给第三方;在设计完成后,项目业主会重新委托一家工程造价咨询机构进行工程预算。这种方式导致了不增值工作量大,投资控制流程执行成本高。

(9)投资控制过程之间相互脱节,未形成系统性的流程

目前,国内的建设项目投资控制多采用分段式控制方式,投资估算、设计概算、施工图预算、结算等流程均由不同的人或单位负责。其中,设计概算通常由设计单位来完成,而结算则由项目业主委托具有资质的第三方造价咨询机构来完成,设计单位并不参与,也并不了解实际成本的发生情况。这导致设计概算与施工图预算脱离实际,设计阶段形成的成本目标并不能更好地在施工阶段得到落实。在此基础上,由于缺少相关信息的反馈,难以进行事后分析,难以在后续工作中解决类似问题,从而影响投资控制工作的质量。

2. 投资控制流程再造必要性分析

投资控制贯穿于地铁项目的整个建设阶段,涉及从规划编制到建造完成的全过程。目前,地铁项目的定位越来越明确,建造方式越来越成熟,成本优势已成为一家建设企业取得竞争优势的关键,投资控制仅局限于投资估算、预算编制、成本统计、资金拨付等阶段的管理模式已不能满足当前市场竞争的需要,必须进行投资控制流程再造,实现对投资的全面与重点控制,才能使建设企业在竞争中获得优势。

投资控制流程再造是指在地铁项目的整个建设阶段,对投资控制工作进行全面优化,从而构建一套内容全面、标准统一、方法科学、执行顺畅的投资控制体系,形成一个从规划编制、方案设计、施工图设计,到合同签订,再到签证管理,最后到资金拨付、投资统计的准确且标准的投资控制流程。

针对传统投资控制模式存在的环节缺失问题,有必要通过流程再造,完善施工图优化与审核阶段的投资控制,即在最有可能节约投资的阶段,最大限度地控制项目成本。

针对各部门间配合开展投资控制时的流程烦琐问题,有必要通过流程再造调整部门设置和岗位职责,重新规划工作流程,以减少部门间的工作重叠,使各部门开展工作的便捷性得到提升。

针对投资控制重点不明确、关键控制点模糊的问题,有必要通过流程再造,明确各项工作与投资控制的关系,提出各项关键控制点的投资控制要求,从而在施工之前及施工中达到各关键控制点的投资控制目标。

针对保障措施不明确的问题,有必要通过流程再造,完善投资控制的各项保障措施,保证投资控制流程以最优的方式完成。

综上,必须结合企业外部环境与内部现状,对投资控制工作进行梳理与分析,通过投资控制流程再造,进一步提升企业的投资控制工作水平,增强企业的成本竞争力,最终确保企业在现今的市场中占有一席之地。

3. 基于BIM技术的项目管理与流程再造

(1)基于BIM技术的项目管理

BIM技术的引入使建设项目管理发生显著变化，BIM平台的出现改善并优化了建设项目管理过程中信息传递的方式与效率。建设项目管理是由一系列具有依赖作用关系的若干要素或部分构成的有机整体，建设项目管理的实施是一个动态、非规律的复杂过程，该过程通常伴随着庞大且冗杂的建设项目信息流。在传统项目管理模式下，建设项目信息传递往往存在着诸多弊端，如在信息传递过程中难以避免层出不穷的冗余、缺失、滞后、失真等问题。这些问题导致的“信息孤岛”现象更成了建设项目管理的严重障碍，而使用BIM技术被视为有效解决上述问题的重要途径。在建设项目的实施阶段，项目管理在充分保证项目目标顺利实现方面的重要性愈加突出。正因为如此，基于BIM技术的项目管理正受到学术界及产业界的广泛重视。

本书将BIM背景下的项目管理简要描述为：以高效达成建设项目的预期项目目标为导向，为保持并促成建造活动的有序状态，基于BIM平台(模型)，充分预见、避免或解决在实现预期项目目标过程中出现的偏差，对被管理对象施加有目的性干预的过程。BIM技术的典型特征是形成了以BIM平台(模型)为核心的项目管理活动。在围绕BIM平台开展项目管理过程中，伴随发生建设项目信息链的重构，将导致建设项目管理流程发生适应性变化。然而，此适用性变化的机制仍未被研究者充分揭示，建设项目管理创新的机制也有待进一步探究。

BIM技术的引入通常伴随BIM平台的建设，当然也包括BIM平台内BIM模型的构建。在BIM实施情境下，传统项目管理过程中的信息传递方式必将发生变化，其将以BIM平台为核心进行信息链重构，如图7-10所示。BIM平台是项目各参与方实现协同工作的重要载体，承担着项目管理过程中的信息集成、数据交换、即时沟通、可视协调等任务。采用BIM技术后，建设项目的协同设计、进度管理、成本管控与质量督查等治理活动均基于BIM平台开展。区别于传统的建设项目管理，BIM平台的引入使建设项目信息链发生了重构，信息的集成与共享均须借助BIM平台，导致建设项目的治理流程发生改变。然而，就现有研究而言，在BIM实施情境下，建设项目管理究竟应该做出何种适应性变化仍未见明确的结果，BIM技术驱动的建设项目管理的创新机制仍不明晰。

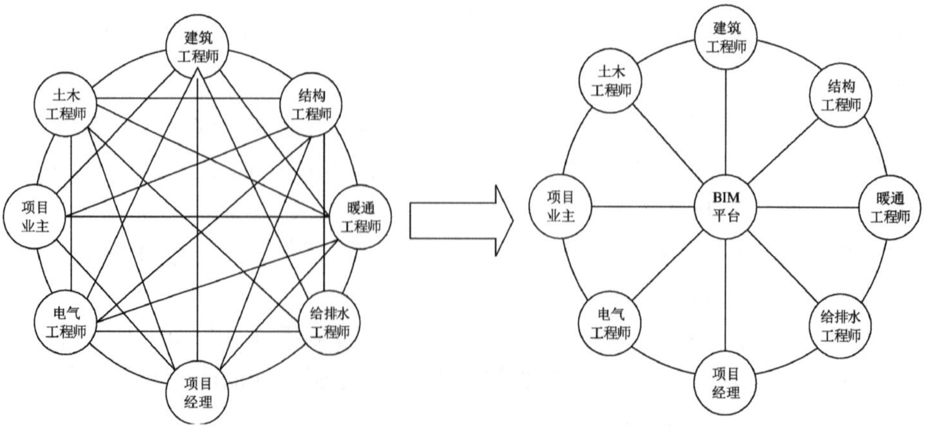

图7-10 BIM实施情境下建设项目信息传递方式的转变

（2）基于 BIM 技术的项目流程再造

在 BIM 环境下，项目管理人员会自觉地重新设计项目管理流程，以寻求更有效的控制，从而使 BIM 实施情境下的流程再造具有更广阔的研究和实践价值。毫无疑问，基于 BIM 技术的项目流程再造已得到了越来越多的重视，但以往大多数研究更多地将 BIM 技术应用于建设项目的过程设计，如使用 BIM 技术优化建设项目的控制过程、使用 BIM 技术对建设项目的管理进行优化、在 BIM 平台的基础上改进设计过程中出现的错误等。然而，这些研究往往忽略了流程再造的系统性，即基于 BIM 技术的项目流程再造的重点应放在过程设计（重组）、目标确定、需求分析、问题诊断和过程执行等阶段。

此外，在 BIM 实施情境下，建设项目管理流程的适应性变化也需要加以关注，而流程再造作为传统治理模式改革和治理效率提升的重要技术手段，已逐渐被视为实现 BIM 实施情境下建设项目优化治理流程的有效途径。20 世纪 90 年代初，随着市场竞争日趋加剧，原有的组织形式和经营方式已不能适应日益复杂的市场环境，企业的组织形式随之发生了变化。此时，新型组织方式开始被引入企业的内部管理，没有价值的流程被淘汰，或被效率更高的流程所替代，BPR 基础理论和技术逐渐形成且成为一个成熟的研究领域，并在实践中积累了大量的成功经验。因此，BPR 基础理论、方法和模式对建设项目管理的流程再造有着重要的指导作用，而如何科学合理地借鉴 BPR 基础理论、方法和模式，探索一条可行路径，实现 BIM 技术驱动的建设项目管理的流程再造将成为未来的研究热点。

（三）大数据技术

1. 大数据技术的概念

大数据技术是指从大数据中迅速提取有价值信息的相关技术。大数据技术包括大数据的采集、存储和管理技术，大数据分析技术，大数据检索技术，大数据可视化技术，大数据应用技术，大数据安全技术等。大数据技术的重要作用并非获取海量的数据，而是通过专业的分析和处理，为用户提供各种有价值的信息，实现数据价值增值。目前，大数据技术已广泛应用于各行各业，如运用大数据技术帮助客户理解、定位、提供个性化服务，运用大数据技术提升医疗卫生、城市和国家建设、服务金融业务水平等。在投资控制方面，可以利用大数据技术将各类项目的成本信息进行集成，为设计单位、造价咨询单位和建设单位提供包括耗能指标、技术指标、成本指数、人材机价格等在内的多种有用数据。

2. 大数据技术应用现状

目前，大数据技术在各行各业的应用如火如荼，但在工程造价行业的应用还不理想，主要现状如下。

（1）缺乏造价数据规范化标准

数据规范化建设是大数据应用的基础性工作，也是在建设项目中应用大数据技术的先决条件。只有将数据规范化，才能将来自各环节的相关信息资源进行有效的整合，使建筑业的信息互联互通、共建共享。

（2）数据采集方法落后、效率低

现阶段，造价数据（如项目信息、单方造价、专业造价比例、钢筋平方米指标、混凝土平方米指标等）主要是项目经办人在完成项目后，以手工方式提交给各种造价基础数据库的，费时费力。

(3)数据处于“信息孤岛”状态

由于多数建筑企业尚未建立企业资料库,因此,各建设项目的成本信息无法共享,无法实现横向比较。当前,建设项目中各环节生成的信息仅由各参与单位保管,导致数据的分布不均匀,以及同一环节的预算、结算、决算等信息无法实现横向比较,从而形成“信息孤岛”。在面对同类产品的情况下,企业不能利用横向比较迅速做出决策。尽管在各地的建筑工程造价信息中都会发布成本指标,但这些指标仅是按照建筑面积、结构类型、高度、造价类别、工程特点等分类的简单成本指标,并未对具体的数据进行细致分析,对建设项目的实际指导意义不大。

当前,我国工程造价行业中存在着大量的信息资源,因此要加快建设项目成本数据库并使其真正发挥作用。

第三节　全过程投资控制信息化的要点

一、流程再造信息化

(一)信息技术支撑体系构建

建设项目全生命周期信息集成管理是指通过信息技术在建设项目的整个生命过程中,实现各利益相关者所需要的数据的传输和共享,从而突破因建设管理造成的“信息孤岛”现象,实现建设项目信息的集成、集约和集中管理。

随着建设项目规模和技术复杂性的不断提升,建设项目中的专业化分工越来越明确,各参与主体在建设过程中遇到的不确定性因素越来越多,对各参与主体之间的信息沟通和工作协调提出了很大挑战,尤其是组织界面上各参与主体间的信息交换质量会极大地影响建设项目的实施。但长期以来,建设项目具有多阶段性和流程分离性的特征,缺乏一个高效的信息集成工具和庞大的数据处理平台,导致建设项目中存在“信息孤岛”现象。在此背景下,建设项目信息在传递过程中很容易被歪曲和衰减,从而发生信息不对称现象,使各参与方在信息流、物流、资金流方面难以形成高效和互信的合作。

应用 BIM 技术能够很好地解决上述问题。在建设项目信息管理中应用 BIM 技术是指运用一系列 BIM 技术、软件或方法,从建设项目的整个生命周期的角度出发,将设计、建造施工、运维等各环节产生的相关信息和资料整合起来,从而实现建设项目的数字化表示和三维建模。BIM 技术是实现建设项目全生命周期信息综合管理的重要工具,是实现建筑业产业化、集成化、一体化目标的重要手段。BIM 技术在地铁项目全生命周期中的应用及范围,如图 7-11 所示。

目前,建筑业内的各类信息和数据已成为基础性资源,而建筑业大数据具有开放性、多样性和快速性。在建筑业内利用大数据技术,能够对建筑的全寿命周期内的各种信息和资料进行集成,从而为今后的项目规划提供有用的信息,达到减少工程造价的目的。

BIM 技术所处理的建筑信息和数据具有“大数据”的特点,将 BIM 技术和大数据技术融合,可使建筑业的信息共享和整合迎来一个新的发展时期。因此,现阶段要促进建筑业的信息化发展,必须要有积极的政策导向,并且要遵循信息化的发展规律,以实现建设项目全生命周期的信息化管理与问题解决。

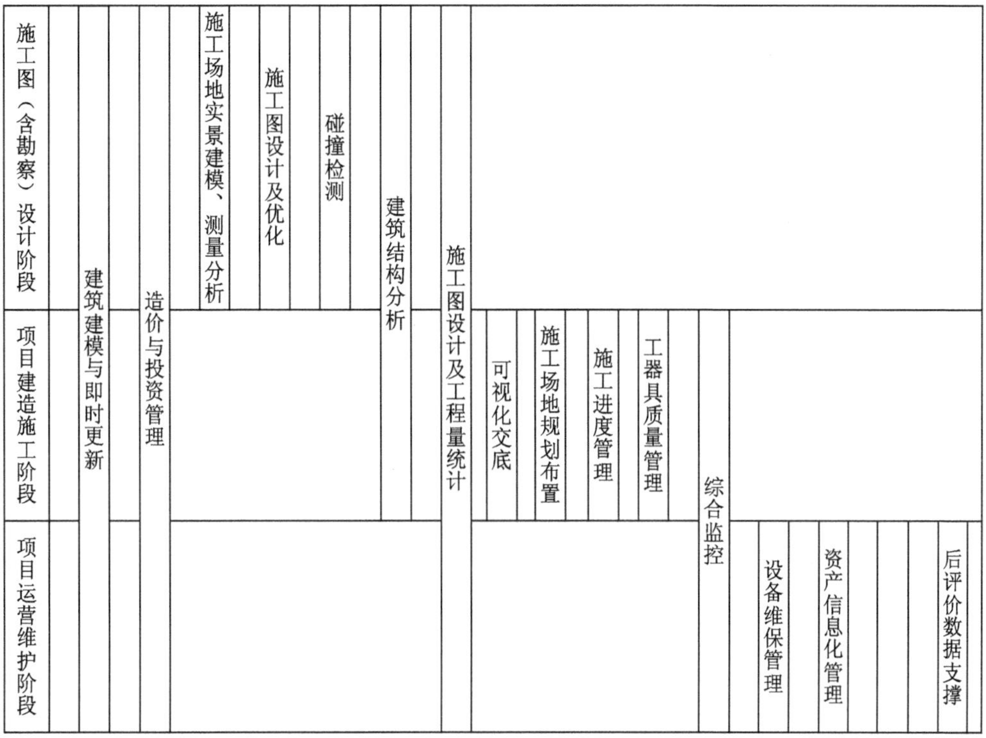

图 7-11 BIM 技术在地铁项目全生命周期中的应用及范围

因此，将 BIM 技术、大数据技术结合起来，构建一个建设项目信息协同平台或网络，可以极大地提升建设单位的信息化水平，减少建设过程中不必要的浪费。BIM 技术还可以有效降低信息在转换、传递、调整过程中的遗漏、损失，以及信息重构所需的人力，从而大大改善建设项目的质量、效益和价值。此外，使用 BIM 技术可以实现项目实体结构与输出函数的数字化表示，从而构建一个完整的数字化模型，开展跨专业、跨阶段的数据传输与共享，实现建设项目工程全生命周期的资产保值与增值。

（二）流程+数据，构建企业数据资产中心

2009 年，费舍尔（Fisher）首次提出了数据资产概念，他认为企业应将业务中所产生的数据视为资产，这些资产包括企业使用的数字系统、应用程序，以及它们输出的文件、文档、数据库或网页。2018 年，中国信息和通信研究院云数据中心在《数据资产管理实践白皮书（3.0 版）》中，对数据资产进行了明确的定义，指出数据资产是指企业所拥有或控制的以物理或电子形式记录的数据资源（如文件数据、电子数据等），这些数据可以为企业创造经济价值。在企业中，不一定所有数据都是数据资产，但数据资产必须为企业创造价值。

流程是企业运行的重要支撑平台，无论是以过程为导向的企业，还是以数据为导向的企业，都必须通过流程来完成业务的流动与运行。建立流程中心，可以帮助企业组织流程，明晰角色和责任，让企业的运营更有条理。在此基础上，本书给出了投资控制流程再造的各关键控制点、要求、输入和输出数据流、方法。这些要素是投资控制流程的核心，有助于形成投资控制数据流,为企业提供投资控制所需的数据资源。流程再造后投资控制数据流见表 7-7。

表 7-7 流程再造后投资控制数据流

步骤	关键控制点	要求	输入	输出	工作依据	方法
1	目标成本编制	依据经验或参考类似项目投资指标,明确项目目标与投资估算	规划指标、设计参数	投资估算	项目目标和投资估算制定、评审、调整的制度和流程	按照经验数据,无经验数据时需进行外部调研,了解类似项目数据;投资决策大数据平台
2	限额指标确定	项目设计目标与限额指标的制定与调整	投资估算、设计概算、不同设计形式对应投资	限额指标	限额设计指标制定、评审、调整制度和流程	样本数据分析法、模糊层次分析法、回归分析测算
3	施工图设计	项目功能分析,确定各专业工种设计要求,对概算编制的要求等进行设计	项目业主要求	设计概算	设计目标	成立编制小组,分专业工种进行设计并合图
4	设计方案评审、比选、优化管理	提出设计方案可施工性评审/比选/优化意见;提出设计方案经济性评审/比选/优化意见;提出设计营销潜力评审/比选/优化意见;提出方案功能性评审/比选/优化意见;汇总整合各部门意见并与设计单位进行沟通和协调	设计图纸	经优化后的设计方案及设计概算	设计方案评审、比选、优化制度和流程	净值法
5	施工图审查	在不同视角下提出设计图纸审查、修改意见	设计图纸	图纸审查意见	设计图审查制度、流程和标准	会议
6	设计变更管理	提出设计变更的经济评审、施工影响评审等意见,综合设计评审意见提出设计变更的可行性,并与设计单位沟通协调设计变更事宜	设计变更申请及相关说明	工程量及设计概算变化,工程量及预估合同价变化或设计变更项目投资说明	设计变更评审、批准制度和流程	设置设计变更审批流程,严控设计变更
7	结算书编制	使用标准格式的工程结算书,结算信息收集应规范齐全	结算资料	结算审核意见	流程再造后对报件内容、结算内容、计算结果的要求	规范化管理结算流程

二、全过程投资控制数字化

工程造价数据库的建立与管理是工程造价信息化的重要工作。2020 年 7 月,住房城乡建设部办公厅印发了《工程造价改革工作方案》,明确指出要加快建立国有资金投资的工程造价数据库,按地区、工程类型、建筑结构等分类发布人工、材料、项目等造价指标指数;利用大数据、人工智能等信息化技术为概预算编制提供依据;加快推进工程总承包和全过程工程咨询,综合运用造价指标指数和市场价格信息,控制设计限额、建造标准及合同价格,确保项目投资效益得到有效发挥。因此,建立已完项目的工程造价积累机制,尽快建立基于大数据技术的工程造价数据库已刻不容缓。

(一)工程造价大数据应用流程分析

工程造价大数据的应用流程包括数据采集、分析和应用等步骤,如图 7-12 所示。

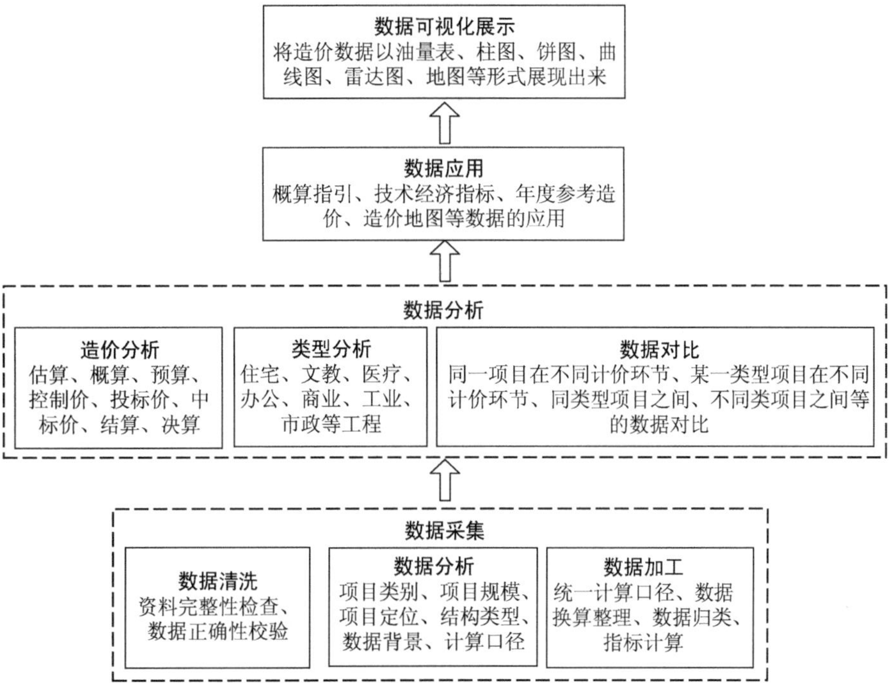

图 7-12 工程造价大数据应用流程

(二)基于大数据技术的工程造价数据库构建

大数据应用是工程造价数据库的核心内容,因此,工程造价行业更加应该着重推广大数据技术。一是建立成本决策与控制信息库;二是建立一个长期的、稳定的数据收集与交换系统,以达到信息共享的目的;三是通过案例分析、工程类型数据统计、数据相关性分析、项目投资控制数据串联等方式,为工程管理、行业管理和社会管理提供决策参考。

1. 工程造价数据库构建思路

工程造价数据库的构建思路:通过应用大数据、人工智能、云计算等多种先进技术,对建设项目产生的原始数据进行采集、分析、展示和应用,具体如图 7-13 所示。

(1)数据资源

工程造价中的信息数据包括各类定额规范、人材机市场的价格、决策阶段的可行性研究数据、设计阶段的概算数据、招投标阶段的预算数据、施工阶段的成本数据和竣工阶段的结算数据等。工程造价数据库的数据来源是工程造价的相关信息数据。

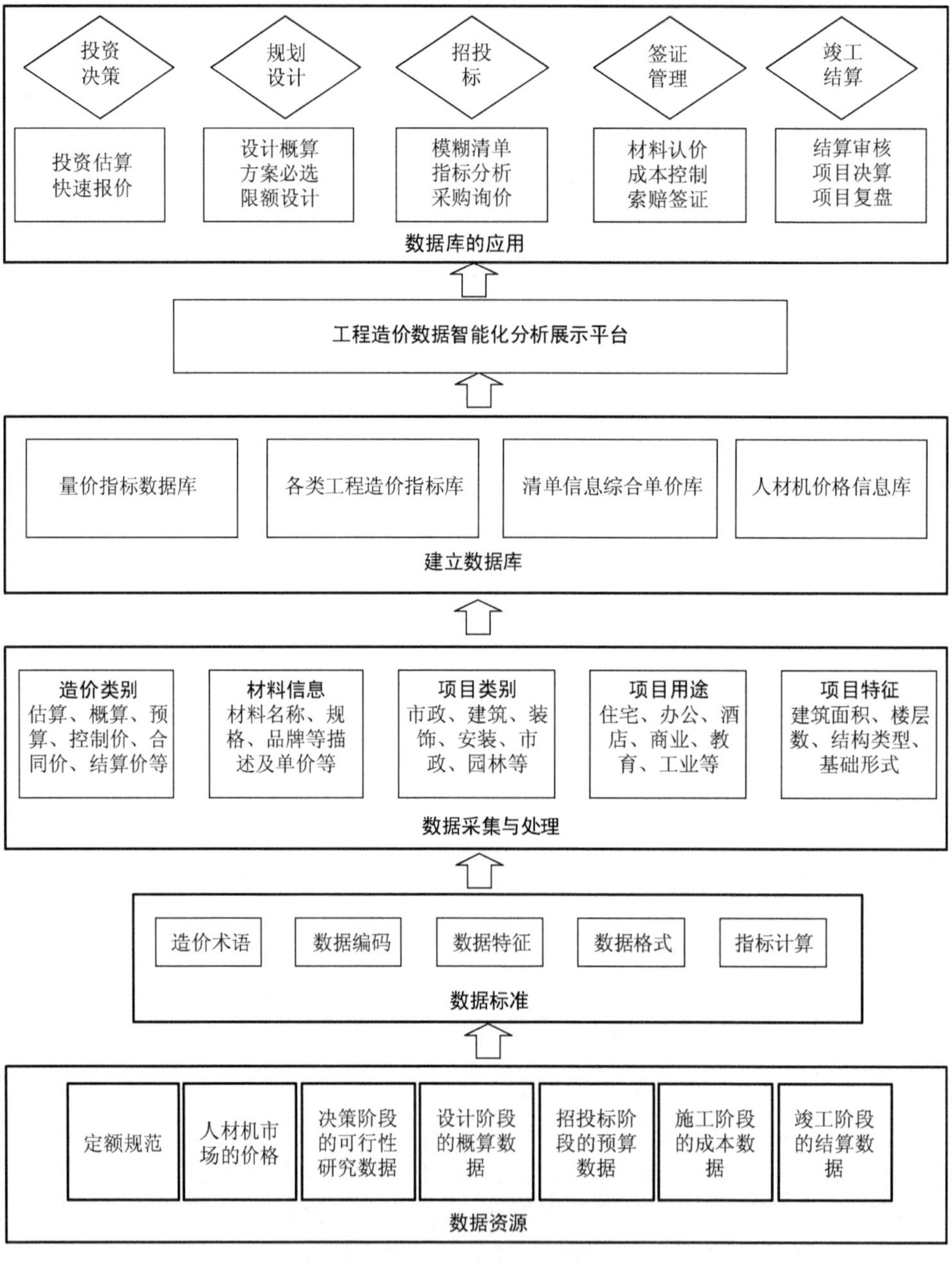

图 7-13 工程造价数据库构建思路

（2）数据标准

建立数据标准的目的是在采集和处理造价信息时对各类造价指标的计算口径及方法进行统一，这是科学地进行造价信息收集、整理、分析和发布的基础。工程造价的数据标准应包括造价术语标准、数据编码标准、数据特征标准、数据格式标准、指标计算标准（包括造价计算方法和造价指标指数）等。

（3）数据采集与处理

Ⅰ.数据采集

进行数据采集时，一是明确各类造价信息的收集标准，确保及时准确地获取完整的造价信息数据；二是根据数据标准将造价信息及数据进行分类和分级，按照数据收集规范将原始数据按规定格式进行整理、录入或上传，形成源数据库。

Ⅱ.数据处理

数据处理是对数据进行清洗、分析和加工的过程。数据清洗是指在资料档案中发现和修正可辨识的误差，如检查资料的连贯性、处理无用的数值及遗漏值等；数据分析主要是对项目类型、项目定位、建筑结构、工程规模、工程特点等进行分类，并对资料分类标准进行界定；数据加工指对同一类、同一时间、同一区间的数据指标进行分类、对比和统计。

（4）建立数据库

完成数据采集与处理后，就可以根据数据类型建立若干数据库，包括量价指标数据库、各类工程造价指标库、清单信息综合单价库、人材机价格信息库等。使用这些数据库，可以进行项目投资估算，概预算编制，设计方案比选，目标费用估算，分部、分项目工程量清单编制，材料询价、定价和报价，动态控制建设项目成本、风险预防等。

2. 工程造价数据库功能需求分析

工程造价数据库主要包含“四库一平台”，其中“四库”为量价指标数据库、各类工程造价指标库、清单信息综合单价库、人材机价格信息库，“一平台”为工程造价数据智能化分析展示平台。“四库”的功能需求分析见表 7-8。

表 7-8　“四库”的功能需求分析

名称	服务对象	功能需求分析
量价指标数据库	项目业主	为政府、行业协会、科研机构、学校等提供行业研究数据支持，同时提供相关大数据分析成果
各类工程造价指标库	咨询公司	一键调取海量材价数据，提升核心竞争力，同时可通过提供数据服务带动企业发展
清单信息综合单价库	建设单位	帮助建设单位快速建立广泛的数据来源渠道，并解决数据标准化问题，为建设企业全过程估算、概算和预结算提供数据参考依据
人材机价格信息库	财政部、审计署、发展改革委	用数据决策和监管，为规范工程造价行业管理及节约政府建设项目投资决策提供专业、可考的数据和技术保障

在工程造价领域，运用大数据技术建立和完善建设项目成本数据库与指标体系，可以为政府宏观调控、过程监控、审计、评标部门提供审核对比依据，为造价行业拓宽服务领域，为企业提供更好的技术服务。针对目前我国建设项目投资管理中存在的问题，建议相关部门尽快组织专业人员，制定工程造价数据库的建设标准，并鼓励各单位建设工程造价数据库。与此同时，发展改革委、住房城乡建设部、财政部、审计署等相关部门也要加强合作，建立和共享工程造价数据，使各方能够更好地运用大数据技术发挥其作用，为政府投资的有效管理提供参考和建议。

三、基于BIM的以前期规划阶段为核心的投资控制

(一)基于BIM的项目业主设计管理

1. BIM在项目业主设计管理中的适宜性

(1)BIM支持可视化的设计管理

随着建筑规模的扩大,建筑的空间布局必然会更加复杂,对建筑的功能需求也会不断提升。在设计成果方面,由于缺乏可视化的工具,项目业主与设计方之间的交流仅限于传统的语言、二维图纸或文档,设计方很难真正地了解和表达项目业主的真实需求。BIM的可视化操作使传统设计进入一个新阶段,其让项目业主能够更好地参与到设计中,既能实现项目业主与设计方之间的无障碍交流,又能减少设计变更的可能性。从管理流程上来说,在项目前期使用BIM技术,可以便于项目业主选择施工地点、设计方案,使项目业主的决策更具科学性。在这样的情境下,项目业主和建设单位不再是单纯的命令与被命令关系,而是能更好地进行协调的关系。BIM的可视化操作不仅能改善项目业主对工程质量的控制,还能有效改善建设项目的进度和投资控制。

(2)BIM支持管理信息的共享

BIM支持管理信息的共享,其技术特征在于它的信息完整性和协调性.使用BIM技术,能够有效提高各参与方的交流和协作水平,大大缩短了方案变更时间,从而使整个项目的实施更加高效、有序。

BIM信息的完整性主要表现在两个方面:第一, BIM所提供的设备信息全部是数字化的,其中包含了项目实体和功能的联系;第二,建立BIM是一个不断输入、更新和完善建设全过程的过程,它既能使项目实施过程中的各环节无缝衔接,又能为各参与方提供信息交流的桥梁。

BIM的协调性还能从无差别的零延迟关联和组件间的智能连接两方面体现。简而言之,如果项目业主对某个设计方案不满意并向设计方提出了修改意见,那么与该修改相关的其他改动就会实时显示出来;若项目业主对修改后的方案仍然不满意,则会继续与设计方进行磋商,让其提出一个新的解决方案;另外,当设计变更或安排变更时,其他相关人员也可以根据实际需要及时有效地做出反应。

(3)BIM支持协同设计及跨组织管理协调

在传统的设计方法中,各专业的设计单位之间存在着一座座“孤岛”,任何一个专业的设计变更都需要逐一反馈给其他专业的设计单位,以便进行修正;而BIM技术可将这些“孤岛”连接起来,形成可执行的模型,任何一个专业的设计变更都可以实时反馈给其他专业的设计单位。同时,基于BIM技术的协同平台不仅可以增强设计单位内部的创造和交流,而且可以实现实时、无障碍地设计信息协同。例如,利用BIM技术,建设项目的各参与方可通过组成多目标决策团队,充分表达各自的需求、专业知识等,细化建设项目的需求与目标,增强设计阶段与建造施工阶段、运维阶段的联系,提高设计质量。因此, BIM技术的运用必然会给建筑业的组织实施带来一次新的变革。

另外,基于BIM技术的协同平台不仅可以在不同企业间实现信息的协同,还可以在不同组织中实现系统的协同、文化的协同和目标的协同。在设计管理过程中,往往存在着多个

层级、多个来源的参与者间的评价标准不统一、核心价值观不一致、目标不清晰等问题。此时,协同平台可以使各方的目标实现统一,使建设项目的每个阶段都有清晰的目标、有统一的执行机制,达到责任清晰、协同合作的效果。

2. 基于 BIM 的设计管理模式

(1)构建目标

基于 BIM 的设计管理模式与传统的设计管理模式之间的最大不同在于:整合各参与方,重视建设项目前期的参与和投资,同时兼顾下游参与方(施工、运维)对设计活动的积极作用,推进各参与方之间的信息共享和目标协同。鼓励各参与方在工作时间方面实现并行和交叉是基于 BIM 的设计管理模式的最大特点和优势,其对传统的组织方式产生了巨大影响。基于 BIM 的设计管理模式是传统的设计管理模式的再设计,是应用 BIM 技术对管理组织模式进行再造,从而实现更有效的设计管理。本书从以下几个方面对基于 BIM 的设计管理模式的优点进行探讨。

Ⅰ. 有利于系统目标的实现

组织是一个系统有效运作的基础,组织理论认为系统目标决定了整个系统的组织模式,而组织模式则是系统目标是否实现的关键。因此,采用基于 BIM 的设计管理模式的目的在于推动建设项目各参与方的目标与系统目标实现统一,从组织架构层面密切联系各参与方,使其紧紧围绕项目目标,在工作流程和沟通方式上加强沟通和合作,最终使系统目标高效地实现。

Ⅱ. 有利于系统功能的发挥

建设项目本身就是由不同参与方(组织)组成的系统,因而具有系统的整体性特征。参与建设项目策划、设计、建造施工的组织分别属于不同的专业和利益集团,它们之间既存在工作上的合作和协助,也存在利益上的冲突与矛盾。因此,采用基于 BIM 的设计管理模式的目的就是减少组织间的内耗,形成健康、合作的系统,共同为系统目标的实现而努力。

Ⅲ. 具有充分的弹性和柔性

组织的灵活性优势表现在两个方面:一是自身的稳定,二是抵御外部风险和冲击的能力,以及自身学习和发展的能力。基于 BIM 的设计管理模式强调以人为中心的柔性管理,具备稳定、动态和柔性的特点,可以使建设项目迅速应对各种风险和内部变化,提高适应性。

Ⅳ. 有利于形成协同化、集成化的组织环境

BIM 是一种新的生产手段和管理思想,它与传统二维生产设备的使用情境不同。BIM 的作用是由不同的项目组织、不同的专业共同努力来实现的。因此,基于 BIM 的设计管理模式可以为协同化环境的形成创造有利条件,使其更好地为建设项目的设计和实施服务。

(2)构建原则

构建基于 BIM 的设计管理模式应遵循目标统一及责权利平衡原则、工作重心前移原则、无层级原则、强化沟通原则、面向多参与方协作的原则。构建的重点在于形成一个集成化组织,做到目标统一,如图 7-14 所示。

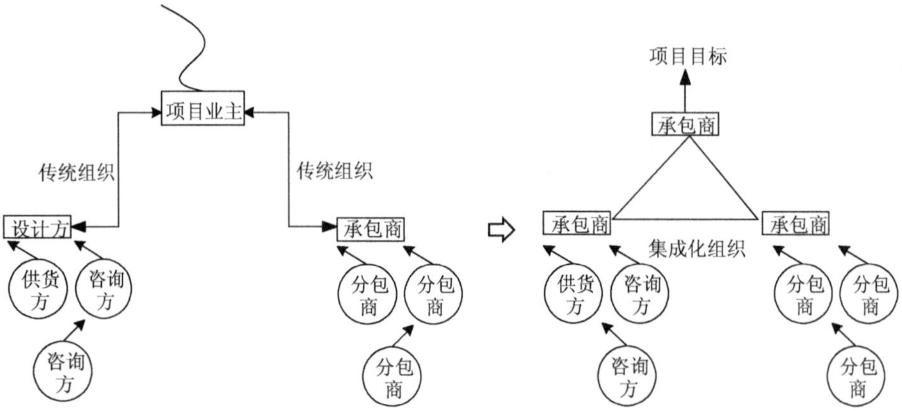

图 7-14 通过集成化组织实现目标统一

Ⅰ.目标统一及责权利平衡原则

基于 BIM 的设计管理模式能否有效地运作,关键在于建设项目的各参与方均有明确、统一的目标。由于建设项目的各参与方均为不同的组织或机构,其所代表的利益群体是不同的。因此,各参与方目标的统一对建设项目的有效运作和目标的顺利达成有着举足轻重的作用。要实现建设项目目标,必须做到以下几点:

1)各参与方在建设项目实施前必须达成一致的、明确的建设项目总目标;

2)通过设计任务书、合同文件、管理制度文件等,不断强化、贯彻建设项目总目标;

3)在建设项目的实施过程中,充分考虑各参与方的利益,尽量使各方达到满意。

Ⅱ.工作重心前移原则

在设计阶段,20%的工程量可以决定建设项目 80%的建设投资。因此,在建设项目前期的设计段进行设计管理是非常重要的。然而,传统模式具有的设计技术、管理水平等方面问题,使设计方的设计人员对设计规划、设计初期的重视程度较低,从而在建设项目后期产生设计变更、功能不能完全实现、投资超出预期等问题。所以,基于 BIM 的设计管理模式的重点是将工作重心前移,从场地设计、规划设计条件、合理的投资估算等方面着手,提高设计源头的设计决策的科学性和合理性。另外,从表 7-9 可以看出,将各参与方的参与和工作重心前移,是充分利用 BIM 技术的优势来满足建设项目目标的需要,同时也是在设计管理中进行协调决策的需要。采用基于 BIM 的设计管理模式,各参与方,尤其是下游参与方可以充分根据其他参与方的需求、知识,细化自身的需求和目标,加强设计与建造施工、运维的紧密联系,提高设计质量。

表 7-9 传统模式和基于 BIM 的设计管理模式的对比

传统设计管理模式							
	决策阶段	方案设计阶段	初步设计阶段	审查招标阶段	施工图设计阶段	建造施工阶段	交付阶段
项目业主							
设计单位							
建设单位							

续表

传统设计管理模式							
	决策阶段	方案设计阶段	初步设计阶段	审查招标阶段	施工图设计阶段	建造施工阶段	交付阶段
供货方							
分包方							
基于 BIM 的设计管理模式							
项目业主							
设计单位							
建设单位							
供货方							
分包方							
运营方							

注：色块表示参与相关阶段的工作。

Ⅲ. 无层级原则

基于 BIM 的设计管理模式应遵循无层级、扁平化的组织架构。组织可以看是建立在信息交流基础上的一种关系模型。约翰（John）提出了基于传统信息管理理念的层次结构，这种层次结构采用的分工合作理论和以管理功能为导向的组织设计原理，与传统的信息处理和传输方式有密切的联系。传统的信息处理与传输方式较为落后，传递速度慢、效率低。因此，要对复杂的生产流程进行有效管理与控制，就必须将复杂的作业分解成相对简单的作业或子系统，并对作业或子系统进行监控与控制，并通过各功能层“上传下达”。基于 BIM 的设计管理模式彻底颠覆了以往层层传递信息的方式，“BIM+云+互联网”可以通过不同的终端设备实现建设项目各参与方之间的即时沟通和“保真”信息传输，如图 7-15 所示。这种组织无层级的方式颠覆了基于传统信息管理理念的信息观。

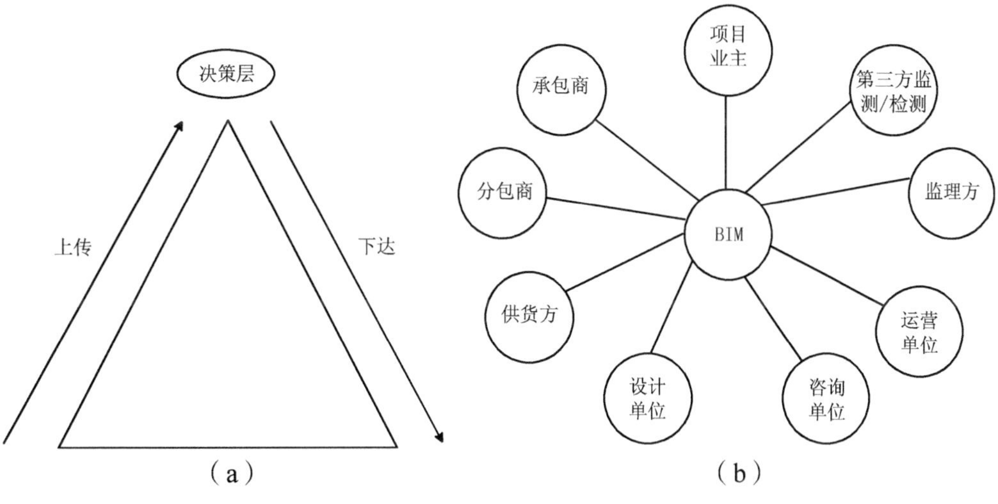

（a）　　　　　　　　（b）

图 7-15　传统设计模式与基于 BIM 的设计管理模式的信息沟通方式比较

（a）传统设计管理模式　（b）基于 BIM 的设计管理模式

Ⅳ.强化沟通原则

在基于 BIM 的设计管理模式中,项目业主、设计单位、建设单位组成建设项目执行体系,目的是实现同一项目目标;但各参与方又相互独立,有各自的利益追求和运作机制。采用这种架构的目的在于将建设项目的各子系统整合为一个稳定的整体系统,并使各参与方实现资源整合和优化,以达到资源效率最佳和最大化的目的。基于 BIM 的设计管理模式既要求各参与方之间、各设计阶段之间实现信息集成和传输,又要加强设计、建造施工、运维三方面的联系,构建注重协同与合作的组织架构。另外,在工作关系方面,该模式改变传统设计管理模式的工作方式,组建了跨部门的多功能小组;在合同设计上,该模式改变了传统的利益和风险分配方式,构建了"同输共赢"的合同制度。

Ⅴ.面向多参与方协作的原则

基于 BIM 的设计管理模式强调组织之间的协作,以达成统一的组织目标为目的。首先,这种模式的跨部门协作可以弱化现有的层级,实现各参与方之间的平等、无障碍沟通;其次,组织间的协作有利于设计、建造施工、运维等各方面的协调,同时也可以减少人力成本,减少人工组织界面;最后,这种模式透过跨部门协作,让设计、建造施工、运维方面的各相关单位提前介入设计,整合不同经验、专业知识为项目设计服务,从而提高设计质量,增进对各参与方对设计的理解与支持,提高建设项目的实施效能。

(3)组织结构框架

根据设计决策的强度将建设项目的各利益相关方进行划分,从而将基于 BIM 的设计管理模式分为四个层面:项目业主组织集成、设计单位组织集成、其他参与方组织集成、全体参与方组织集成。应注意的是,基于 BIM 的设计管理模式要求项目业主、运营方、设计单位、建设单位等在设计决策和设计过程中,都按实际情况进行决策。

Ⅰ.项目业主组织集成(核心决策层)

项目业主组织集成包含项目业主、运营方、设计管理、资源管理、总承包方等方面,如图 7-16 所示。因为在设计管理阶段,不存在利益冲突,便于管理与协调。在基于 BIM 的设计管理模式中,以 BIM 技术为核心进行组织结构设计,而项目业主组织集成是该模式的核心决策层。

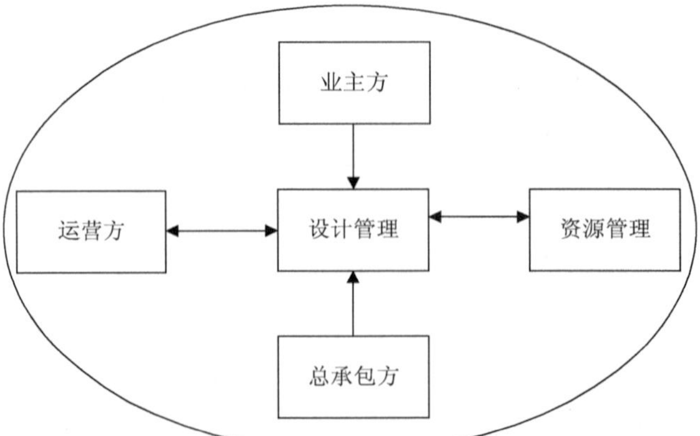

图 7-16 基于 BIM 的设计管理模式的核心决策层

Ⅱ.设计单位组织集成(核心设计层)

基于BIM的设计管理模式要求各设计单位间进行充分沟通和合作。在目前的建筑工程设计中,设计单位的专业化程度不断提高,专业划分也愈加细致,而且设计工作也按照进度进行分级,以便委托和分配设计任务。所以,对于一个大型的复杂建设项目,其设计单位往往有十多个或几十个。在传统的建设项目设计中,通常采用的是设计工作并行开展的方式。此方式存在以下问题:不同设计阶段、不同专业的设计单位构成和数量(少则几个,多则几十个)都存在着差异,这样不但使设计界面的协调管理变得困难,而且在总体投资、质量、进度等方面也难以把握;在设计过程中,难以协调各参与方、各阶段的利益。如图7-17所示,设计单位组织集成包括前期阶段专题研究单位集成、方案设计阶段设计集成、初步设计阶段设计集成、施工图设计阶段设计集成,四者共同构成建设项目设计的第二层次,也就是核心设计层。

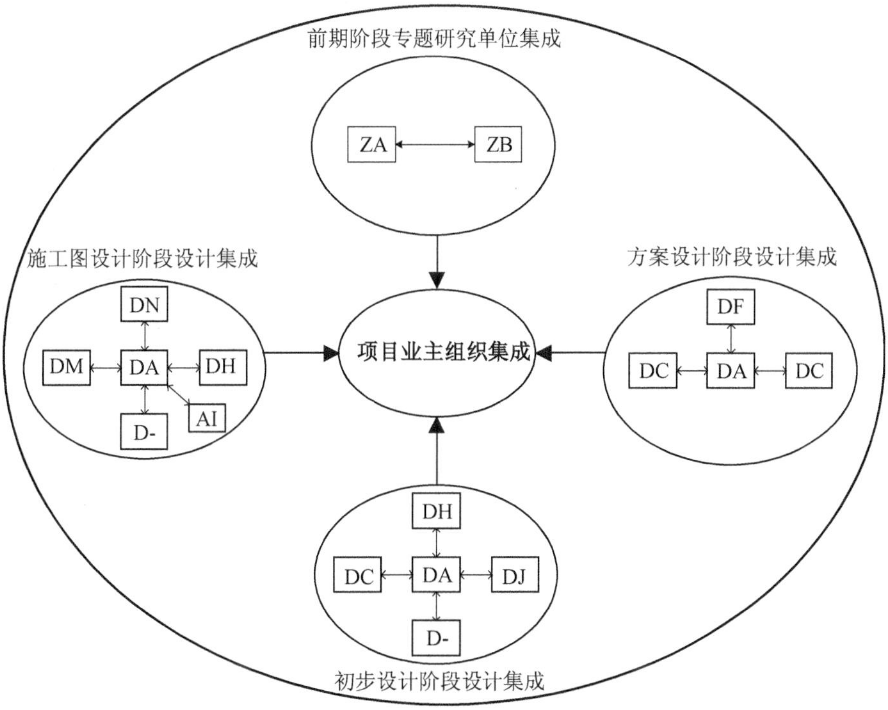

图7-17　基于BIM的设计管理模式的核心设计层

注:ZA、ZB代表专题研究单位;D*代表各专业设计团队;AI代表总承包方。

Ⅲ.其他参与方组织集成(主要执行层)

如前所述,建设项目设计的第二层次是设计单位组织集成。而第三层次是其他参与方组织集成,即总包与分包的一体化。传统设计管理模式会在施工过程中加入很多不能协调的界面,从而使项目业主在施工过程中的组织和协调工作变得非常困难,对建设项目的投资控制产生一定影响。而在基于BIM的设计管理模式中,工程总承包方可以实现对各分包方的生产组织和过程的控制,进而促进设计、建造施工和运维层面的有效结合,提高建设项目的经济效益。在此应明确的是,对于不同的建设项目类型,其合约方式、采购目标等都有差别。

Ⅳ.全体参与方组织集成(所有利益相关方层)

与传统组织集成方式相比,全体参与方组织集成中个体间的关系更为紧密,更接近于合伙(partnering)的概念。这种方式能够突破传统的组织边界,并能提炼各参与方的共同目标,确保其进行有效沟通并建立起良好的协作关系,从而保障建设项目的各利益相关方的利益。

(4)基于 BIM 的设计管理模式的优势

由图 7-18 中可以看出,基于 BIM 的设计管理模式包含四种不同层次的组织集成,具有如下优点。

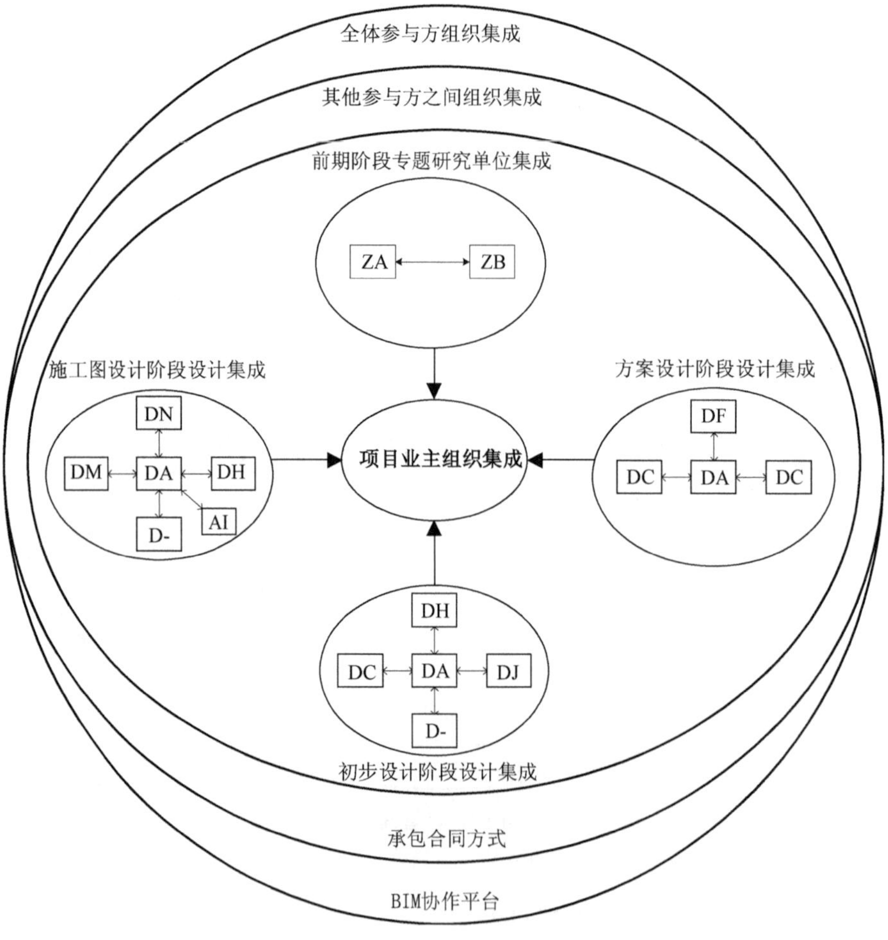

图 7-18 基于 BIM 的设计管理模式的四个层次集成

1)BIM 技术给项目业主带来的最大的、最基本的价值就是协同和集成。协同是指各子系统或环节的工作模式发生变化;而集成则是将各设计单位、建设单位进行整合和集成。与传统设计管理模式相比,基于 BIM 的设计管理模式在建设项目初期就实现了所有参与方的集成。

2)BIM技术提供了一个精确、唯一的数据来源，用于建设项目各参与方的协作。这种方法可以增加信息的复用性，降低信息在传输中的丢失、失真、信息差错现象。在各子系统或环节中生成的信息既是上游参与方的劳动成果，又是下游参与方的资源，如此反复，实现信息的有效利用。

3)BIM技术强化了各设计单位间的交流与合作，使设计单位和建设单位的联系更加紧密，承包、分包、供货等部门能够参与到建设项目的前期规划中，使建设项目的整体设计和建造施工一体化程度得到提升，极大地提高了建设项目后期实施的便捷性、速度和效率。

(5)基于BIM的设计管理模式的管理流程

传统设计管理模式因组织架构及信息传输方式的限制而变得复杂、烦琐、低效。在BIM技术的基础上构建设计管理模式，既要考虑BIM技术对设计管理工作的影响，又要根据BIM技术的特点改变组织结构和沟通模式，尽量把BIM技术的应用提前，使设计方案更加稳定，形成一个便于各参与方协作的BIM协同平台。

Ⅰ.基于BIM的设计管理模式的总流程

基于BIM的设计管理模式总流程如图7-19所示。从图中可以看出，在设计初期(前期准备阶段)，项目业主的首要工作是提出BIM协同平台需求，然后确定BIM使用总体目标并要求设计单位和建设单位编制《BIM使用实施规划》，最后进行审核。对项目业主而言，BIM使用实施规划应从整体上考虑BIM技术在建设项目中的应用，确定信息交换标准和规范、交付内容和相关标准。为使BIM在建设项目的整个生命周期中的应用效果达到最大化，项目业主应根据自身视角审核《BIM使用实施规划》，并对BIM的具体实施和技术措施进行界定。通过对设计单位与建设单位编制的《BIM使用实施规划》的审查，项目业主能够对BIM技术的实施过程、应用关键点以及最终的交付情况有一个全面的了解。审核工作的重点包括各BIM团队的设计与人员配置、优化设计过程、设计规范等。

基于BIM的设计管理与传统的设计管理，在流程方面的最大区别在于：运营方、建设单位的BIM主管要参与设计、建造施工各阶段的设计决策，并在设计、建造施工、运维方面加强协调，提高组织与过程的整体性。

Ⅱ.基于BIM的设计管理模式的深化设计流程

深化设计是对设计单位、总承包方、项目业主、分包方的工作内容进行细化、完善和修改的过程，也是协调、整合和审核的过程。在建设项目中，主要由项目业主监督、检查、审核总承包方和设计单位的深化设计。采用基于BIM的设计管理模式的建设项目的深化设计流程如图7-20所示。其中，总承包方根据设计图纸的交底，联合项目业主、设计单位编制一套深化设计方案，以指导建造施工。在此基础上，各参与方对深化设计成果进行审核和审查，这些审核和审查工作是保障设计工作质量的最后一道防线。

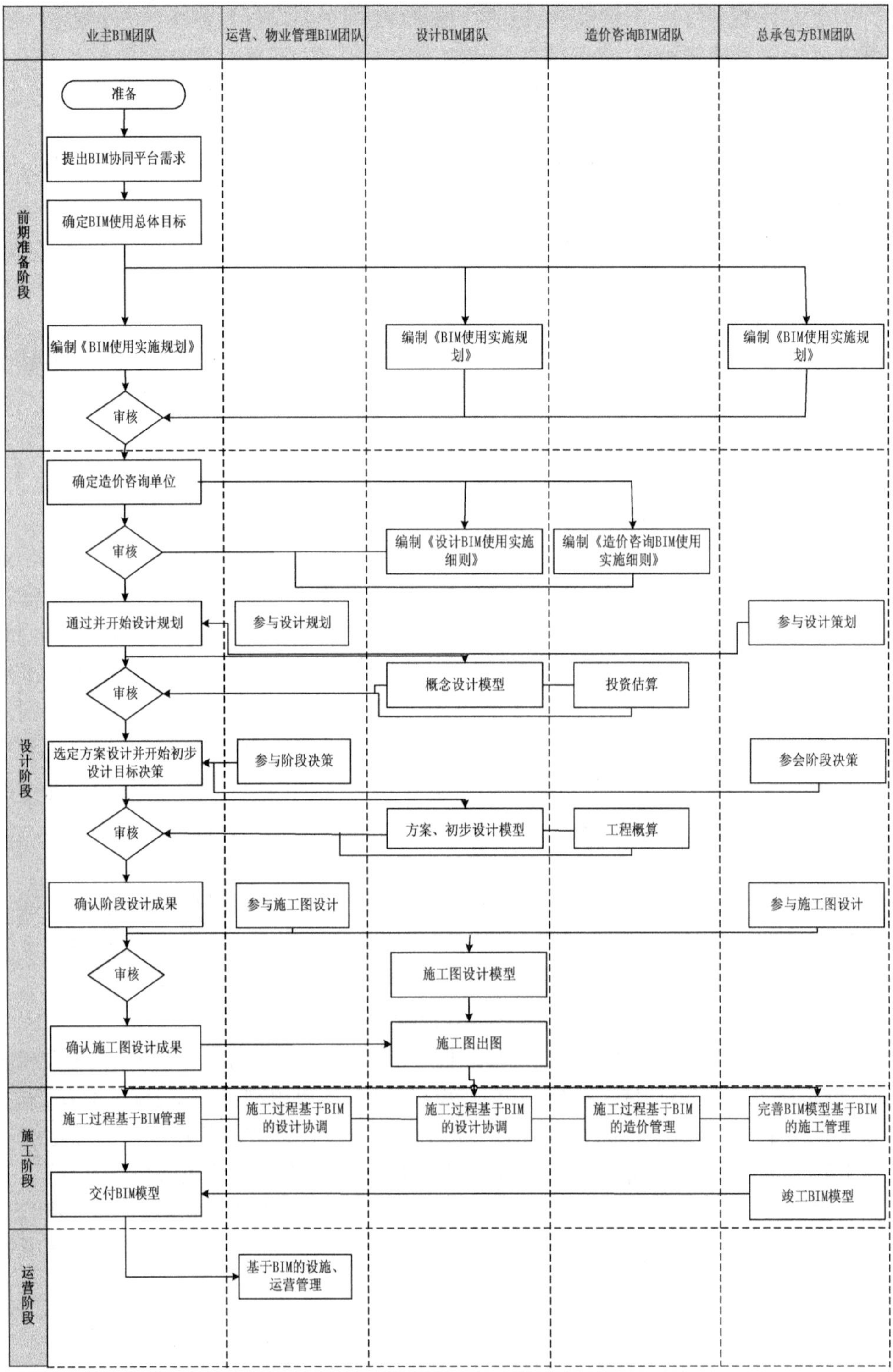

图 7-19　基于 BIM 的设计管理模式总流程

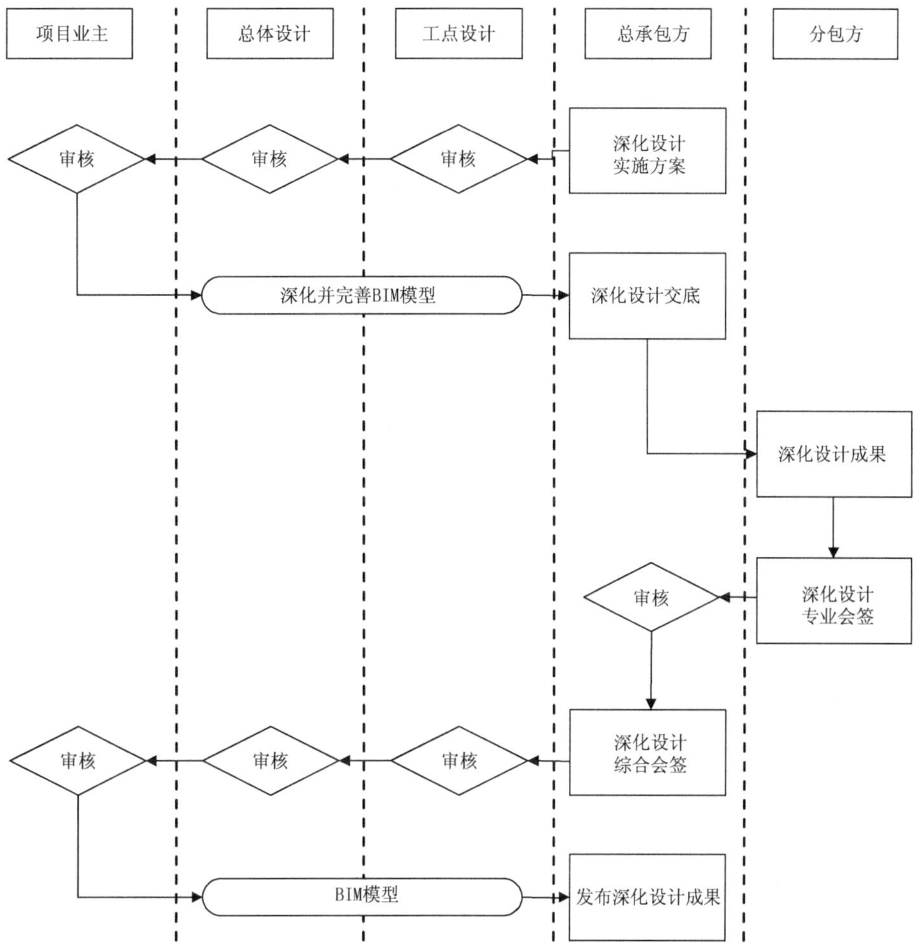

图 7-20　采用基于 BIM 的设计管理模式的建设项目深化设计流程

Ⅲ. 基于 BIM 的设计管理模式的设计变更流程

在项目业主的设计管理中，设计变更导致的预算变更是最受关注的，而在大型建设项目中，设计变更率高达 30%以上。基于 BIM 的设计管理模式对设计变更管理的主要思想是在设计前充分考虑功能需求、特殊设计需求、设备选型、施工工艺等，并与运营方、设备供应方、建设单位进行需求沟通，减少不必要的设计变更。

在传统的设计变更管理中，由于受进度、投资、质量等因素的影响，设计变更周期往往比较长。基于 BIM 技术进行变更管理，不仅可以快速、全面、准确地分析出设计变更对三大目标（质量、进度安全）、可持续指标等的影响，还可以实时、直观地分析变更的原因、性质、阶段等。此外，通过 BIM 参数化设计，将设计变更涉及的构建和部件信息录入相关 BIM 软件，可以对相关构件或部件进行全面修改，并能实时地更新平剖图、面积数据、工程量数据等。

建立 BIM 协同平台，可以极大地简化设计变更的审批程序，对设计变更的原因、发起人、发生阶段、经济后果进行分析，从而为以后的工程结算和投资控提供便利。基于 BIM 技术的设计变更管理流程如图 7-21 所示。

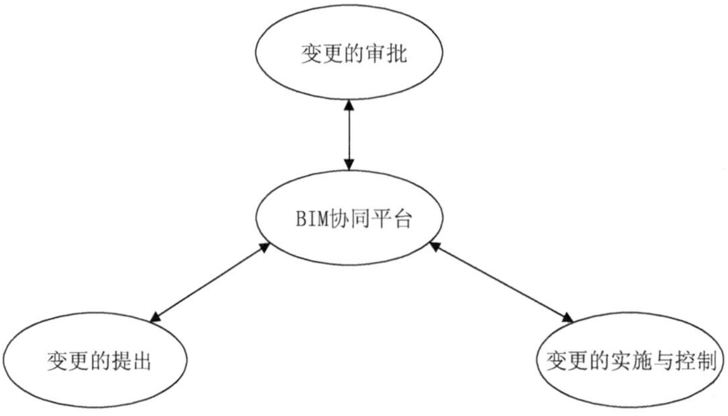

图 7-21 基于 BIM 的设计变更流程

(二)BIM 技术在地铁项目投资控制中的应用

1. 投资控制工作的实质

在地铁项目的工程建设中,需要对造价实施投资控制,使投资控制贯穿项目前期的规划、管理和后期的工程结算。由于地铁项目的投资金额大,对其进行控制和管理具有战略意义。在地铁项目整个生命周期的投资控制中,要把总体控制和分段控制结合起来。控制过程通常包括编制概算数据、加强设计变更管理、编制资金使用计划、实时跟踪记录资金使用状况,严格执行资金批准和支付流程并对照资金使用情况,采取具体的纠正措施,以达到全生命周期投资控制的目的。

2. 地铁项目投资控制模块研究

根据投资控制工作的本质和重要性,可将其划分为如下几个模块:资金计划编制模块、变更管理和索赔模块、月/季/年度工程量计量支出模块等。其中,资金计划编制模块包括工程量清单、项目概算、经费使用规划的编制工作。投资控制是地铁项目建设管理中经常采用的一种方法,尤其是前期规划和管理阶段经常采用这种方法。通过建立投资控制模型,项目业主和工程人员可以对地铁项目的整个过程进行动态监控,从而有效保障施工和管理工作的顺利进行。

(1)资金计划管理模块

在地铁项目的工程建设中,资金计划包括项目概算、工程量清单和经费使用规划三大方面。工程概算的相关内容由财务部、计划管理部和工程部负责;工程量清单由财务部、计划管理部、工程部和监理单位编制;经费使用计划由财政、规划、建设方面的监理等部门编制。运用资金计划管理模块,可以为后续的月度、季度、年度的工程量计量和支出提供参考,对正确使用资金、健全资金管理体系、加强建设项目资金的管理具有重要指导意义。

(2)变更管理和索赔模块

在地铁项目的工程建设中,大量的工程变更会导致工程量和单价的变化。在变更管理和索赔程序中,变更当事人、建造施工方和监理方是主要的利益相关方,在项目实施过程中,变更当事人根据合同向监理方提出变更请求,由监理工程师确认变更和补偿后,该变更方可生效。此外,应建立一个针对工程变更的索赔模块,一方面各利益相关方可以控制索赔过程;另一方面,该模块也可以帮助项目业主和建造施工单位对项目资金进行控制。

(3)月/季/年度工程量计量支出模块

月/季/年度工程量计量支出模块可以用来记录和报告地铁项目执行期间的库存情况,批准和支付的相关项目。BIM 协同平台的月/季/年度工程量计量支出模块能够实时地记录各种报告和库存,可以实现对资金流的自动整理和记录,并可比较不同的成本计划和资金流向,达到控制、研究和决策的目的,提高投资的控制效率。

参考文献

[1] 曹小曙，林强. 世界城市地铁发展历程与规律[J]. 地理学报，2008，63(12)：1257-1267.
[2] 郭凤璐. 基于项目业主角度的地铁项目过程绩效评价[D]. 青岛：青岛理工大学，2018.
[3] M. GERSHON，K. A. QURESHI，M. A. BARRERA，et al. Health and safety hazards associated with Metros：a review [J]. Journal of urban health，2005，82：10-20.
[4] 康学东. 我国铁路工程咨询管理与创新研究[D]. 天津：天津大学，2014.
[5] 桂彬彬. A 地铁项目风险管理研究[D]. 北京：北京理工大学，2016.
[6] FREEMAN R E. Strategic management：a stakeholder approach[M]. Boston：Pitman Publishing，1984.
[7] CLELAND D I，IRELAND L R. Project management：strategic design and implementation[M]. 4th ed. Boston：McGraw-Hill，2002.
[8] GRAHAM M · W. Governing the project process：a conceptual framework[J]. Construction management and economics，2001，19：799-808.
[9] 杜亚灵. 基于治理的公共项目管理绩效改善研究：以企业型代建项目为例[D]. 天津：天津大学，2009.
[10] 尹贻林，柯洪. 全国造价工程师执业资格考试应试指南：建设工程造价管理(2014 年版)[M]. 北京：中国计划出版社，2014.
[11] 袁亮亮. 城市轨道交通项目投融资问题研究[D]. 广州：华南理工大学，2017.
[12] LAM K C，WANG D，LEE P T K，et al. Modeling risk allocation decision in construction contracts[J]. International journal of project management，2007，25(5)：485-493.
[13] 刘新平，王守清. 试论 PPP 项目的风险分配原则和框架[J]. 建筑经济，2006(2)：59-63.
[14] VEGA A O. Risk allocation in infrastructure financing[J]. Journal of project finance，1997，3(2)：38-42.
[15] LUCY C. Recent trends in private financing of public infrastructure projects in South Africa[R]. Pretoria，South Africa：CSIR Building and Construction Technology，2001.
[16] HARTMAN F，SNELGROVE P，ASHRAFI R. Effective wording to improve risk allocation in lump sum contracts[J]. Journal of construction engineering and management，1997，123(4)：379-387.
[17] 于翔鹏. 业主视角下工程总承包项目的投资总控研究[D]. 天津：天津理工大学，2018.
[18] 徐勇戈. 非对称信息下政府投资项目实行代建制的相关机制研究[M]. 西安：西安建筑科技大学，2006.
[19] 张水波，何伯森. 工程项目合同双方风险分担问题的探讨[J]. 天津大学学报(社会科学版)，2003，5(3)：257-261.

[20] 朱宗乾，李艳霞，罗阿维，等. ERP 项目实施中风险分担影响因素的实证研究[J]. 工业工程与管理，2010，15(2)：98-102.

[21] 袁亮亮，邹锦峰，尹贻林，等. 基于初始信任的工程总承包项目资格预审指标设置研究[J]. 工程管理学报，2019，33(5)：97-102.

[22] 杜亚灵，尹贻林. 基于治理结构创新的公共项目管理绩效改善研究：以深圳地铁 5 号线 BT 工程为例[J]. 建筑经济，2010(4)：66-70.

[23] 曾晖，成虎. 重大工程项目全流程管理体系的构建[J]. 管理世界，2014(3)：184-185.

[24] 陈建国，魏贵琳，贾广社，等. 大型建设工程项目业主方设计动态管理：以浦东国际机场商飞配套工程为例[J]. 上海空港，2012(14)：43-50.

[25] 中华人民共和国住房和城乡建设部. 城市轨道交通工程设计文件编制深度规定[M]. 北京：中国建筑工业出版社，2014.

[26] 陈卓如. 轨道交通建设中管线改迁设计的原则与施工措施[J]. 现代城市轨道交通，2011(4)：73-74，77，125.

[27] 孙军. 地铁工程全寿命周期造价管理研究[D]. 石家庄：石家庄铁道大学，2015.

[28] 何亚敏. 轨道交通工程建设中物探的必要性及特点分析[J]. 隧道与轨道交通，2017(3)：36-38，62.

[29] 杨琳，周炬诺. 复杂工程项目风险传递机理[J]. 科技管理研究，2021，41(16)：209-217.

[30] 饶兵兵. 轨道交通前期工程管线改迁工作的探讨[J]. 江西建材，2020(12)：104-105.

[31] 陈晨. 某 EPC 会展中心项目设计阶段成本控制研究[D]. 北京：北京交通大学，2021.

[32] 边璐. 城市轨道交通前期工程投资控制研究[J]. 建筑经济，2015，36(12)：51-54.

[33] 许丽丽. 建设标准对地铁造价的影响研究[D]. 北京：北京交通大学，2007.

[34] 杨蓓蓓. 上海市轨道交通 10 号线工程设计管理[J]. 江苏科技信息，2012(8)：52-53，56.

[35] 丰景春，刘清，李明，等. 信息不对称视角下工程管理信息化建设决策研究[J]. 科技管理研究，2018，38(16)：197-204.

[36] 孙春虎，袁福银，谢展. 浅谈大标段施工模式下的项目成本管控[J]. 公路，2020，65(6)：179-181.

[37] 牛小艳，陆建松. 博物馆展览工程工程量清单编制规范初探[J]. 东南文化，2019(4)：92-99，127-128.

[38] 王玉平. 清标中的常见问题及解决建议[J]. 建筑经济，2019，40(2)：91-95.

[39] 严玲，郭亮，曾诚，等. 建设工程情境中合同公平参照点的多维结构与内容：基于内容分析法与眼动实验的混合研究设计[J]. 管理评论，2020，32(8)：179-192.

[40] 刘茂松，陈柏福. 论柔性契约与垄断结构企业模式[J]. 中国工业经济，2006(5)：79-86.

[41] 怀劲梅. 基于柔性的设备维护外包合同管理研究[D]. 武汉：华中科技大学，2006.

[42] DONG F，CHIARA N. Improve economic efficiency of public-private partnerships for infrastructure development by contractual flexibility analysis in a highly uncertain context[J].

The journal of structure finance, 2010, 16(1): 87-99.

[43] LEVIN J, TADELIS S. Contracting for government services: theory and evidence from U. S. cities[J]. The journal of industrial economics, 2010, 58(3): 507-541.

[44] 吕文学，花园园. 基于交易成本的国际工程项目争端预防分析[J]. 国际经济合作，2010(1): 69-73.

[45] 石莎莎，杨明亮. 城市基础设施 PPP 项目内部契约治理的柔性激励机制探析[J]. 中南大学学报(社会科学版), 2011, 17(6): 155-160.

[46] 骆亚卓. 合同治理与关系治理及其对建设项目绩效影响的实证研究[D]. 广州：暨南大学，2011.

[47] ANJANA S. Contractual flexibility, rent seeking, and renegotiation design: an empirical analysis of information technology outsourcing contracts[J]. International journal of industrial organization, 2012(7): 1388-1407.

[48] 娄黎星. 建设工程项目柔性概念框架研究[J]. 工程管理学报，2014，28(40): 11-15.

[49] 杜亚灵，闫鹏，尹贻林，等. 初始信任对工程项目管理绩效的影响研究：合同柔性、合同刚性的中介作用[J]. 预测，2014(5): 23-29.

[50] 柯洪，刘秀娜. 工程合同柔性的本质及不同范本下的条款比较[J]. 工程管理学报，2014，28(5): 32-36.

[51] 尹贻林. 政府投资项目代理制理论与实务[M]. 天津：天津大学出版社，2005.

[52] 向鹏成，区明德，陈圆，等. 基于信息不对称理论的工程项目集成风险管理方法[J]. 科技管理研究，2009，29(5): 516-518.

[53] 沈富贵. 委托招标代理招标的风险分析[J]. 产业创新研究，2019(10): 173-174.

[54] 郭金金. 城市轨道交通工程造价管理的风险因素研究[D]. 苏州：苏州科技大学，2018.

[55] 刘建平，田苗. 征地和拆迁领域灰色势力的行为特征与形成机理探析：基于对 H 新区的田野调查[J]. 华中科技大学学报(社会科学版)，2015，29(3): 31-37.

[56] 成虎. 工程承包合同状态研究[J]. 建筑经济，1995(2): 39-41.

[57] 郭耀煌，王亚平. 工程索赔管理[M]. 北京：中国铁道出版社，1999.

[58] 尹贻林，邱艳. 承包方不平衡报价策略选择的多案例研究：基于合同状态视角[J]. 技术经济与管理研究，2013(11): 8-13.

[59] 陈敏. 建设工程合同价格调整[D]. 南京：东南大学，2004.

[60] 尹贻林，王剑云，郭凯寅. 合同状态分析在索赔管理中的应用研究[J]. 沈阳建筑大学学报(社会科学版), 2011, 13(3): 299-302.

[61] 万礼锋. 工程项目伙伴关系模式及信任问题研究[D]. 天津：天津理工大学，2007.

[62] 甘巨强，杨明礼. 牛栏沟水电站总承包合同价格调整的造价管理[J]. 才智，2011(30): 37-38.

[63] 汪洵波. 试论基本建设项目土建施工合同中的价格调整[J]. 云南水力发电，2005(4): 92-98.

[64] 陈勇强，张水波. 国际工程项目合同管理组织模式的探讨[J]. 中国港湾建设，2000(3): 45-48.

[65] 吴书安，朱安峰. 工程变更价款的确定[J]. 建筑经济，2007(11)：95-98.
[66] 齐崑峰，臧潘颖，杨忆. 工程量清单计价中材料价格的调整实践[J]. 产业与科技论坛，2011，10(2)：236-237.
[67] 李树珍，高银伟. 连续钢箱梁施工技术研究[J]. 公路，2017，62(10)：113-116.
[68] 高海超，姜玉林. 变更类因素引起的总价合同结算价款调整研究[J]. 工程经济，2016，26(10)：8-11.
[69] 曹吉鸣，申良法，许远祥. 建设项目风险研究评价及未来展望[J]. 技术经济与管理研究，2015(7)：8-12.
[70] 贺团，马龙. 基于合同交底的精细化合同管理浅论[J]. 四川水力发电，2012，31(2)：117-119.
[71] 陈鸿波. 城市轨道交通信息化建管平台应用研究[D]. 上海：上海交通大学，2020.